CIDADE PARTIDA

ZUENIR VENTURA

Cidade partida

Edição especial de 30 anos

Prefácio
Mauro Ventura

Companhia Das Letras

Grafia atualizada segundo o Acordo Ortográfico da Língua Portuguesa de 1990, que entrou em vigor no Brasil em 2009.

Capa
Alceu Chiesorin Nunes

Fotografia de capa
Dentro de nós mesmos, 2011, Saulo Nicolai

Revisão
Carmen T. S. Costa
Angela das Neves

Dados Internacionais de Catalogação na Publicação (CIP)
(Câmara Brasileira do Livro, SP, Brasil)

Ventura, Zuenir
Cidade partida / Zuenir Ventura ; prefácio Mauro Ventura. — 2ª ed. — São Paulo : Companhia das Letras, 2024.

"Edição especial de 30 anos"
Bibliografia.
ISBN 978-85-359-3755-8

1. Reportagens e repórteres — Rio de Janeiro (RJ) 2. Rio de Janeiro (RJ) — Condições sociais I. Ventura, Mauro II. Título.

24-214096 CDD-070.44998153

Índice para catálogo sistemático:
1. Rio de Janeiro : Reportagens : Jornalismo 070.44998153

Cibele Maria Dias – Bibliotecária – CRB-8/9427

EDITORA SCHWARCZ S.A.
Rua Bandeira Paulista, 702, cj. 32
04532-002 — São Paulo — SP
Telefone: (11) 3707-3500
www.companhiadasletras.com.br
www.blogdacompanhia.com.br
facebook.com/companhiadasletras
instagram.com/companhiadasletras
x.com/cialetras

Para Mary, Elisa e Mauro, como sempre

À comunidade de Vigário Geral

Sumário

Prefácio

Mauro Ventura

O ano de 1993 fez o carioca ir do delírio ao pranto num curto intervalo de tempo. No dia 22 de fevereiro, o Carnaval viveu sua maior apoteose quando o público de mais de 60 mil pessoas do Sambódromo aplaudiu de pé o desfile do Salgueiro e cantou junto com a escola o refrão "Explode coração/ Na maior felicidade/ É lindo o meu Salgueiro/ Contagiando, sacudindo esta cidade".

Meses depois, o Rio seria sacudido de novo, dessa vez não pelo samba-enredo "Peguei um Ita no Norte", e sim por dois massacres em favelas. O primeiro, a Chacina da Candelária, na noite de 23 de julho, deixou como saldo oito jovens assassinados por policiais militares. Pouco mais de um mês depois, a 29 de agosto, era a vez da Chacina de Vigário Geral, em que 21 moradores inocentes foram mortos, também por PMs.

Àquela altura da vida, meu pai poderia ter reduzido o ritmo de trabalho e se aquietado. Aos 62 anos, já havia enfrentado a ditadura militar brasileira, coberto a Revolução dos Cravos que devolvera a liberdade a Portugal, passado 24 dias em bolsões de miséria nordestinos acompanhando a primeira Caravana da Cidadania de Lula e se embrenhado por um mês no Acre para uma série de reportagens sobre o assassinato de Chico Mendes, o que lhe renderia o prêmio Esso. Conquistara também o prêmio Jabuti pelo livro *1968: o ano que não terminou*. Tinha trabalhado como repórter, repórter especial, editor e colunista em alguns dos principais veículos do país. Mas, ao escutar a notícia do massacre em Vigário Geral, fez o que costuma fazer: saiu de casa e foi se aventurar no desconhecido. Resolveu passar os dez meses seguintes indo, todo fim de semana, de Ipanema para a favela, a quarenta quilômetros dali. O que o movia era a vontade de conhecer aquele universo tão próximo e ao mesmo tempo tão distante para quem mora do lado de cá da cidade.

Em meio ao dia a dia como repórter especial do *Jornal do Brasil*, ele já vinha pesquisando havia um ano e meio para um livro que, a princípio, traçaria a cronologia da violência no Rio a partir dos anos 1950. Alguns questionamentos o intrigavam: como o Rio chegara àquele ponto de tão funda depressão? Por que o Rio, com sua tradição hedonista, sua vocação para a festa e para o congraçamento, se achava em tamanho baixo-astral? Será que a cidade, às portas do século XXI, sofria uma síndrome, um mal-estar típico de fim de século, como acontecera na virada dos 1800 para 1900?

Para tentar responder às perguntas, vinha frequentando bibliotecas, lendo livros, folheando jornais e revistas, visitando com frequência o departamento de pesquisa do *JB*. Mas estava insatisfeito com o resultado. Até ali, o esforço redundara num estudo mais teórico e focado no passado, logo ele que era essencialmente um repórter.

Até que veio a chacina. Pode-se pensar que a ida a Vigário Geral foi a maneira que ele encontrou de complementar a parte teórica com um trabalho de campo. Não. Isso só veio depois. Quando decidiu seguir para a favela, o que o mobilizava era mesmo a curiosidade do jornalista e o interesse do cidadão em entender o cotidiano daquelas 25 mil pessoas órfãs da atenção das autoridades, habitantes de um lugar em que o poder público só dava as caras vestido com as fardas da Polícia Militar. Meu pai, tão acostumado ao Rio solar das praias e da Zona Sul, iria descortinar seu contraponto.

Aos quarenta anos de profissão, exibia o entusiasmo de um iniciante. Estava de tal maneira empolgado que às vezes saía de manhã e só voltava para casa de madrugada. De tanto subir, decorou o número de degraus — 45 — da escada da passarela verde que passa sobre a linha férrea, principal via de acesso pedestre a Vigário Geral.

Minha irmã Elisa e eu não estranhávamos. Já estávamos acostumados ao eterno repórter, que mergulhava fundo no corpo a corpo com a realidade e que sempre se conectou com o espírito de sua época, conforme o mantra de Paulinho da Viola: "Meu tempo é hoje". O que não sabíamos é que suas incursões à favela envolviam riscos. Seu maior medo era quando a polícia estava presente, porque os traficantes poderiam achar que era um informante — na favela, o destino do X-9 é a tortura e a morte cruel.

Foi um choque emocional, cultural e térmico — porque a região é de fato muito quente. Ele chegou a Vigário cheio de estereótipos, mas foi pouco a pouco se desarmando, desconstruindo os lugares-comuns que a própria imprensa de que fazia parte havia ajudado a criar. No livro, ele próprio chega a fazer um mea-culpa. A autocrítica aparece, por exemplo, quando se surpreende em encontrar na favela não o feio, mas o belo.

Encontrou, como esperado, uma comunidade traumatizada e ferida, já que cada morador tinha um amigo, um conhecido, um parente que morrera na chacina. Mas, em lugar do ódio e da sede de vingança, deparou-se com o desejo de paz e de justiça. Em vez de retaliação, havia a vontade de dar a volta por cima. Encontrou vida após a morte, com as pessoas procurando nas brechas da dor motivos para celebrar e seguir adiante.

Encantou-se com a arte produzida na favela, descobriu a força do movimento comunitário e revelou a relação entre brigas de galeras de funkeiros e arrastões nas praias. No livro, ele descreve a visita que fez com o DJ Marlboro a um baile funk em Mesquita. Segundo diz hoje a diretora e roteirista Luciana Bezerra, do grupo Nós do Morro, já à época "Zuenir identificava o poder do funk como cultura legítima e transformadora".

Mais que uma vivência profissional, aquela era uma experiência existencial. Uma experiência tão forte que, a certa altura, ele percebeu que o material que estava reunindo daria um livro. E um livro de jornalista, não de historiador ou sociólogo, como o que vinha esboçando até então. Uma obra que não tinha a pretensão de denunciar ou investigar nada, e sim de mostrar como viviam aquelas pessoas, o que pensavam, quais suas estratégias de sobrevivência em meio ao descaso do poder público. Jamais passou pela sua cabeça que viraria um best-seller, que ganharia o prêmio Jabuti e que a expressão *cidade partida* se tornaria um bordão. E, confesso, tampouco passou pela minha, eu que fui seu primeiro leitor.

Aquela pesquisa sobre o passado acabou incorporada ao livro. É a primeira parte, em que ele analisa as décadas de 1950 e 1960 e traça uma espécie de fio condutor que liga a brutalidade de então à violência de 1993. Nas sombras, havia como que uma carta branca dada a agentes da lei para agir fora dela. Como diria anos depois o antropólogo Luiz Eduardo Soares, um dos personagens do livro, "a obra de Zuenir estragava a festa dos nostálgicos" e "botava por terra a idealização do passado". Por trás da "imagem edulcorada dos anos dourados" e do cartão-postal idílico havia um "passado lúgubre e repulsivo", em que se gestava a "tempestade colhida nos anos 1990".

Na segunda parte do livro, Zuenir fala sobre os esforços de moradores de Vigário Geral e de integrantes da sociedade civil em costurar a cidade partida e reagir à violência. "Em 1993", testemunha Luiz Eduardo, "todos pareciam dispostos a conversar: elites, trabalhadores, camadas médias, artistas, intelectuais, ativistas, jornalistas, formadores de opinião, religiosos", todos unidos no sentimento de que era preciso fazer alguma coisa para mudar aquele estado de coisas.

Ao longo de quase um ano de apuração, meu pai teve que caminhar sobre um delicado equilíbrio — relacionar-se com os traficantes, sem que a convivência virasse conivência. Deixava claro discordar inteiramente do que faziam. A diferença etária ajudava na relação. Ele, que nunca gostou de ser chamado de "senhor", lá não se importava com o tratamento formal. Numa reportagem publicada muitos anos depois, em 2019, na *Folha de S.Paulo*, o jornalista Álvaro Costa e Silva, o Marechal, mostrou como seu status foi mudando aos poucos. No início, era o "burguês careca". Depois se transformou num "velho foca" — "foca" significando a gíria para repórter iniciante. E, quando enfim foi aceito pela comunidade, virou o "coroa responsa" e "sangue bom". Num determinado momento, foi convidado por um traficante para batizar o filho — convite cortesmente recusado.

No livro, meu pai já detectava o avanço vertiginoso das igrejas evangélicas no morro e na periferia, classificando-as como a única organização capaz de se contrapor com eficácia à ação do crime organizado. Mas ele fazia uma importante ressalva: "Se realmente se dispusessem a isso". De lá para cá, as denominações neopentecostais ocuparam cada vez mais espaço, e com frequência sem obedecer à advertência de meu pai. Hoje em dia, ao mesmo tempo que a religião afasta muitos moradores do crime, assistimos impotentes ao surgimento dos "traficantes evangélicos", como diz o título do livro da pastora Viviane Costa.

Esse problema é especialmente observável nas favelas abordadas no livro. Em 1993, Parada de Lucas e Vigário Geral eram dominadas por facções inimigas — Terceiro Comando e Comando Vermelho, respectivamente. E viviam em guerra, a ponto de a linha divisória entre as duas comunidades ser chamada então de Faixa de Gaza ou Vietnã. Atualmente, as duas favelas, juntamente com outras três da região — Cidade Alta, Pica-Pau e Cinco Bocas —, fazem parte do Complexo de Israel, região controlada pelo traficante Álvaro Malaquias Santa Rosa, o Peixão, do Terceiro Comando Puro. Ele também é conhecido como "Arão", personagem bíblico, e seu bando é denominado "Tropa do Arão".

Trata-se do "narcopentecostalismo", fenômeno em que o Evangelho tem papel central para a manutenção do poder e para a conquista de novos territórios, como numa guerra santa. No Complexo de Israel, vê-se de longe uma grande estrela de Davi em neon no alto de uma caixa-d'água. E a pichação "Jesus é o dono do lugar" aparece em todo canto, assim como a bandeira de Israel. A intolerância vem a reboque da ocupação religiosa — há registros de destruição de terreiros de matriz africana, de vetos ao uso de roupas brancas, de retirada de imagens de Nossa Senhora Aparecida e da proibição de paróquias de celebrar missas, casamentos e batizados na região.

Em *Cidade partida*, meu pai entrevistou o então chefe do tráfico local, Flávio Negão. Era uma atitude ousada e pioneira. Por conta disso, foi patrulhado, inclusive por colegas da imprensa. Diziam que estava "dando voz" ao bandido. Mas essa era justamente sua intenção: escutar quem não tinha voz, tendo o cuidado de não glorificar o traficante, não legitimar suas palavras, não aplaudir seus atos, não transformá-lo em vítima da sociedade, em celebridade, herói, bandido social, um jovem levado ao crime por força das circunstâncias. Ao contrário, Flávio admitia com franqueza todas as crueldades que cometia. Tanto que meu pai teve a preocupação de pedir sua autorização para publicar a entrevista, já que quando um bandido ganha visibilidade ele é transformado em inimigo público número 1 e passa a ser caçado implacavelmente. O traficante autorizou a publicação e tranquilizou seu entrevistador, dizendo que estava preparado para o que desse e viesse. Flávio Negão acabaria sendo morto em janeiro de 1995 numa troca de tiros com policiais do Bope, o Batalhão de Operações Policiais Especiais.

Os outros protagonistas do livro trilharam caminhos bem distintos. O sociólogo Caio Ferraz, hoje com 56 anos, pagou na época um preço muito alto. Foi ameaçado pela polícia e teve que sair do Brasil, "com uma mão na frente e outras atrás", como diz. Mas carregou uma volumosa bagagem — toda a cultura e percepção de vida que havia acumulado. Mora em Boston, no estado de Massachusetts, é empreiteiro e dono de uma empresa de construção especializada em reformas, novas construções e compra e venda de imóveis chamada Top-Pro Construction.

O arquiteto Manoel Ribeiro mantém-se fiel a seus princípios e segue desenvolvendo iniciativas que costuram as várias cidades. Faz projetos urbanísticos em Santa Cruz Cabrália, local da chegada de Pedro Álvares Cabral; coordenou o novo plano diretor de Petrópolis, aprovado em 2014; ministrou curso em 2017 em Cabo Verde sobre o que lá chamam de "assentamentos clandestinos" e deu consultorias a experiências de assentamentos autoconstruídos em Lisboa e na Ilha de São Vicente. Em 2021, aos oitenta anos, resolveu continuar os estudos. Tornou-se o mais velho doutorando da história da UFRJ. Deve defender sua tese em 2025. O tema, claro, será a favela.

E o antropólogo Rubem César, fundador do Viva Rio, continua à frente do movimento, que virou uma empresa social, sem fins lucrativos e com foco não exclusivo nas favelas e periferias. A grande mudança se deu a partir de 2009, quando passou a gerir unidades de saúde da família e, mais tarde, hospitais de média e grande complexidade, além de unidades de assistência psicossocial — hoje é gestora de 141 delas, realizando mais de 8 milhões de atendimentos por ano.

Esta nova edição de *Cidade partida* vem se juntar a outros projetos que celebram neste ano de 2024 as três décadas da obra de meu pai: um seminário e o lançamento do livro *Cidade partida 30 anos depois: Reflexões sobre a obra de Zuenir Ventura*, contendo artigos e entrevistas. Ambos são iniciativas conjuntas entre a Firjan SESI, a Blooks Projetos e a MINA Comunicação e Arte. E, por fim, um documentário da produtora TV Zero, com direção de Roberto Berliner e Luciano Vidigal.

Nesses trinta anos que nos separam da publicação do livro, muita coisa mudou — para melhor e para pior. A desigualdade social apontada por meu pai continua indecente. Na área de segurança pública, uma sucessão de equívocos fez com que o território subjugado por traficantes e milicianos se ampliasse. O termo "milícia" só surgiria doze anos depois do lançamento do livro, em 2005, cunhado pela repórter Vera Araújo em *O Globo*, mas seu embrião já estava presente nos policiais justiceiros que praticaram as chacinas. Por parte do tráfico, a situação também se complicou. O antigo traficante, cria da favela, que fazia o estilo benfeitor e mantinha uma relação até certo ponto respeitosa com a comunidade, como Flávio Negão, tem sido substituído por criminosos de fora, que se impõem pelo terror. O aparato bélico das facções e da polícia se sofisticou, fazendo com que as mortes se tornem mais frequentes, em especial as de inocentes.

Os massacres se banalizaram, enquanto grupos armados se infiltram no Legislativo e no Executivo, mostrando o fracasso da guerra às drogas e das políticas de segurança pública que apostam mais nas soluções simplistas, repressivas e pirotécnicas do que na investigação e na inteligência.

Por outro lado, o que na época era uma exceção — um líder como Itamar Silva, do Morro Santa Marta — hoje se tornou comum. Há uma profusão de pesquisadores, lideranças comunitárias, ativistas, comunicadores, escritores, intelectuais, influenciadores, militantes e acadêmicos oriundos da periferia. "Hoje existem milhares de Itamar", diz atualmente o próprio Itamar. Nas palavras da cientista social Silvia Ramos, são "vozes potentes e audíveis". Da mesma forma, proliferam ONGs e instituições sérias, que ajudam a suprir as muitas lacunas do Estado. Mas essa efervescência parece não encontrar eco no poder público. Como diz Itamar, a presença "frágil e fracionada" do Estado não incorpora de fato a favela ao asfalto. Trinta anos depois, a cidade continua segmentada, fragmentada, partida.

Visto de hoje, quando seu autor conta 93 anos, *Cidade partida* não envelheceu nem perdeu o frescor — com tudo de bom e de ruim que isso significa.

CIDADE PARTIDA

O Rio é o trailer do Brasil.
Arnaldo Jabor

Introdução
Uma crônica noir

Este livro trata de dois momentos do Rio de Janeiro: um no passado e outro no presente. A primeira parte — "A idade da inocência" — pretende mostrar como a cidade dos anos 1950 já acumulava tensões e conflitos que iriam explodir nas décadas seguintes. Uma visão romântica e nostálgica costuma apresentar a cidade desses tempos como uma reconstrução ideal e não como a cidade real. Mas, vistos à distância, os *anos dourados* às vezes escondem o seu contrário.

Na verdade, já existiam então "duas cidades" ou uma *cidade partida*, mas a convivência amena, a obediência civil, a falta de antagonismos de classe e a despreocupação com os problemas sociais nem sempre deixavam perceber que havia um ovo de serpente chocando no paraíso.

Se alguns personagens deste livro — como os bandidos Cara de Cavalo e Mineirinho ou os detetives Le Cocq e Perpétuo — confirmam o amadorismo da época, outros já antecipam um profissionalismo moderno ao forjarem certas matrizes de comportamento atual. Está nesse caso o general Amauri Kruel, o criador do

Esquadrão da Morte. Ele não só inaugurou uma instituição "moderna", como instaurou uma mentalidade. Violência e corrupção não foram invenções suas nem dos *anos dourados*, da mesma forma que a música brasileira não foi invenção das batidas da bossa nova. Mas os duplos compassos de violência e corrupção ficarão devendo tanto a esse general do Exército quanto a música ao seu contemporâneo João Gilberto.

Ao contrário da primeira parte, baseada em pesquisa e uma espécie de introdução ao tema, a segunda — "O tempo dos bárbaros" — foi escrita enquanto os acontecimentos se sucediam. É uma história quase simultânea ou, como se diz, "em processo", com as dificuldades próprias desses trabalhos que tentam descrever as situações que estão sendo vividas. O "*bárbaros*" do título tem duplo sentido: o que lhe davam os romanos — para designar os que viviam fora do império — e o que lhe é dado hoje — para definir os que praticam barbaridade.

O autor escolheu acompanhar a atividade de dois grupos de cidadãos que durante quase um ano tentaram aproximar "duas cidades". De um lado, o Viva Rio, movimento da sociedade civil, espécie de porta-voz da cidade "visível"; de outro, representantes organizados da comunidade de Vigário Geral, um pequeno pedaço da "outra" cidade. O ponto de partida das duas experiências, e desta parte do livro, foi uma tragédia carioca: a chacina de 21 pessoas naquela favela, um dos marcos da violência dos anos 1990.

Se a primeira parte é produto de pesquisas, a segunda resulta de uma vivência que inclui um mergulho na favela, frequentada regularmente pelo autor durante dez meses. O relato dessa experiência ganhou a forma de uma crônica — não uma crônica *solar*, mas *noir*. Constitui um conjunto de impressões de viagem a um mundo aonde a república não chegou.

Nessa terra em que as fronteiras são sempre tênues, imperceptíveis para quem vê com os olhos de "cá", os contrários convivem: a alegria e o pranto, a miséria e o prazer, a violência e a solidariedade, a fé e o crime, o tráfico e a vida honesta, a glória efêmera e a resistência muda, o medo, a crueldade e o terror — um cotidiano feito de sofrimento, mas também de uma esperança que às vezes parece inútil.

É impossível percorrer as ruelas sujas, abandonadas, frequentar as casas, os bares e os bailes, sem esbarrar com tudo isso ao mesmo tempo. A aventura pela sobrevivência se desenrola em meio a essa mistura, mas nem sempre a proximidade produz contágio. Valores e diferenças são testados e mantidos por convicção própria.

Essa convivência entre contrários é o que torna singular a história de dois jovens que aparecem na segunda parte do livro. São da mesma geração, quase da mesma idade, amigos de infância, seguindo caminhos opostos. Ambos nascidos e criados naquela favela. Um escolheu a militância cívica. O outro, o crime. Um é líder comunitário, o outro, chefe do tráfico de drogas.

A tentativa dos dois movimentos convergentes ainda em andamento — o Viva Rio e o de Vigário Geral — pode ter sido mais esforço que resultado, talvez apenas um gesto, um exemplo, mas que aponta um novo caminho, para muitos uma utopia: em vez de apartar, aproximar. Isso ainda parece mais possível aqui do que em outros lugares. "O preconceito étnico certamente não foi resolvido no Brasil, mas o modo de vivenciá-lo é, há muito tempo, o mais avançado do mundo", escreveu Massimo Canevacci em *A cidade polifônica*, elegendo-o como "um modelo para a Europa" — para a Europa e os Estados Unidos. Lá os guetos são étnicos, ao contrário daqui, onde existe integração. As tribos e os grupos são apenas sociais e culturais. Não são um determinismo biológico, mas uma orientação política.

Na verdade, durante o século XX, desde a reforma de Pereira Passos e passando pelos planos Agache e Doxiadis, a opção foi sempre pela separação, senão pela simples segregação. A cidade civilizou-se e modernizou-se expulsando para os morros e periferia seus cidadãos de "segunda classe".

O resultado dessa política foi uma *cidade partida*. Juntá-la talvez seja tarefa para o século XXI, mas será preciso começar já — até porque a política de exclusão foi um desastre. Não apenas moral e humanitário, mas também do ponto de vista da eficácia. O seu principal produto, o apartheid social, corre o risco de ter o destino que teve o apartheid racial em outros lugares.

A fantasia da *solução final* — a remoção e o extermínio — revelou-se igualmente desastrosa, por iníqua e impraticável. No fim do século XIX havia no Rio uma só favela; no fim do seguinte, elas já eram mais de quinhentas.

Fracassou enfim o sonho de expulsão dos *bárbaros*. Eles estão chegando, ou já chegaram — com suas "vanguardas" armadas, audazes e cruéis. Ao empurrarem as "classes perigosas" para os espaços de baixo valor imobiliário, as "classes dirigentes" não perceberam que as estavam colocando numa situação estrategicamente privilegiada em caso de confronto — como nem os bárbaros do século V tiveram para derrubar o Império Romano.

Sem *cinturão de segurança* ou *cordão sanitário* para isolar o mundo dos pobres do mundo dos ricos, o Rio não cedeu ao *inimigo* apenas a vista mais bonita. Os nossos *bárbaros* já estão dentro das muralhas e suas tropas detêm as melhores armas e a melhor posição de tiro.

Os *bárbaros* são a grande fonte do mal-estar deste final de século XX. A exclusão se transformou no problema social maior. Enquanto dos morros só se ouviam os sons do samba, parecia não haver problema. Mas agora se ouvem os tiros. Não se trata de uma guerra civil, como às vezes se pensa, mas de uma guerra pós-moderna, econômica, que depende das artes bélicas mas também das leis do mercado, é um tipo de comércio. Por isso não há solução mágica à vista. Sabe-se que é preciso destruir as "vanguardas" — os que praticam barbaridades, os traficantes de drogas — numa operação de força implacável. Exterminá-los, porém, talvez seja mais fácil do que desmontar o circuito econômico que os sustenta e cujas pontas — a produção e o consumo — não estão nas favelas.

A experiência relatada neste livro mostra que nenhuma operação de força fará sentido se a expulsão da minoria delinquente não se fizer acompanhar de uma ação de cidadania que incorpore socialmente a massa de excluídos do império — no caso, da república. Será uma questão de distribuição: justiça social para muitos e repressão para poucos. O perigo é continuar destinando a uns o que é devido a outros.

Vigário Geral é uma metonímia do Rio, assim como o Rio é a parte que pode ser tomada pelo todo chamado Brasil.

1994

PARTE I

A IDADE DA INOCÊNCIA

A inocência é uma forma de insanidade.
Graham Greene, *O americano tranquilo*, epígrafe de
O afeto que se encerra, de Paulo Francis

1. Vivendo pertinho do céu

A onda de desencanto que acompanhou a chegada dos anos 1990 ao Brasil criou uma tendência a idealizar o passado como a idade de ouro. Diante de um presente hostil e violento, a sugestão seria olhar para trás e suspirar, com ou sem razão: "Bons tempos aqueles!".

Mais do que a memória afetiva, proustiana, involuntária, passou a funcionar a memória seletiva, aquela que gosta de escolher o melhor. E muita gente acredita que o melhor do Rio ocorreu por volta dos anos 1950, os *anos dourados*.

O conjunto de recordações da época descreve um território edênico por onde se podia caminhar tranquilamente a qualquer hora do dia ou da noite. João Gilberto e Roberto Menescal, dois jovens compositores, andavam quase todas as noites de Copacabana à Urca, conversando e tocando ao violão os primeiros acordes da bossa nova. "Fora um ou outro mendigo bêbado conhecido, nada tirava a nossa paz", lembra-se Menescal.

Outro compositor, Ronaldo Bôscoli, ia namorar a musa do movimento, Nara Leão, na praia à noite e jamais teve qualquer sobressalto por isso. A atriz Lana Turner, na sua passagem por aqui, fugia do Copacabana Palace e dos seguranças para caçar namorado no calçadão, de madrugada, bêbada. Pode não ter arrumado muitos, mas nunca foi molestada.

"Qualquer senhora respeitável nada tinha a temer dos destituídos, que raramente ousariam assustá-la", escreveu Paulo Francis sobre a época no seu livro de memórias *O afeto que se encerra*. As histórias não deixam dúvida de que houve um tempo em que o Rio parecia de fato um paraíso.

O Rio ou um dos Rios?

Assim como uma teoria da época anunciava a existência de "dois Brasis", um moderno e outro arcaico, um urbano e outro rural, já havia também dois Rios, mas as distâncias sociais pareciam menores. O mundo dos ricos e o mundo dos pobres se olhavam sem medo ou ódio.

As diferenças de classe faziam rir. Um dos programas de rádio de maior sucesso na década de 1950 opunha um primo rico a outro pobre. O pobre (interpretado por Brandão Filho) sempre procurava o rico (Paulo Gracindo) para chorar suas misérias e saía convencido de que a vida do primo era tão ruim ou pior do que a sua.

Eram histórias como a do mal-entendido sobre uma pedra. O pobre contava que a mulher ficara no barraco com uma pedra encravada na vesícula, sem poder tirar por falta de dinheiro. O rico acha curiosa a coincidência. Ele também vive um problema parecido com uma pedra que não consegue retirar.

— Da vesícula? — pergunta o pobre.

— Não, da alfândega.

Tratava-se de uma pedra preciosa vinda da Bélgica. O programa terminava sempre com o bordão:

— Você é que é feliz, primo — dizia o rico.

— Felicíssimo — respondia o pobre, irônico, mas resignado.

Uma parte da *cidade oculta* já tinha ocupado os morros, mas as favelas de então, mais do que ameaça ou problema, eram vistas de longe como um acidente pitoresco. "Quem mora lá no morro já vive pertinho do céu", constatava a famosa música de Herivelto Martins, em 1942. "Nunca vi por ali uma pessoa pouco afável ou uma pessoa triste", disse Stefan Zweig depois de visitar várias favelas nos anos 1940.

Zweig, que em Viena da passagem do século fora amigo de Sigmund Freud e Thomas Mann, dedicou 35 páginas de *Brasil, país do futuro* ao Rio. Nem uma vez usou palavras como "medo", "susto", "ameaça" ou "risco". "Encontramos em todas as pessoas, no engraxate e no aristocrata, a mesma polidez que aqui une harmonicamente todas as classes sociais."

Muito dessa visão de quem, fugindo do holocausto, só tinha olhos para o paraíso ainda permanecia nos anos 1950. Reportagens edificantes falavam das embaixatrizes estrangeiras que, ao lado de damas da sociedade carioca, se dedicavam à assistência social nas favelas. Elas levavam aos morros o que a reportagem classificava de "o carinhoso cuidado de suas mãos e a magnitude de seus gestos".

Moças de "famílias ricas" da Zona Sul se orgulhavam de serem normalistas e professoras no subúrbio: "Elas acordam cedo e trabalham duro em nossas escolas primárias", dizia a revista *Manchete*. Levantavam-se às cinco para estarem às sete nos subúrbios, muitas vezes levando livros, cadernos, lápis e merenda comprados com seu próprio dinheiro.

Uma, a jovem Suely Cleuza Fieri, para chegar à escola na Pavuna, tinha que tomar um lotação até a estação Pedro II, pegar o trem até o subúrbio e esperar o ônibus. Depois, andava um bom pedaço a pé: "Nos dias de chuva, patina num lamaçal".

Quem melhor resumiu o perfil das "duas cidades" foi ainda Francis: "Existia, claro, o pau de arara, o pobre, a personagem do morro, mas em *quantidades* muito menores e não *intromissivas*. As ruas da Zona Sul eram 'nossas', da classe média e acima".

Além de dominar as ruas, a classe média lançou também a moda de subir o morro para se divertir. Uma noite, Ronaldo Bôscoli, que além de compositor era jornalista, resolveu ir à Mangueira para denunciar, indignado, "a invasão dos grã-finos" que ficavam fingindo sambar com "copos de leite condensado com cachaça na mão (leite de onça) e lenços molhados de lança-perfume no nariz".

Um homem tentou justificar a aceitação dessa presença explicando que, "para brilhar", a Mangueira teria que gastar 15 milhões de cruzeiros. "Imagina o senhor que a prefeitura nos dá como ajuda de custo 30 mil cruzeiros. Falta alguma coisa, o senhor não acha?"*

Só no final o repórter descobriu que o seu humilde entrevistado era ninguém menos que o compositor Cartola, de quem o maestro Leopold Stokowski já havia gravado o samba "Quem me vê sorrindo".

Havia, porém, quem já se preocupasse com a violência da cidade. O jurista Nelson Hungria era um deles. Em 1951, na *Revista Brasileira de Criminologia* (nº 17, outubro/dezembro), ele se declarava alarmado com a ascensão do "termômetro da criminalidade violenta". Os dados estatísticos revelavam um aumento de 40% nas ocorrências de 1946 a 1949. "Se no ano passado matou-se um homem a cada 29 horas, no ano em curso tem ocorrido um homicídio a cada 24 horas", dizia o jurista.

O que mais o chocava eram os "pormenores de perversidade". Diante da "maré montante", ele pedia a pena de morte. Em 1951. Hungria se explicava: "Fui sempre um adversário do *assassínio legal*, notadamente pelo seu caráter absoluto ou de irrepa-

* Cerca de 296 mil reais e 592 reais, respectivamente, com correção pela inflação oficial (IPCA), em 2024. (N. E.)

rabilidade, pela sua feição antiestética, pela sua incompatibilidade com o nosso tradicional sentimento; mas é preciso convir que, em períodos de crise aguda, devem ser aplicados os remédios drásticos ou extremos".

O jurista expunha números e razões, mas só ele parecia alarmado. No auge da "crise aguda", quando "se matava um homem a cada 24 horas", o fenômeno não chegava a ser percebido. O *Jornal do Brasil*, por exemplo, registrava apenas quatro assaltos durante os 31 dias de dezembro de 1950: três no Centro e um — este sim, escandaloso — "em plena avenida Beira-Mar!".

A partir de 1953, no entanto, a percepção da violência urbana começou a se fazer sentir com mais destaque na imprensa. No início desse ano, ela se surpreendeu com o "recorde excepcional" de tumultos e mortes no réveillon, quando a radiopatrulha teve que atender, em menos de doze horas, a mais de duzentos chamados. "Com efeito", assustava-se a revista *Manchete*, "1953 chegou à Cidade Maravilhosa encharcado de sangue."

De maneira geral, porém, os problemas políticos e econômicos preocupavam mais do que a criminalidade. É a eles que o presidente Getúlio Vargas se referia, ao passar aquele mesmo réveillon com os artistas de rádio: "A dura época que atravessamos é a preparação para os dias gloriosos que nos reserva o futuro", anunciou em discurso.

Quando se falava nos "dois mundos opostos do Rio", como fez a *Manchete* naquele ano, era para assinalar seus contrastes, não para antecipar possíveis antagonismos.

Os dois repórteres que a revista enviou então à Zona Norte, Pedro Gomes e Darwin Brandão, quase não arranjaram táxis para conduzi-los. Ninguém queria se aventurar numa viagem através de buracos, poeira e calor insuportáveis. "A trinta metros da praça Mauá nos sentíamos tão distantes da Cidade Maravilhosa como se nos encontrássemos nas lonjuras do Amazonas", escreveram.

Ao chegarem lá, eles se encantaram com o bucolismo de uma vida em que havia quintais com pomares, crianças brincando nas ruas e comadres conversando nas calçadas. "A noite é vazia de pecados e de passos boêmios, só cheia de sombras e sortilégios." As relações humanas eram mais cordiais, a vizinhança prestativa, a vida mais barata, mas os repórteres já denunciavam a falta de água, de esgoto, de higiene e o transporte precário. Mesmo assim, uma razoável qualidade de vida ainda atraía para os subúrbios boa parte da classe média.

Naturalmente, era muito mais difícil viver nas favelas, mas as dificuldades econômicas não pareciam fomentar tensões sociais. A pobreza dessas regiões, em estágio bem anterior à miséria, ainda não carregava combustíveis explosivos. A violência política estava mais presente do que a violência urbana. Em 1954 a política chegou a virar caso de polícia.

A crise que levou Vargas ao suicídio foi alimentada por incidentes policiais. Os atentados e agressões se sucederam. Nunca a imprensa ofendeu tanto a honra alheia. Não eram acusações ou denúncias, mas xingamentos. A *Tribuna da Imprensa* de Carlos Lacerda e a *Última Hora* de Samuel Wainer, que polarizavam a opinião pública da época, esgotaram entre si o repertório de ofensas. A virulência da linguagem atingiu então as culminâncias de uma guerra verbal, sem trégua.

Não se poupava nada: nem as relações conjugais, nem as orientações sexuais, nem esposas, nem filhas. Respondia-se não com processos, mas com tiros, socos e pontapés. Em março, Carlos Lacerda — que em agosto escaparia de um atentado — recebeu um soco na cara no restaurante Bife de Ouro, do Copacabana Palace. Ele jantava em companhia de um deputado e de um ministro, quando Euclides Aranha chegou para vingar seu pai, Osvaldo Aranha, ministro da Fazenda, que fora chamado pelo jornalista de mentiroso e ladrão. Os contendores se acusaram depois de estarem armados e tudo indica que os dois tivessem razão. O deputado Flores da Cunha chegou a sugerir a instituição do duelo: "Assim se ofenderia com menos facilidade a honra alheia", justificava.

Um desses políticos se transformou no mais duradouro símbolo da violência política no Rio: Tenório Cavalcanti. Deputado recordista de votos, candidato duas vezes ao governo do estado, prócer da UDN, o Homem da Capa Preta dominou Duque de Caxias e parte da Baixada Fluminense durante a década de 1950. Região outrora rica em plantações de laranjas e sede de uma opulenta aristocracia rural, a Baixada entrou em decadência a partir da Segunda Guerra, com a queda das exportações, ganhando mais tarde o título de região mais pobre e violenta do mundo.

Carregando sempre um Colt .28 folheado a ouro e uma metralhadora — a Lurdinha — que era exibida como um acessório inseparável, Tenório fez sua carreira política ali, dando e recebendo tiros.

Em 1953, ele estava com 47 anos e dizia ter o mesmo número de cicatrizes de balas disparadas por desafetos — políticos, policiais e marginais. Em agosto desse ano, Tenório sofreu um atentado que atribuiu ao delegado de Caxias, Albino Imparato. Três dias depois, Imparato e o matador profissional Arnaldo Bereco eram mortos por uma rajada de metralhadora. Acusado do crime, que ele teria executado pessoalmente, o Homem da Capa Preta refugiou-se em sua casa, chamada de *fortaleza*. Quando a polícia tentou invadi-la, parlamentares udenistas se reuniram no interior em "vigília cívica".

Adversário de Vargas e seu rival entre as classes populares do Rio e da Baixada, o dono da Lurdinha gozava de muito prestígio dentro da UDN — justamente o partido que se considerava reserva moral do país e denunciava o "mar de lama".

A violência, quando não era política, era politizada. Em maio de 1954, o assassinato de um jornalista numa delegacia de Copacabana provocou grande comoção popular e serviu para alimentar a crise política que iria explodir três meses depois.

Nada em sua biografia indicava que, ao morrer, Nestor Moreira fosse virar um símbolo. Como jornalista, não tinha brilho nem grandes defeitos. O maior destes era a bebida, como apontou um jornal por ocasião de seu velório. Exercia a profissão e a boemia com igual regularidade. Diariamente saía da redação e andava de bar em bar. Repórter policial do vespertino *A Noite* durante 23 de seus 45 anos, passara parte de sua vida nas delegacias cobrindo crimes e, muitas vezes, ajudando a desvendá-los. Ironicamente, começou a morrer numa delegacia.

Na madrugada de 11 de maio de 1954, Nestor Moreira deixou a redação, foi até um bar perto do edifício A Noite, na praça Mauá, e bebericou um pouco. Depois, pegou um táxi com destino a Copacabana — diretamente para a Boite Drink, no Leme, na calçada oposta à do famoso Vogue. Achava que não ia demorar e pediu ao motorista para aguardá-lo.

Quando saiu não se lembrava de nada, discutiu com o motorista e os dois acabaram no 2º Distrito Policial, onde se desentendeu com o guarda-civil Paulo Ribeiro Peixoto, o Coice de Mula. Sentindo-se desacatado, o policial passou a espancar o jornalista, ajudado por dois outros guardas. Bateu durante alguns minutos, mas com precisão de profissional. Não atingiu o rosto, provavelmente para não deixar marcas: escolheu pontos vitais. Quando o comissário Gilberto Alves Siqueira desceu de pijama, a surra já tinha terminado.

Nestor pôde voltar para casa sozinho, mas já com uma hemorragia interna. A agonia iria durar onze dias, durante os quais a cidade e o país se mobilizaram num movimento de indignação nunca visto, liderado pela Associação Brasileira de Imprensa, a ABI. O governo se viu acuado. Getúlio Vargas, que enfrentava uma tentativa de impeachment liderada pela UDN, teve que fazer três pronunciamentos, em menos de duas semanas, prometendo punição severa para os culpados.

Políticos de todos os partidos exigiram apuração. O enterro, que saiu da redação de *A Noite*, "foi a mais impressionante procissão fúnebre a que a cidade já assistiu", como escreveu um jornal. Foi com certeza o primeiro cortejo realizado à noite. Só para percorrer a avenida Rio Branco, levou mais de duas horas. Uma multidão com velas acesas iluminou a inédita procissão. "Todo o Rio veio para as ruas."

Por onze dias o caso ocupou a primeira página dos jornais. Samuel Wainer diria mais tarde o que não achou conveniente dizer naquela hora: "Jornalista, como sabemos, não pode sequer ser agredido, muito menos morrer: para os demais jornalistas, trata-se de uma espécie de atentado ao patrimônio nacional".

Nestor Moreira nunca pertencera a partidos, a agressão não tinha nenhuma conotação política, mas o caso era um prato para a oposição, que vinha acusando o governo Vargas de outros "crimes", como um tratado secreto com Perón e um financiamento escandaloso para a *Última Hora*. A UDN não se conformava nem com esses atos nem com o aumento de 100% do salário mínimo decretado pelo presidente no dia 1º do mês.

A Tribuna e a *Última Hora* se acusaram mutuamente de disputar o cadáver do colega. Lacerda aproveitou o enterro para fazer um violento discurso à beira do túmulo, responsabilizando o governo Vargas pela morte do jornalista, e Wainer arrancou da viúva uma declaração, redigida por ele mesmo, contra o uso político do atentado.

Quando viu o seu inimigo vestido de preto e com ar compungido fazendo o discurso fúnebre, Wainer — que amargava uma derrota na CPI, onde seus empréstimos no Banco do Brasil acabavam de ser condenados — teve uma ideia: foi para a redação e pediu ao caricaturista Lan que desenhasse Lacerda como um corvo.

Lan criou o símbolo, colocou nele óculos de aros grossos como os que Lacerda usava, e aboletou a ave agourenta sobre a cabeceira de um caixão. Carlos Lacerda não mais se livraria dessa imagem.

A morte de Nestor Moreira serviu principalmente para um grande questionamento da polícia carioca. Espancar presos comuns nas delegacias era uma rotina antiga que o Estado Novo apenas estendera aos prisioneiros políticos. Ainda estava presente o impacto causado um ano antes, em 1953, pela publicação de *Memórias do cárcere*, uma obra-prima que descrevia um encontro de classes no inferno.

Graciliano Ramos já conhecia os "tratos dispensados antigamente aos escravos e agora aos patifes miúdos". Mas se surpreendeu com o fato de que essa prática estivesse sendo usada também contra representantes da classe média. "Não me ocorrera a ideia de que prisioneiros políticos fossem tratados da mesma forma."

Sua viagem de Recife para o Rio, preso no porão do navio *Manaus* em abjeta promiscuidade com criminosos comuns, permitiu-lhe escrever algumas páginas clássicas sobre o aviltamento e a degradação. "E estávamos ali, encurralados naquela imundície, tipos da pequena burguesia, operários, de mistura com vagabundos e escroques."

O brutal espancamento de um jornalista dentro de uma delegacia vinha demonstrar que a prática não havia cessado com a redemocratização do país. Ela continuava apesar da abertura política ocorrida a partir de 1945. O que mais escandalizava, além da violência, era a constatação de que "os ventos da democracia não varreram os corredores e as masmorras policiais", conforme escreveu um jornalista da época. "Uma polícia que serviu à ditadura da maneira mais calamitosa", afirmava outro artigo, "continua imune ao processo de democratização que se iniciou em 1945. Nenhuma reforma foi feita nesse sinistro Departamento Federal de Segurança Pública."

Nessa abertura política pós-45 já se podia observar o que seria confirmado em outra abertura, umas três décadas depois: a democracia brasileira nunca esteve habituada a visitar prisões.

Escreveu-se muito naqueles dias sobre a crise do aparelho policial carioca. Alguns manifestaram a esperança de que com o choque provocado pela morte de Nestor Moreira pudesse haver uma mudança no clima de impunidade. O jornalista Barbosa Lima Sobrinho afirmou: "A reação que ora se observa pode ter resultados benéficos no corrigir velhos males que são de todo o Brasil". Outro colunista, Maurício Joppert da Silva, exigia uma reforma que atingisse o recrutamento e a formação do pessoal, modernização do equipamento, meios de locomoção, melhores salários. "Como está, a polícia representa uma organização contra o povo."

Não só a ABI pedia um controle mais direto do Judiciário sobre a polícia, para dar mais garantias aos cidadãos. Alguns jornais lembraram que a polícia era uma instituição civil que não devia ser dirigida por militares. Pedia-se um magistrado para a Chefatura de Polícia. Joppert argumentava: "O militar, em consequência de sua formação profissional, vê do outro lado sempre o *inimigo*. Ora, o outro lado da polícia é o povo".

O ministro da Justiça Tancredo Neves enfatizava a gravidade da crise: "Nunca houve na face da Terra um crescimento tão exagerado da criminalidade", disse. Um relatório da Justiça fornecia a "cifra alarmante" de 10 mil criminosos soltos pelas ruas da cidade com sentenças já transitadas em julgado. Dramático, o ministro comentava: "É uma legião de malfeitores que perambulam pelas ruas do Distrito Federal inquietando, intranquilizando e alarmando a pacata e ordeira população carioca".

Tancredo Neves descrevia uma cidade caótica que, cinco meses depois, ainda iria sofrer um dos maiores traumas de sua história. "Não dispomos no Distrito Federal neste momento de um só lugar no presídio, de um só lugar na penitenciária, de uma só vaga na penitenciária das mulheres. As colônias penais existentes na Ilha Grande já não mais comportam um só detento."

Como ministro da Justiça, ele havia tomado algumas providências, como a abertura de concorrência para a construção da penitenciária de Bangu. Mas reconhecia ser insuficiente. Com capacidade para abrigar 1200 detentos, Bangu deixaria "impunes os quase 9 mil restantes", ele dizia. Tancredo prometia dotar a capital da República de um sistema penitenciário decente. "Esta tarefa eu me impus tão logo cheguei ao ministério."

Não seria a primeira nem a última vez que um projeto seu ficaria incompleto — fosse o de prender criminosos ou o de ser presidente da República trinta anos depois. Em agosto de 1954, Getúlio Vargas, o homem que escolhera Tancredo Neves ministro da Justiça, deixava o governo e a vida.

2. O direito de matar

Com a eleição de Juscelino Kubitschek, o Brasil mudou o seu estado de espírito e entrou numa era de euforia. No Rio se concentrava, como talvez em nenhuma outra cidade, a alegre atmosfera que o presidente bossa nova espalhou pelo país com seu desenvolvimentismo de "50 anos em 5".

É bem verdade que naquele final de década o Rio estava às vésperas de perder sua condição de capital para Brasília, e isso feria o seu orgulho. Havia no ar um vago sentimento de perda. Não se deixa de ser corte assim, sem mágoa. Carlos Drummond de Andrade desabafava:

Rio antigo, Rio eterno,
Rio oceano, Rio amigo,
O governo vai-se? Vá-se!
Tu ficarás e eu contigo.

A capital ia-se, e com ela o centro nervoso das decisões políticas. Mas, em compensação, ficaria uma cidade sem a pesada máquina burocrática e sem milhares de funcionários públicos, que se transfeririam para o Planalto Central. Poderia oferecer a qualidade de vida de um aprazível balneário, em lugar da agitação de uma megalópole. Tinha tudo para se tornar — ou permanecer — um paraíso residencial da classe média.

O homem, não o carro, era o dono do espaço público, com o qual mantinha uma amorosa intimidade física. O carioca só iria acelerar sua velocidade mais tarde, ao trocar o footing dos anos 1950 pelo jogging dos 1970. Ele andava — para flanar, flertar, olhar. Era-se observador direto e às vezes exclusivo das coisas e dos acontecimentos, que nem sempre iam parar nos jornais, muito menos na televisão, então incipiente.

A cidade não havia sido devassada pela imprensa, que ainda não se chamava mídia. Era desvelada delicadamente pelo olhar carioca de Stanislaw Ponte Preta ou pelo olhar *estrangeiro* de cronistas como os capixabas Rubem Braga e José Carlos Oliveira, os pernambucanos Manuel Bandeira, Antônio Maria e Fernando Lobo, ou os mineiros Drummond, Fernando Sabino, Paulo Mendes Campos. Eles captavam a poesia escondida nos sons, nas cores e nas coisas aparentemente sem importância daqueles tempos. Suas celebrações líricas e solares do cotidiano ajudaram a ressaltar a vocação epicurista da cidade.

O contraponto dessa *visão solar* era dado pela *visão noir* de um genial cronista e dramaturgo: Nelson Rodrigues. Trazendo para os palcos e páginas dos jornais o distante universo da Zona Norte e do subúrbio, povoado de personagens trágicos e patéticos, "suados" de chocante vulgaridade, como ele dizia, esse ex-repórter de polícia que se orgulhava de ter conhecido "criminosos, vítimas, enforcados e incestuosos" revelava a ainda pouco conhecida "metade satânica" da cidade.

Jogava-se e bebia-se muito. "Joga-se de tudo em todos os bairros do Rio", denunciava um vereador. Os bares eram os pontos cardeais da inteligência carioca. A maconha, como os bandidos, vivia nos morros. Ambos já faziam incursões pela cidade, mas nas regiões da *barra pesada*. A cultura marginal ainda não abastecia o mercado de sonho.

A classe média rejeitava a "erva maldita" — maldita menos por seus efeitos e mais por ser erva, um produto rural, pobre, sem status. Os desvios burgueses eram satisfeitos na farmácia mais próxima, com as *bolinhas* — comprimidos de anfetaminas ou barbitúricos. Para os mais sofisticados recomendava-se uma prise de lança-perfume.

O consumo da cocaína estava longe de ser o que seria a partir dos anos 1970 ou mesmo o que foi nos anos 1920, quando o jornalista Benjamin Costallat garantia que 90% da droga chegada ao Rio para uso terapêutico caía nas mãos dos viciados. "*Chauffeurs*, garçons, meretrizes, jogadores, até quitandeiros e peixeiros, turcos de prestações, manicures, barbeiros, dentistas, médicos, quase todas as classes têm um representante revendedor da droga", informava Costallat, admitindo que um colega de profissão também já estava no ramo.

Nos anos 1950, a cocaína sequer competia com o Pervitin, um estimulante muito popular entre os vestibulandos em véspera de provas que servia também, sozinho ou misturado, para animar outras ocasiões. Quando, em 1959, Fidel Castro esteve no Brasil pela primeira vez para explicar a sua revolução, o casal Maria do Carmo/José Nabuco ofereceu-lhe um jantar com a presença de toda a elite política, econômica e cultural do Rio. Fidel era um mito planetário e fora recebido como herói por Juscelino Kubitschek. Nessa noite, o comandante impressionou por suas ideias, mas também pela resistência física. Falou umas cinco horas seguidas. Um médico presente, o dr. Maurício Lacerda, diagnosticou:

— Esse cara tomou Pervitin! Ele está dopado!

O irmão, Carlos Lacerda, líder da oposição na Câmara dos Deputados, corrigiu:

— O Pervitin que o sustenta é a revolução vitoriosa, meu irmão. Ele é fabuloso, tem uma lógica de ferro.

Nessa noite, Lacerda estava encantado com o seu futuro inimigo. Conversaram até as quatro da madrugada.

O Pervitin sairia de moda mais rapidamente do que a Revolução.

O Rio estava longe de ser uma cidade realmente perigosa. Tinha suas zonas de risco, mas poucas e delimitadas. As fronteiras eram conhecidas. A praça Mauá, por exemplo, onde aportavam os navios internacionais, território do poderoso contrabandista Zica, era um perigo nas noites em que desembarcavam os marinheiros americanos.

A zona do Mangue, residência do baixo meretrício, também não era um lugar recomendável. Para a Lapa, no velho centro da cidade, acorriam boêmios, sambistas e malandros. A Central do Brasil já era mais *barra pesada* por ser ponto de venda de maconha para os marginais.

Copacabana, berço da bossa nova, continuava porém um bairro tranquilo, a exemplo de toda a Zona Sul. Ipanema já começava a dividir o estrelato com sua vizinha, mas ainda era semibucólica. Aquele que viria a ser o seu mais famoso morador, Tom Jobim, podia fazer tranquilas serenatas. Maria Clara Machado morava no número 487 da principal rua do bairro, a Visconde de Pirajá.

Ali, todos os domingos à noite, desde a década de 1930, seu pai, o escritor Aníbal Machado, mantinha a casa aberta. O sobrado recuado, com um pequeno jardim na frente, recebia convidados até altas horas com batida de limão e de maracujá. Além de brasileiros como Carlos Drummond de Andrade, Rubem Braga e Vinicius de Moraes, pelo menos dois futuros prêmios Nobel passaram por ali: o romancista francês Albert Camus e o poeta chileno Pablo Neruda.

A casa, além de fornecer batida, conferia prestígio. Não havia intelectual que lá não fosse. As domingueiras chegavam a reunir quarenta convidados, fora os penetras. Um deles, uma noite, sentou-se ao lado de Aníbal, sem saber quem era, e propôs:

— Isso aqui tá muito chato, não tem chope! Vamos pra outro lugar?

O escritor, um homem cordial e bem-humorado, respondeu:

— Não posso, eu vou dormir com a dona da casa.

Uma noite, porém, a família Machado teve uma surpresa. Foi quando uns cinco negros simpáticos e bem-educados entraram no meio de outros visitantes. Ao vê-los, o autor de *A morte da porta-estandarte* disse para Maria Clara:

— Serve batida pro pessoal do Teatro Experimental do Negro, minha filha.

Como todo mundo, os atores do TEN frequentavam o salão da Visconde de Pirajá. Mas não naquela noite de 1959. Os cinco visitantes estavam ali para roubar. De mansinho, sem que ninguém percebesse, eles saíram levando alguns objetos valiosos.

O incidente parecia anunciar uma mutação histórica. Os bons modos dos ladrões ainda eram dos tempos antigos, mas a ousadia já era moderna. "É a liquidação de um período e o começo de outro", constatava Tristão de Athayde no último dia da década ao analisar aqueles tempos. "Tenho impressão de que o ritmo da história está de novo se desacelerando", escrevia, diagnosticando um "retardamento". Ele estava impaciente com a aparente demora com que as coisas velhas eram substituídas pelas novas, num ritmo típico das épocas de transição.

De fato, a década de 1950 parece ter sido não de rupturas, mas de lentas mutações. Às vezes lembrava a anterior, às vezes ameaçava antecipar a seguinte. Sem a radicalidade dos 60, acabou sendo mais insubordinada do que os anos 1940. Mais do que *retardada*, como queria Tristão, a década de 1950 soava assimétrica e desafinada, como uma de suas trilhas sonoras, a bossa nova.

Na verdade, enquanto terminava a era JK, começavam a aparecer sinais das tensões sociais que iriam tumultuar as décadas seguintes. Ora era o lavrador Napoleão Arruda, de dezoito anos, que desmaiava de fome na avenida Rio Branco, depois de viajar 2 mil quilômetros do interior do Ceará para ser vendido a um fazendeiro paulista por 3 mil cruzeiros e revendido em seguida a um sitiante mineiro por 9500 cruzeiros; ora era o escândalo das crianças torturadas em escolas públicas cariocas.

Dois desses meninos, Roberto Vaz da Silva, de sete anos, e Valdir Gomes Barbosa, de seis, chegaram a ser expostos na Câmara dos Vereadores para que autoridades como o prefeito e o juiz de menores, presentes à sessão, se estarrecessem com o que viam: dois corpos cobertos de vergões e chagas feitos por inspetores de ensino do Colégio Padre Antônio Vieira, de Jacarepaguá, e do Instituto Rocha Miranda — dois estabelecimentos mantidos com subvenções da prefeitura. As atrocidades, que eram comuns em outros colégios, chocaram a sociedade carioca, mas produziram poucas providências corretoras.

Uma parcela da juventude dourada intranquilizava a cidade bem mais do que a delinquência pobre. Eram os playboys, que procuravam imitar as proezas de Marlon Brando, em *O selvagem*, e de James Dean no filme que deu nome a esse bando de jovens rebeldes sem causa, *Juventude transviada*. Eles usavam seus carros envenenados para promover pegas no Alto da Boa Vista ou para fazer roleta paulista nas ruas da Zona Sul, ultrapassando sinais de trânsito em disparada. Havia os que colocavam os brotos na garupa e iam fumar maconha na deserta Barra da Tijuca. O 1º e o 2º Distritos Policiais chegaram a iniciar uma campanha contra essas reuniões de lambretistas que, além da maconha, cometiam "atentados ao pudor".

Dois delinquentes chiques da década, Ronaldo Guilherme de Souza Castro e Cássio Murilo Ferreira da Silva, que na noite de 14 de junho de 1958 jogaram a jovem Aída Curi do alto de um edifício em Copacabana, depois de violentá-la, ficaram como símbolos do que havia de pior nessa juventude. Eles inauguraram um modelo de agressividade, cruel e gratuita, que não encontrava equivalente na violência praticada pelos malandros de morro de então. Essa geração do asfalto, que se divertia com brincadeiras como atear fogo em mendigos, antecipou uma vertente moderna da violência urbana — a que é movida pelo prazer da crueldade.

Condenados, mas soltos pouco depois, os dois jovens assassinos arrancaram do promotor Maurílio Bruno uma observação que iria se repetir, de lá para cá, como um lugar-comum: "Condenar criminoso rico, por mais que se trabalhe no sentido de defender a sociedade, é muito difícil".

O Rio de então, quando visto através da imprensa da época, é muito diferente daquele que é lembrado à distância. As queixas parecem contemporâneas. Havia mais ambivalência do que supõe o maniqueísmo da memória. Nas páginas dos jornais surge uma cidade atacada por desconfortos como a falta de luz e de água. Os jornais publicavam boletins diários com a relação dos bairros atingidos pelo flagelo das torneiras secas.

Era muito popular a marchinha carnavalesca que cantava:

Rio, cidade que seduz,
De dia falta água,
De noite falta luz.

Na verdade, nem sempre essa ordem era respeitada e muitas vezes água e luz faltavam o tempo todo. Os buracos, os engarrafamentos, os camelôs pelas ruas e mendigos pelas calçadas, o barulho atormentavam a população. Como era barulhento o Rio! O poeta Ferreira Gullar achava insuportável. No dia 4 de junho de 1958, ele escreveu uma crônica sobre o tema: "Os ônibus farfalham, tilintam, rosnam; bondes chiam e estridem; buzinas, explosões, batidas, apitos — estou em plena cidade brasileira. Sair de casa cansa mais que trabalhar".

O cronista tirava sua conclusão: "Uma cidade de 3 milhões de habitantes, perdoem o paradoxo, é inabitável".

O paraíso de longe às vezes é, de perto, o inferno.

Nesse mesmo ano, a Associação Comercial do Rio de Janeiro tinha outras razões de queixa. Os assaltos a lojas se sucediam e alguma coisa precisava ser feita. Seus diretores se dirigiram então ao chefe de polícia, general Amauri Kruel. A cidade, como diziam os jornais, estava "infestada de facínoras".

Kruel respondeu à interpelação dos comerciantes com a garantia de que adotaria medidas drásticas. Se fosse preciso, prometeu, autorizaria "o extermínio puro e simples dos malfeitores". Só assim bandidos como Coisa Ruim, Buba, Praga de Mãe, Paraibinha e Buck Jones deixariam de aterrorizar a população. Dois deles, Mineirinho e Cara de Cavalo, iriam ficar como símbolos da criminalidade dos anos dourados. A morte espetacular deles, em operações de guerra executadas pela polícia, envolvendo milhares de homens armados, inaugurou os tempos modernos.

A primeira providência do general Kruel foi ordenar ao responsável pelo Serviço de Vigilância, delegado Cecil Borer, que criasse imediatamente uma organização de combate aos marginais, o Serviço de Diligências Especiais (SDE), com carta branca para aplicar as tais "medidas drásticas".

Como o chefe de polícia do Distrito Federal tinha na época o poder de um quase ministro da Justiça, nomeado diretamente pelo presidente da República, a ordem do general Kruel equivalia a instituir na prática a pena de morte, concedendo a seus subordinados o livre-arbítrio de aplicá-la.

A violência não era prática estranha a uma corporação que mantinha em seus quadros os egressos da PE, a truculenta Polícia Especial do Estado Novo, terror de prisioneiros políticos. Mas ela ganhava agora legitimidade. Tão grave quanto o direito de matar — que acabava precisando de álibis como confrontos e escaramuças — era o direito de julgar. Coberto pela impunidade institucional, cada policial passava a acumular várias instâncias: investigação, julgamento, decretação da pena e sua execução.

O SDE contava com trinta funcionários e tinha em seus quadros vários policiais envolvidos em processos de extorsão, suborno e estelionato. "Nenhuma restrição foi imposta a suas missões", informava o *Jornal do Brasil*. "Elas incluem desde o combate ao jogo do bicho e ao lenocínio a tarefas normalmente atribuídas à Delegacia de Economia Popular."

Articulando corrupção e violência — um inseparável binômio que iria florescer na polícia ao longo das décadas seguintes —, o SDE reuniu homens violentos e decididos a exterminar os bandidos do Rio e adjacências. Esses Homens de Ouro ou Turma da Pesada, também conhecidos como Esquadrão da Morte, subiriam morros, invadiriam barracos e desentocariam assaltantes, caçando-os como ratos. *Limpariam* a cidade.

3. Seja marginal, seja herói

Cara de Cavalo era um bandido esperto, mas não inteligente. Pelo menos não tanto quanto Mineirinho. O repórter policial Octávio Ribeiro, que conhecia bem os dois, considerava Mineirinho "o bandido de maior QI da época". Eles pertenciam à mesma escola de delinquência, mas ao contrário do rival, que agia solitariamente, Mineirinho formou quadrilha e era um líder natural. Embora a condição de mito viesse a ser reservada por acaso a Cara de Cavalo ao matar o detetive Le Cocq e pouco depois morrer, numa sequência que ficaria como marco pré-moderno da história da criminalidade, Mineirinho foi tecnicamente mais bandido.

Mineirinho morreu em 1962, com 28 anos, e Cara de Cavalo em 1964, com 22, tão pobres quanto viveram.

O maior feito de Mineirinho, um campeão de fugas da prisão, foi comandar a rebelião do presídio Lemos de Brito às vésperas do Natal de 1961 — um motim que levou o governador Carlos Lacerda a entrar na prisão desarmado e sem segurança para dialogar com os rebelados. A liderança de Mineirinho era tanta que, segundo a lenda, foi ele quem escalou Gregório Fortunato para garantir a segurança do governador, sabendo que nada deveria ocorrer àquela autoridade. O ex-Anjo Negro de Getúlio Vargas estava cumprindo pena no Lemos de Brito, acusado de mandar matar o homem cuja vida, naquele dia, estaria sob sua responsabilidade.

Um ano mais tarde, Mineirinho foi encontrado morto na estrada Grajaú-Jacarepaguá, para onde seu corpo foi levado depois de executado pelo Esquadrão da Morte nas imediações da Central do Brasil. Cerca de 3 mil pessoas provocaram um engarrafamento de quase duas horas naquela estrada. Adorado pelas crianças dos morros, onde reinou durante oito anos, José da Rosa Miranda estava condenado a 137 anos de prisão pelas 28 mortes que a polícia lhe atribuía.

A morte de Mineirinho sensibilizou a literatura de Clarice Lispector e de José Carlos (Carlinhos) Oliveira. Clarice dedicou-lhe uma sentida crônica na revista *Senhor*. "Suponho que é em mim [...] que devo procurar por que está doendo a morte de um facínora. E por que é que mais me adianta contar os treze tiros que mataram Mineirinho do que seus crimes."

Ela confessa na crônica que os dois primeiros tiros lhe deram alívio e segurança. O terceiro deixou-a alerta, o quarto, desassossegada. O quinto e o sexto a cobriram de vergonha; o sétimo e o oitavo a encheram de horror; no nono e no décimo a boca ficou trêmula; no décimo primeiro, ela chamou por Deus, no décimo segundo, pelo irmão. "O décimo terceiro tiro me assassina — porque eu sou o outro. Porque eu quero ser o outro."

Carlinhos Oliveira fez-lhe também um comovido necrológio, considerando-o a personificação da rebeldia: "Assaltava bem, matava com perícia, amotinava presidiários e se punha em fuga com extrema facilidade". O cronista não escondia sua simpatia por um bandido que arriscava a vida "por um ideal" — o de querer "ser livre para ser criminoso, o louco!".

Aquela execução despertou no cronista sombrias reflexões: "Fico eu agora pensando em inumeráveis adolescentes que amadurecem no mesmo cenário ignominioso que produziu Mineirinho e me pergunto: onde anda agora o espírito de rebeldia? Onde anda agora o espírito que se evolou de Mineirinho? Quem, com os olhos da demência, com o imenso ranger no coração descerá agora do morro para castigar e envergonhar a cidade?".

Mineirinho morreu com os pulmões devastados por uma tuberculose contraída na juventude. "Atira logo, estão matando um homem", disse, quando se viu encurralado debaixo de um ônibus, sem defesa, tendo em volta um esquadrão de fuzilamento pronto para uma batalha. Levou treze tiros de metralhadora. Dois anos depois, Cara de Cavalo levaria cem.

Cara de Cavalo era um bandido chinfrim. Ladrão, não gostava de roubar. Diariamente cumpria uma rotina segura. À tarde, sempre acompanhado de uma das amantes, em geral a titular Lair Dias da Silva, pegava um táxi, sentava-se no banco de trás e percorria os pontos de jogo do bicho de Vila Isabel e arredores. Não saía do carro. Parava, Lair descia e ia recolher o pagamento compulsório do dia. Ele ficava esperando. Manoel Moreira levava a vida que um bandido preguiçoso pedira a Deus: pouco trabalho, muitas mulheres e um dinheiro certo, sem risco.

Assim ele viveu entre 1958 e 1964, quando morreu como "o inimigo número um da cidade". Primitivo, foi um mito bem ao gosto dos *anos dourados*. Assustava mais pela fama do que pelos feitos.

Um de seus grandes amigos, o artista plástico Hélio Oiticica, não se conformava com essa representação. "O que me deixava perplexo era o contraste entre o que eu conhecia dele como amigo e a imagem feita pela sociedade." Um ano depois da sua morte, Oiticica imortalizou-o numa obra-prima: *Homenagem a Cara de Cavalo*. É um bólide, ou seja, uma caixa envolta por uma tela e cujas paredes internas estão cobertas com quatro reproduções da foto oficial do bandido assassinado: estirado no chão, perfurado de balas, com os braços estendidos em forma de cruz. No fundo da caixa, num saco com pigmentos vermelhos, aparece escrito como numa lápide: "Aqui está e aqui ficará. Contemplai o seu silêncio heroico".

Fascinado pela marginalidade, passista da Mangueira, companheiro de malandros e bandidos, frequentador de favelas, Oiticica "foi o maior inventor de arte brasileira, um dos maiores da arte contemporânea em todo o mundo", segundo o crítico Frederico de Morais. Radical, ele considerava a arte como revolta e essa revolta era, na opinião de Morais, "semelhante à do bandido que rouba e mata, em busca de felicidade, mas também à do revolucionário político".

Amigo de Cara de Cavalo, Hélio Oiticica foi por uns tempos rival de Mineirinho, disputando com ele o amor da mesma mulher. Contrariando a sua homossexualidade assumida, o artista chegou a se apaixonar por Maria Helena, última mulher do bandido, "a maior de todas as mulatas da Mangueira", segundo a artista plástica Lygia Pape.

No seu automóvel, conhecido como "carro do embalo maluco", Lygia levava o amigo para visitarem no presídio outro bandido, Waldir Orelhinha, motorista de Mineirinho e remanescente da quadrilha.

Quando muito tempo depois, em 1978, Hélio Oiticica voltou dos Estados Unidos, os dois, ele e Lygia, foram almoçar com Maria Helena na Ilha do Governador. A bela viúva, só e ameaçada depois da morte de Mineirinho, ganhara um protetor e trocara de lado: agora estava casada com um policial.

"Me lembro que estava na feijoada todo o Esquadrão dos

Homens de Ouro", conta Lygia. "Eu e o Hélio ficamos meio de lado, éramos da ala mais intelectual, da ala da Maria Helena. Agora ela recebia a polícia, havia recuperado o status."

Maria Helena tinha duas irmãs, Rose e Tineca, e esta era, segundo Lygia, "a musa do Parangolé". As três, "cada qual mais bonita do que a outra", faziam grande sucesso no Zicartola, o bar de dona Zica e do compositor Cartola que atraía a freguesia intelectual da Zona Sul. Moravam no Mangue com o pai, Oto, vendedor de cocaína. Oto teve o fim com que sonhara. Quando estava morrendo, fez seu último pedido: cocaína. Lygia não esquece a cena. "Como não tinha mais força para aspirar, as filhas colocaram o pó numa bomba de Flit e aspergiram sobre o seu nariz."

Em 1968, Hélio Oiticica fez outra homenagem a Cara de Cavalo: a bandeira-poema "Seja marginal, seja herói". Se o bólide foi parar no valioso acervo do colecionador Gilberto Chateaubriand, a bandeira virou emblema do Tropicalismo e estandarte da facção mais radical da geração de 1968. Ambas se inscreveram na história da vanguarda artística brasileira.

Cara de Cavalo entrou mais merecidamente para o acervo contemporâneo das artes plásticas do que para a crônica da criminalidade carioca. Sua fama era grande entre policiais e malandros, mas seu poder não passava da Central do Brasil. Jamais tomou uma condução que o levasse à Zona Sul. Ficava ali pela região de Maracanã e Vila Isabel; no máximo, se aventurava por Andaraí, Tijuca e Grajaú. Se iniciara garoto no comércio ilícito de maconha na Central: era fornecedor de malandros e prostitutas. Ia muito à Lapa e fazia ponto no Mangue, onde descobriu que, tanto quanto a droga, o sexo podia lhe render dinheiro. Foi um dos mais jovens cafetões da folclórica zona do meretrício carioca.

Aos dezesseis anos, delinquente aprendiz, Cara de Cavalo quase teve sua carreira interrompida. Ele vivia no Esqueleto, uma favela de 5 mil casas e barracos em meio à estrutura de um grande edifício inacabado que daria lugar mais tarde ao campus da UERJ, a Universidade do Estado do Rio de Janeiro. Ali moravam funcionários de ministérios, professores, muitas normalistas e até militares, mas aos poucos a favela passou a atrair malandros. Por isso, seus moradores resolveram criar o movimento Os Homens de Boa Vontade, liderado pelo "prefeito" Antônio Emídio.

Emídio queria trocar o nome da favela para Bairro da Graça e melhorar sua reputação. A primeira providência foi preparar uma boa lição para o molecote que dias antes assaltara um morador local, um operário, tomando-lhe oitocentos cruzeiros. O plano era pegar o pivete, raspar-lhe a cabeça com máquina zero, empurrar-lhe goela abaixo uma dose dupla de óleo de rícino e amarrá-lo a um poste durante algumas horas com um cartaz pregado no peito: "Este é ladrão".

Na noite da prometida lição, a favela se preparou como se fosse para uma festa. Manteve-se em vigília muito além das dez horas, quando normalmente apagava as luzes, e convocou todos os seus moradores. O Esqueleto ia dar um exemplo à cidade.

Entretanto, avisado por um olheiro, Cara de Cavalo não apareceu naquela noite, nem nas outras. Nunca mais voltou ao Esqueleto, embora continuasse agindo nas redondezas do Maracanã.

4. Dois tiras da pesada

Le Cocq estava para Perpétuo assim como Cara de Cavalo estava para Mineirinho — os quatro mobilizaram o imaginário da época. Mitificados pela polícia, amplificados pela imprensa e admirados nos morros, eles disputaram entre si o papel de mito. Os quatro morreram em "combate", comovendo a cidade.

Perpétuo era um caçador; Le Cocq, um matador. "Perpétuo prendeu bandido sem dar um tiro", dizia o repórter Octávio Ribeiro. Trabalhava com informantes, os "cachorrinhos". Com Le Cocq era diferente. "Chegava com a turma, cercava o barraco e se houvesse a mínima resistência, ia atirando." Segundo Octávio, Perpétuo foi "um dos primeiros policiais a reconhecer o poder da imprensa".

Mílton Le Cocq de Oliveira, por suas ações e ensinamentos, ficou na memória da polícia carioca como paradigma. Em sua homenagem foi criada a Scuderie Le Cocq, tendo como símbolo uma caveira com duas tíbias e entre seus sócios os remanescentes dos Homens de Ouro, muitos dos quais ocupando até hoje cargos importantes na polícia carioca.

O detetive tinha estratégia e pedagogia próprias. Ao contrário de seu rival, detestava publicidade. Mas os dois supunham-se heróis ao enfrentar o crime. Sem recursos técnicos, procuravam sobrepujar com astúcia o adversário. Dos dois restaram mais lendas que biografias.

Uma das lendas sobre Perpétuo conta que fazia muito calor quando ele resolveu subir o morro da Mangueira para rever os amigos e tomar umas cervejas, como fazia sempre. Além dos amigos, ele tinha ali muitos informantes. Estava numa tendinha conversando quando apareceu Silvino Celestino.

— Quem é o tal de Perpétuo aí?

Quem estava engolindo a bebida engasgou; quem tinha o copo na mão tremeu; o dono da birosca congelou o gesto de limpar o balcão. Só Perpétuo permaneceu calmo. Deu um passo à frente e se apresentou:

— Tá falando com ele.

— Então vai logo rezando, índio, que você vai morrer.

E Silvino deu um passo para trás, saindo de costas do bar, com a arma na mão, chamando seu alvo para fora. Dizem que Perpétuo deu uma risada e seguiu o bandido. Silvino apontou a arma e deu dois tiros, algumas testemunhas contaram três. Nenhum pegou. Silvino não acreditava no que via, ficou paralisado: Perpétuo se aproximando dele, tomando-lhe a arma, prendendo-o. A notícia primeiro se espalhou pelo morro, de boca em boca: o detetive Perpétuo Freitas tinha o corpo fechado.

Mas para conquistar a cidade era preciso mais do que uma lenda, e o momento histórico do detetive veio em 1950, quando prendeu sem dar um tiro o lendário Mauro Guerra, que estava aterrorizando a população.

Perpétuo se preocupava com a imagem. Quase sempre de terno de linho branco, moreno como um índio, alto e forte, ele costumava subir os morros disfarçado: às vezes era um simples favelado, sujo e malvestido; às vezes, um bandido, com um baralho no bolso da calça e um cigarro de maconha na orelha. Foi quando conversava com um personagem assim, que ele pensava ser um favelado, que Mauro Guerra recebeu ordem de prisão.

Quatro anos antes, em 1946, Perpétuo já tinha prendido Zé Navalhada, Sombra e Bate-Papo, este último um perigoso assaltante que, ao esticar a mão para cumprimentar quem julgava ser um comparsa, teve o pulso grampeado por uma algema do detetive.

Na sua folha corrida ficaram registradas apenas duas mortes, apesar de sua reputação de bom atirador. A de Bidá e a de Fogueirinha. Bidá, que costumava enfrentar a polícia à bala, tentou puxar o revólver ao receber voz de prisão do detetive. Caiu morto na porta de um barraco no morro do Querosene. Fogueirinha teve o mesmo fim em situação idêntica. Não conseguiu puxar o gatilho.

Perpétuo realizou proezas em quase todos os morros do Rio. No Tuiuti, prendeu Passo Errado, em 1954, e Bocage, em 55. Muitos anos antes, em 49, já havia agarrado Zé Pretinho. Charuto, muito perigoso, entregou-se chorando no morro dos Macacos. No morro de Santo Antônio, em 57, foi a vez do terror Montanha. Perpétuo desmontou-o sem dar um tiro. João Cotu, também com fama de valente, levou um susto quando viu Perpétuo sair de trás de um poste. Não ofereceu resistência.

Le Cocq andava de lambreta. Deixava-a ao pé do morro e fazia a escalada carregando uma arma e um binóculo. Passava horas na espreita. "Nunca se deve arrombar uma porta de barraco deixando o peito à mostra", dizia, e essas obviedades ficaram como ensinamentos e exemplos de sabedoria policial. "Deve-se deitar e dar um pontapé na porta. Também é bom mandar o bandido acender a luz e sair com as mãos na cabeça", era outra lição. O primarismo tático pressupunha evidentemente métodos ingênuos do adversário.

Le Cocq começou a morrer no dia em que um bicheiro o procurou para pedir providências contra Cara de Cavalo. Ele reclamava de extorsão exagerada. A cena parecia moderna: um contraventor se dirigia a um policial para denunciar um bandido por se apoderar de uma parte dos lucros de seus negócios clandestinos.

Le Cocq resolveu agir logo e armou o cerco. Não foi difícil. A hora de *trabalho* do bandido, os pontos de bicho que frequentava, enfim, seus hábitos diários eram conhecidos. Afinal, ele era um bandido burocrático. Na noite de 27 de agosto de 1964, Lair estava recebendo a féria quando percebeu a armadilha. Voltou correndo para o táxi de placa 40-17-94 e fugiram em disparada.

Nesse dia, Le Cocq não estava de lambreta, mas de carro, em companhia dos parceiros Jacaré e Cartola e de um jovem policial em começo de carreira, Hélio Vígio, todos da Delegacia de Vigilância e Capturas. A perseguição foi rápida. Embora o fusca fosse de Vígio, quem dirigia era Cartola. Na esquina da rua Emília Sampaio com Teodoro da Silva, em Vila Isabel, o carro de Le Cocq conseguiu fechar o táxi. Houve um rápido tiroteio. Le Cocq tombou morto com um tiro da Colt .45 de Cara de Cavalo.

Esse tiro atingiu também o amor-próprio da corporação. O mocinho perdeu o duelo para um bandido pé de chinelo. Uma morte sem glória. Na verdade, Mílton Le Cocq de Oliveira, o Gringo, aclamado como paradigma e mito da polícia carioca, merecia uma morte mais digna. Ele não tombou cumprindo um mandado judicial, nem uma ordem policial. Sua última missão foi um mandado do jogo do bicho.

Ao matar o lendário detetive, Cara de Cavalo decretou sua sentença de morte. Em poucos minutos, deixou de ser um reles explorador de mulheres e achacador de bicheiros, feio e pobre, com a cara que lhe deu o merecido apelido, para se transformar num formidável bandido.

Todos os companheiros de Le Cocq nesse dia se lembraram da lição do mestre: "O bandido que atira num policial não deve viver".

A perseguição a Cara de Cavalo foi uma das maiores caçadas que o Rio conheceu. Cerca de 2 mil homens de todas as delegacias e divisões da Secretaria de Segurança foram mobilizados para a operação, comandada pelo delegado Sérgio Rodrigues. Quatro estados participaram da perseguição. A polícia ficou desorientada. A sede de vingança lhe tirou o faro. Houve mortes de pessoas parecidas com Cara de Cavalo, houve brigas entre policiais, muita disputa e rivalidade.

Foi durante essa caçada que Perpétuo morreu, também de forma inglória. Ele achava que ia prender Cara de Cavalo vivo. Desentendeu-se com um jovem colega, Jorge Galante Gomes, esbofeteou-o e recebeu um tiro nas costas. A cruzada em busca do bandido se explicava pelo desejo de vendeta de uma classe ofendida. Mas também porque havia um grande prêmio em dinheiro pela cabeça de Cara de Cavalo.

Um mês e sete dias depois, Cara de Cavalo foi apanhado nos arredores de Cabo Frio, na estrada para o balneário de Búzios. Vestia uma calça e uma camisa furrecas e arrastava uma sandália japonesa. Sem carro, que ele nunca teve, sem dinheiro para uma longa corrida de táxi, o criminoso mais procurado do país pegou um ônibus em Caxias até o Rio e daí um trem até Cabo Frio.

Eram quatro e meia da madrugada de 3 de outubro de 1964, quando a *turma da pesada* — Sivuca, Euclides Nascimento, Guaíba, Luiz Mariano, Cartola, Jacaré, Hélio Vígio, entre outros — atacou o esconderijo.

"Fui eu que matei ele", garante Luiz Mariano trinta anos depois. Ele é o titular da delegacia de Vila Isabel, próximo de onde Le Cocq morreu, e presidente da Scuderie Le Cocq. "Na hora que Cara de Cavalo se levantou", recorda Mariano, "eu dei a rajada que arrancou o dedo dele fora. Ele caiu com a mão pra cima."

Junto com os policiais estava Nílton Luís, filho do dono da casa. Preso na semana anterior por tráfico de maconha, ele foi, segundo a polícia de Cabo Frio, quem conduziu os assassinos ao esconderijo do marginal.

Em seu depoimento, o delegado Sérgio Rodrigues disse que teria proposto por duas vezes que Cara de Cavalo se rendesse. Só depois da negativa, iniciara a fuzilaria. Quatro jornalistas que, a convite, acompanharam a execução confirmaram a versão. Evanilda, a filha do dono da casa, e Nisa, a amante de Cara de Cavalo, desmentiram. Elas, que haviam assistido à execução, afirmaram ao delegado Jorge Breta, de Cabo Frio, que o bandido morreu sem reagir. "Ele ainda chegou a se levantar", disse Evanilda, "mas logo caiu no chão sem alcançar a arma que deixara sobre um móvel."

Segundo o laudo pericial, dos cem tiros disparados contra Cara de Cavalo, 52 atingiram seu corpo, 25 se alojando na região do estômago.

Outro participante da operação — o delegado Sivuca, que seria eleito deputado estadual com a plataforma "Bandido bom é bandido morto" — contaria mais tarde com prazer: "Então todo mundo atirou no bandido. Mais de cem tiros. O umbigo do cara ficou colado na parede".

5. Um escândalo precursor

O general Amauri Kruel vai ficar na história dos anos dourados como um precursor. Não criou apenas o Esquadrão da Morte. Foi também pioneiro em outra arte moderna — a da corrupção policial. Em 1959, descobriu-se que o grande exterminador de bandidos, o severo chefe de polícia, estava envolvido com corrupção. Era o protagonista de um dos maiores escândalos da história do Rio de Janeiro.

Numa série de reportagens para o *Mundo Ilustrado*, o repórter Mário Morel revelava, a partir da denúncia de dois comerciantes, que o chefe de polícia beneficiava-se, junto com o oficial de gabinete, o seu filho Nei Kruel, de nada menos que nove *caixinhas*: jogo do bicho, lenocínio, hotéis, ferro-velho, economia popular, cartomantes, aborto, drogas e cassinos clandestinos.

Só a *caixinha* de lenocínio era alimentada por 250 hotéis suspeitos e rendia para Nei e seus companheiros uma média de 2,5 milhões de cruzeiros mensais. As oitenta cartomantes que funcionavam na cidade contribuíam com 400 mil cruzeiros por mês, bem menos do que a *caixinha* do aborto, criada pelos 160 médicos que agiam ilegalmente no Rio.

Todos os membros do gabinete do general Amauri Kruel eram acusados de corrupção, do chefe aos oficiais. Davi, um bicheiro conhecido na praça, acusava Nei Kruel de receber dele 10 mil cruzeiros por dia. Francisco Amoroso, um dos maiores banqueiros de bicho da época e dono de cassinos clandestinos, se vangloriava de sua amizade com Nei: "Sou tão amigo quanto o Zica". Zica, o rei da praça Mauá, contrabandeava livremente e arrematava todos os leilões alfandegários graças às suas contribuições regulares à polícia.

O ex-investigador Alair Carvalho Silva chegou a escrever uma carta ao presidente Juscelino Kubitschek denunciando a corrupção na cúpula da polícia. Na lista de corruptos que anexou, aparecia Nei Kruel recebendo 150 mil cruzeiros por mês.

Quando Morel publicou a carta e a lista, o general se mostrou indignado e abriu um inquérito para "apurar todas as responsabilidades". A farsa só foi desfeita quando o *Mundo Ilustrado* descobriu que o homem nomeado para presidir as investigações, o delegado Aguinaldo Amado, fora expulso da polícia em 1939 por chantagear uma prostituta do Mangue, Maria Bota.

Diante da repercussão do escândalo já agora em toda a imprensa, a Câmara Federal resolveu instalar uma Comissão Parlamentar de Inquérito, presidida por Alfredo Násser e tendo como relator um criminalista famoso, o deputado Pimenta da Veiga, do PSD de Minas. Os demais membros da CPI eram Afonso Celso, Meneses Cortes, Osvaldo Ribeiro, Artur Virgílio e José Sarney.

Ao comparecer à CPI, o jornalista Mário Morel não só confirmou todas as denúncias publicadas, como apresentou prova: uma gravação com o dono de um hotel confirmando que ele e um colega haviam dado cada um "40 mil cruzeiros ao investigador Sena para entregar ao sr. Nei Kruel, filho do chefe de polícia". Era dito também que o responsável pela arrecadação mensal chamava-se João Batista Lima, o Lima dos Hotéis.

Embora ameaçado de morte por delegados e detetives, o baixinho e destemido Morel deu nome a todos os corruptos e disse do general Kruel o que se tem medo de dizer de um soldado. Acusou-o de coautoria em todos os crimes denunciados e responsabilizou-o pelo "clima de insegurança que reina em cada rua e em cada bairro da cidade pela absoluta falta de policiamento". Segundo o jornalista, o general inaugurava "a invasão do crime nos quadros do Departamento Federal de Segurança Pública".

Morel lembrou que declarações como "prefiro ver cinco marginais mortos do que um polícia" serviam para dar cobertura aos crimes praticados pelo Esquadrão da Morte, pelo Esquadrão do Roubo e pelo Clube da Chantagem, três organizações que agiam articuladamente.

Em meio às atividades da CPI, o deputado Meneses Cortes, ex-chefe de polícia, recebeu em sua casa a notícia de que policiais armados haviam invadido a Mercearia Império da Vila, em Brás de Pina, espancando e sequestrando seus proprietários, os irmãos Carlos e Antônio Sampaio, que haviam denunciado a corrupção a Morel.

Dirigiu-se então à chefatura de polícia. Entrou e, quando interpelou o general Kruel sobre o incidente, recebeu um soco no olho esquerdo. Em pouco tempo, chegavam ao gabinete vários deputados: Carlos Lacerda, Rondon Pacheco, José Sarney.

A agressão agravou a crise e precipitou a queda do chefe de polícia. Demitido, o general Amauri Kruel recebeu a solidariedade de delegados, detetives e de seu substituto, o coronel Crisanto Figueiredo, que no discurso de posse criticou a imprensa e elegeu "para símbolo da mulher brasileira que sofre a sra. Cândida Kruel", mulher do general.

Chamando de "ousadia criminosa" a campanha da imprensa, Kruel se despediu de seus antigos subordinados dizendo que trazia "sobre meus ombros quarenta anos de dignidade militar". Depois, agradeceu a cooperação de seus auxiliares, a ajuda da Polícia Militar e do I Exército, "representado na figura simpática e varonil do general Odílio Denys".

O ex-chefe de polícia desceu as escadarias do prédio carregado nos ombros por delegados, comissários, investigadores e detetives, quase todos acusados de corrupção, e debaixo de uma chuva de pétalas de rosas.

"À saída", informou o *Jornal do Brasil*, "o general Kruel foi seguido por seu filho Nei e pelo detetive Manga, que usava a mesma roupa do dia em que sequestrou, juntamente com outros policiais, o comerciante Carlos Sampaio. O detetive Manga estava preso no Serviço de Diligências Especiais, mas não faltou à homenagem ao ex-chefe."

O caso terminou na Justiça com a condenação dos dois policiais que recolhiam as caixinhas e dos dois comerciantes que haviam denunciado o escândalo — por corrupção passiva. Kruel e seu filho foram absolvidos. Anos mais tarde, Nei Kruel teve sua prisão preventiva decretada pelo juiz Eliezer Rosa, da 8ª Vara Criminal, mas por outra razão. Como ex-agente do Lloyd Brasileiro nos Estados Unidos, era acusado de crimes contra a administração pública.

Quando, em março de 1964, a conspiração para a derrubada de João Goulart chegou próximo a seu objetivo, o escândalo das caixinhas já estava esquecido e o general Amauri Kruel era o poderoso comandante do II Exército, em São Paulo. A sua posição seria decisiva para os destinos do país. Amigo pessoal do presidente, seu ex-chefe de gabinete militar e seu ex-ministro da Guerra, Kruel manteve-se indeciso até a véspera do golpe. Jango acreditava em sua lealdade e esperava o seu apoio para reagir.

Conta-se que o presidente da República, ao lhe perguntarem pela posição do comandante do II Exército, teria respondido enquanto abria uma gaveta: "Esse está aqui". Não estava. Na noite de 31 de março, Kruel aderiu ao golpe militar, selando a sorte de João Goulart. A deposição veio logo a seguir.

A nova era que começava no Brasil ia colocar o general em posição de destaque dentro do Golpe de 64 e seu antigo auxiliar, Cecil Borer, como um dos homens-chave do governador Carlos Lacerda, que quando jovem fora preso como agitador comunista justamente pelo inspetor Borer.

Trinta anos depois, Cecil Borer é o dono de uma firma de segurança particular cuja sede fica em frente ao quartel central da Polícia Militar no Rio. Não tem muito o que dizer sobre o período, mas confirma pelo menos um famoso diálogo que manteve com o ex-comunista Lacerda ao ser convidado a participar de seu governo, abandonando os marginais para se ocupar dos subversivos políticos:

— Como esse mundo dá voltas, hein, dr. Borer!

— É, governador, mas quem mudou não fui eu.

Durante a primeira fase do golpe militar, ele se transformou em símbolo da tortura. Tempos piores viriam e Borer seria quase uma lembrança amadora, mas naquele ano de 1964, no Rio de Janeiro, ele representou o terror.

A maior contribuição à história da criminalidade carioca, porém, foi dada sem dúvida por seu chefe, o general Amauri Kruel. "Sua gestão", dizia o *Jornal do Brasil*, "é uma sucessão de escândalos administrativos, caixinhas de suborno e amizades suspeitas, das quais a mais ostensiva é a união do próprio general Amauri Kruel com o contrabandista Zica, dono de um bar na praça Mauá e que já deu um Cadillac de presente ao chefe."

Segundo ainda o *Jornal do Brasil*, a criação do SDE não só institucionalizou o Esquadrão da Morte, como aumentou o número de pontos de bicho, deu liberdade de ação aos bicheiros, estimulou o lenocínio e centralizou as verbas distribuídas por todo tipo de contravenção.

Para culminar, entregou o Esquadrão da Morte ao detetive Malta, aquele que saiu da prisão para acompanhar Kruel na despedida. O detetive estava preso porque executara com uma rajada de metralhadora um funcionário da TV Tupi em Vigário Geral.

A exemplo de seu chefe, Malta também era um precursor. Muito antes da chacina de 21 pessoas em Vigário Geral, em 1994, ele fizera a sua, em escala individual.

PARTE II

O TEMPO DOS BÁRBAROS

[…] *Por que subitamente esta inquietude?*
(Que seriedade nas fisionomias!)
Por que tão rápido as ruas se esvaziam e todos
voltam para casa preocupados?

Porque é já noite, os bárbaros não vêm e
gente recém-chegada das fronteiras diz
que não há mais bárbaros.

Sem bárbaros o que seria de nós?
Ah! eles eram uma solução.
Konstantinos Kaváfis, "À espera dos bárbaros",
tradução de José Paulo Paes

O drama da vítima é o drama óbvio, com o qual todo mundo se solidariza. Eu queria entrar na cabeça do assassino, entender o monstruoso, o aberrante.
Sérgio Sant'Anna, sobre seu livro *O monstro*

1. Vigário *In Concert* Geral

Vigário Geral vivia o seu primeiro sábado alegre depois da chacina. Às cinco da tarde, suas ruas de terra batida fervilhavam de calor e de gente. Muitas coisas iriam me impressionar naquela primeira visita, além da presença ostensiva dos traficantes e suas armas medonhas, uma rotina com a qual eu teria que me acostumar nos dez meses seguintes, passado o susto inicial. A meia hora da Zona Sul, a trinta quilômetros do centro do Rio, eu estava entrando em outro mundo.

A chegada a essa favela plana exige um esforço inesperado: é preciso antes subir e descer 45 degraus. Uma passarela apanha o visitante do lado asfaltado e o conduz a nove metros de altura, sobre a via férrea, depositando-o do outro lado, num larguinho que funciona como um hall de entrada.

Os dois muros altos que cortam o bairro ao meio, isolando a linha do trem, servem também para dar a impressão de que a população vive confinada. Há uma maneira de se chegar à favela de carro, atravessando Parada de Lucas, mas nesse dia ainda era um caminho com algum risco para estranhos.

O primeiro conhecido a aparecer foi Caio Ferraz, líder do Mocovige, Movimento Comunitário de Vigário Geral. Vinha sujo de tinta, sem camisa e com os ombros queimados de sol. Passara o dia com as crianças preparando a festa da noite, o Vigário *In Concert* Geral, uma manifestação que pretendia levantar o astral da comunidade ainda traumatizada. Agora, ele tinha que ir tomar banho, vestir um terno e botar uma gravata para ser padrinho de casamento. Seu irmão, Rodrigo, fora me apanhar no jornal para aquela primeira visita.

Encontramo-nos os três na rua principal, a Antônio Mendes. À direita, no número 12, está o bar, fechado, onde foram assassinados sete operários. Em frente, no número 13, a casa de muro alto onde moravam os oito evangélicos exterminados pelos invasores.

Antes de partir, Caio fez questão de nos mostrar o painel que seu grupo pintara no muro alto que fica no "Vietnã", o paralelo que separa dois territórios até há pouco inimigos. É a rua que leva à Parada de Lucas. As duas favelas parecem uma só, mas há dez anos estavam em guerra e só agora, depois da chacina, viviam uma trégua. O resultado das batalhas está naquele muro.

São dezenas de furos de balas — alguns, do tamanho de uma bola de gude; outros com a circunferência de uma bola de pingue-pongue. Caio e seu grupo resolveram transformar o muro em símbolo, fazendo de cada um dos buracos uma flor colorida desenhada a lápis, saindo todas de uma pistola empunhada pelo beatle Ringo Starr. A obra é um mural naïf tendo como epígrafe uma frase de Bob Dylan: "Quantas mortes ainda serão necessárias para que se saiba que já se matou demais?".

Esses jovens parecem gostar de poesia. No muro que cerca a pequena igreja católica, há outras inscrições. Uma de Raul Seixas ("Não diga que a canção está perdida/ Tenha fé em Deus/ Tenha fé na vida/ Tente outra vez"), uma de Caetano Veloso ("Enquanto os homens exercem seus podres poderes/ Morrer e matar de fome, de raiva e de sede/ São tantas vezes gestos naturais"), de Camões/Legião Urbana ("Ainda que eu falasse a língua dos homens e dos anjos/ Sem amor nada seria") e de Gandhi ("Cada dia a natureza produz o necessário para nossas carências. Se cada um tomasse o que lhe é de direito, não haveria fome no mundo e ninguém morreria de inanição").

Depois da visita ao Paralelo 38, vamos direto para o clube Onze Unidos, um galpão na mesma rua onde se encontram Zé e uma quantidade incalculável de crianças. Zé, companheiro de Caio no Mocovige, improvisou uma escolinha de arte para as crianças da favela.

Por um instante a algazarra cessa e Zé nos apresenta: "Esse tio aqui é escritor e veio nos visitar". Imediatamente uma das crianças tem a infeliz ideia de sugerir: "Então conta uma história pra gente!". Um coro abafa as tentativas de dizer *não*: "Conta, conta!".

A avidez com que abraçam, agarram, beijam, apertam o visitante incomoda. Naquele mundo carente, a carência maior é com certeza a afetiva. Para alguém que só gosta de criança à distância e nunca teve imaginação para inventar uma história para seus filhos, a situação era muito desconfortável. Ali dentro, o embaraço fazia suar tanto quanto o calor. A saída foi contrapropor: "Mas primeiro vocês vão contar a história de vocês".

Deu certo. O mais desinibido, um garotinho de uns dez anos, apresentou-se logo e começou a contar uma história que ninguém estava interessado em ouvir e que não acabava mais. Não admitia interrupções e nem dava vez a nenhum colega. Depois da terceira história, igualmente interminável, propus que se mudasse de brincadeira. "Agora, vamos brincar de outra coisa."

O contador de história não perdeu tempo: pegou um microfone de barro que ele mesmo fizera e começou a simular uma enquete para uma imaginária televisão: "A senhora viu quem estuprou a menina?", perguntou, demonstrando intimidade com o tema e com a palavra, que pronunciou corretamente. "E o senhor, não viu?" "Uma menina foi estuprada aqui e o senhor não viu?"

Reclamei que o *programa* estava muito pesado, devia variar um pouco. "A TV mostra reportagens alegres também. Vamos arranjar outro assunto", ordenei. O minirrepórter concordou e mudou de tema, dando início à nova série de entrevistas: "O senhor aqui assistiu à chacina?".

Quando vi que era inútil tentar incluir um tema ameno naquele telejornal infantil, procurei fugir, mas o menininho exibido me pegou pela mão e foi me mostrar, colado na parede, um painel daquelas fotos que chocaram o país e correram o mundo: 21 caixões dispostos na rua, um ao lado do outro. "Essa aqui é minha mãe", disse ele apontando o segundo caixão da esquerda para a direita. "Eu consegui fugir", completou.

Naquela confusão de crianças disputando afeto, não pude confirmar se a história era verdadeira. Os sinais do pós-guerra estavam em toda parte. Havia sempre a lembrança de um irmão ou um primo atingidos pela tragédia. É possível também que o menino estivesse mentindo para chamar a minha atenção, mas tive preguiça de apurar. Queria era sair dali.

Por sorte, Zé estava encerrando a primeira fase dos festejos e já convidava as crianças para se dirigirem até a quadra, não longe dali, onde haveria outras atrações como peça de teatro, show de rap e baile funk.

Antes de sair, me aproximei da roda de uns cinco jovens negros, elegantes, com camisas multicoloridas, calças que parecem de Bali e cabelos rastafári. Eles acabam de chegar. São do grupo AfroReggae, me informa um deles, Rafael, com quem vou conversando a caminho da quadra.

São seis horas da tarde, mas o horário de verão garante a inclemência do sol lá no alto. As ruas continuam movimentadas.

Elas são estreitas, áridas, sem calçadas nem pavimentação. Sua curiosa geometria de paralelas e perpendiculares desnorteia quem está chegando. Há simetria, mas não lógica. O fim de uma rua pode ser o começo de outra, que por sua vez é cortada por mais duas ou três e assim sucessivamente, como se fossem o desenho de um labirinto. Nessa parte central da favela predominam casas de alvenaria; os barracos ali são raros. Mas as paredes de tijolos aparentes, sem acabamento, dão a impressão de um bairro inacabado.

A todo instante, é preciso desviar de uma criança, dos cachorros ou mesmo de um porco enorme, lento, que resolve passar pela frente. Um tipo folclórico do lugar, meio maluco, meio bêbado, faz a delícia da criançada ao me confundir com o governador: "Ô Leonel, vê se dá um jeito nisso aqui", disse e me agarrou pelo braço. "Vou votar em você pra presidente." A inconveniência do bêbado aumenta quando tento me desvencilhar dele e do engano: "Que é isso, Leonel, ficou besta!", diz, certo de que estava recriminando o governador Leonel Brizola.

Grupos sentados nas portas se abanam e conversam. Em pelo menos duas esquinas tenho a impressão de ver vários jovens com fuzis a tiracolo, ou metralhadoras, não sei bem. Acho prudente ser discreto e não ficar olhando, preferindo concentrar a atenção em Rafael, que vai falando do seu movimento, de sua ação em morros e periferias e do jornalzinho que editam.

Ao chegar à quadra, nos sentamos num degrau de cimento, ao lado do palco, aguardando o fim de uma pelada de vôlei. Rafael é um legítimo exemplar do orgulho negro. Inteligente, bonito, simpático, é professor de história em duas escolas municipais de Santa Cruz. Fala do movimento negro com conhecimento de militante. Não é um radical, mas sua serenidade parece esconder sólidas convicções. Mostra o número 2 do *AfroReggae Notícias*, cuja reportagem de capa, escrita por ele, é sobre Malcolm X. Rafael é também o responsável pela seção de livros.

Quando sente meu interesse pelo rap, convida alguns jovens do seu grupo para se aproximarem. São dois paulistas que vieram para a festa, três *gatinhas* negras que formam a banda As Damas do Rap e um casal, ele um negro alto e ela uma professora, mulata, militante dos direitos humanos na periferia paulista. Conheceram-se em São Paulo, e ele mudou-se para lá, para se casarem.

Ele, o mais falante do grupo, explica as origens do gênero no Brasil, fala da influência do rap americano — o de Miami, mais *divertido*, e o de Nova York, mais *consciente* — e do papel que essa música pode ter na periferia das metrópoles brasileiras.

Não esconde suas preferências pelo segundo tipo, inclusive porque faz parte de um grupo que se chama justamente Consciência Urbana. Ele se mostra tolerante ao admitir o humor no rap e considerar o fenômeno Gabriel, o Pensador, como positivo para o movimento, mesmo quando se alega que o mais famoso rapper brasileiro já foi cooptado pela mídia, isto é, pelo sistema.

"Sistema" é uma palavra que usam muito, ao lado de "burguesia". Como os jovens dos anos 1960, os rappers e os funkeiros detestam o sistema e os burgueses, contra os quais dirigem suas músicas de protesto. É curioso como essa retórica foi recuperar conceitos tão distantes.

Aos poucos, todos participam do papo. Uma das Damas do Rap explica que seus colegas de música são muito machistas, mas acabaram recebendo bem a intromissão delas no gênero. A outra, a compositora, diz que sua temática é de protesto contra tudo o que ocorre de errado no país e às vezes no mundo: corrupção, desmandos políticos, guerra e violência. Aliás, eles explicam que há grupos que tratam só da violência.

Pergunto se em algumas letras a crítica não acaba se confundindo com a apologia; as opiniões se dividem. O representante da Consciência Urbana acha que é preciso exercitar a leitura, perceber a ironia. "Quando alguém canta 'Gosto de viver perigosamente', pode estar querendo dizer o contrário. Isso deve ser lido de forma mais aberta."

Há um consenso na recusa da política — ou pelo menos da política partidária, como corrige a professora: "Não gostamos dos partidos, mas sabemos que somos políticos até quando não somos". O seu jovem marido é filho de família de políticos e o avô é um prócer do PMDB no Rio. Queria que o neto seguisse os seus passos, mas este preferiu ir para São Paulo fazer rap e talvez comunicação, de preferência publicidade.

A violência é um tema recorrente. A professora paulista defende a tese de que em São Paulo é pior. "Vocês aqui têm associações, entidades, grupos, um espírito comunitário que não existe lá. Além disso, tudo aqui é mais às claras." Zé, sempre agitado, anda de um lado para o outro. Está tudo atrasado: o equipamento de som, os técnicos. Como o espetáculo vai demorar, alguém vem convidar para uma sopa no galpão onde estivéramos antes.

Quando começo a atacar a suculenta sopa de entulho, sobre uma mesa tosca, aproxima-se um jovem pardo, alto, magro, que reconheço logo. Pouco antes, ao passar pela rua principal da favela, vira-o numa esquina com uma pistola na mão, explicando alguma coisa a alguém com a naturalidade de quem mostra um maço de cigarros. O que mais chamara a atenção era o cano muito fino e demasiadamente longo da pistola, formando o que, para meu inexperiente gosto, era um deselegante design.

Não havia se mostrado constrangido quando nos aproximamos. Apenas encolheu a barriga, guardou a arma na cintura, estendeu a mão agora livre e disse "satisfação". Em seguida, andou alguns passos com o grupo, olhando para a frente, inteiramente desinteressado dos que seguiam ao lado.

"É um dos chefes do bicho", me haviam dito.

Só agora entendia o sentido que se dava ali à palavra *bicho*. À tarde, quando a ouvira pela primeira vez aplicada a um excêntrico negro que passava com um filhote de leão na coleira, achei que se tratava de alguém do jogo do bicho. Não, *bicho* é o mesmo que *movimento*, o mesmo que tráfico.

João — assim se chamava o traficante — aproximou-se de onde eu estava sentado, a meio metro do chão, numa cadeira improvisada. O volume da arma ficava na altura dos meus olhos, coberto por uma camisa de meia para fora da bermuda cinza. Nenhuma grife, nem no tênis branco. Ele tinha a mania de falar balançando os braços caídos, impulsionando-os até que as mãos espalmadas se tocassem na frente. Parecia fazer aquele movimento de braços que as torcidas fazem nos estádios, só que ao contrário, para baixo e tirando fino em um revólver.

Aquele magricela alto, de no máximo 22 anos, batendo palmas espaçadas, era uma representação do poder local. Se alguém tivesse dúvida, não precisava nem olhar para o alto-relevo formado pela arma, sob a camisa, mas para seus olhos. A sua autoridade era exercida com o olhar. Ele sabe distribuí-lo com a parcimônia de uma concessão. Nesses quinze minutos de papo descontraído, ele só olhou para mim uma vez, lá de cima. Foi quando Zé lhe disse, apontando para mim: "Ele conheceu o Raul".

O jovem traficante se transformou e abandonou um pouco a pose. Aproveitei para lhe perguntar que música preferia, e ele desfilou o nome de umas quatro para demonstrar conhecimento. "Mas a que eu gosto mesmo é 'Metamorfose ambulante'", respondeu finalmente, contando que o filho de pouco mais de um mês, quando começa a chorar, "é só colocar uma música do Raul que ele dorme".

Eu já devia esperar por aquilo. A paixão musical do jovem bandido tinha que ser Raul Seixas. Aliás, não só dele. Todo mundo na favela parece conhecer de cor as letras do Maluco Beleza. Raul já tinha sido responsável por uma situação muito engraçada dias antes, quando eu estava sentado na calçada de um botequim no Maracanã, o Loreninha, com jovens estudantes ou ex-estudantes da Universidade do Estado do Rio de Janeiro.

Era o meu primeiro contato com o grupo de Vigário Geral e, para descontrair, resolvêramos conversar tomando cerveja naquele pé-sujo frequentado por eles. Havia uma galera de doze rapazes e moças: professores de biologia, uma recém-formada em pedagogia e um sociólogo.

Ao ouvir que a preferência musical de todos aqueles jovens era Raul Seixas, resolvi me mostrar dizendo que conhecera o compositor e que era amigo de seu principal parceiro, o escritor Paulo Coelho. Para quê? Eles se levantaram, começaram a bater palmas e a cantar: "*Viva a sociedade alternativa, viva a sociedade alternativa*".

Encabulado diante daquele grupo alegre, extrovertido, bagunceiro, começava a aprender que aquelas efusões exageradas eram comuns entre eles.

Agora, ali na quadra, a algazarra e os maus modos voltam a lembrar a cada instante que, se Dioniso era também o deus da bagunça, aquela era uma festa dionisíaca. O hedonismo dessa gente costuma incomodar o nosso bom gosto bem-comportado. Uma lembrança é inevitável: a da entrevista de um dos participantes do famoso arrastão de 1992, um molecote de dezesseis anos:

— Por que vocês fizeram isso? — perguntou o repórter.

— De sacanagem. Pra arrepiar os bacanas.

O baile agora come solto, depois que o grupo local do Teatro do Oprimido apresentou o seu espetáculo sobre a falta de água na favela. Enquanto assisto à garotada dançar funk, alguém chega por trás e me sopra no ouvido:

— Diferente da geração de 68, né?

Nada mais me surpreendia, desde a descoberta da turma da UERJ — que, pela aparência, provocaria pânico se resolvesse descer junta numa praia da Zona Sul. Naquela noite do botequim, sentado à minha direita no chão, um rapaz miudinho falava o tempo todo, não deixando que eu prestasse atenção nos demais. Para fazê-lo calar-se, disse em tom de brincadeira:

— Você fala como intelectual, cara!

Ele olhou para mim e deu um sorriso que antegozava o efeito do que iria dizer:

— Intelectual, sim, mas orgânico, como diria Gramsci.

Era o sociólogo Caio Ferraz.

Agora aparecia ali na quadra esse outro inesperado rapaz, Valmir, falando de 68. A julgar pela amostragem, aquela favela era um antro de intelectuais.

Quem desfaz a ilusão logo é Renato, que está com Valmir. Ambos são amigos de infância de Caio. Os três nasceram por volta de 1968. "Somos sobreviventes de uma geração que ficou quase toda no meio do caminho. Éramos mil, hoje somos quantos?"

Ele, o autor dessas declarações, tem o físico e o pescoço grosso de um atleta. O rosto anguloso, largo, e a pele clara lembram um italiano de anúncio publicitário. Mas Renato nasceu e foi criado em Vigário Geral. Ali passou quase toda a juventude cuidando do Galinheiro, o abatedouro de aves do local.

Há três anos ele vive na Alemanha e está aqui de férias. A sua trajetória não é comum no lugar. Filho de um pai e uma mãe que já carregavam cada um três casamentos antes de se conhecerem, Renato tinha tudo para cair no tráfico, como a maioria de seus amigos. Aos quinze anos, ele lia o que lhe caía nas mãos, em geral jornal velho. Um dia viu o anúncio de um curso profissionalizante de teatro na Fundação Calouste Gulbenkian e se inscreveu.

Sua vida mudou. Estimulado pelos atores Marcos Antonio e Maria Teresa, que ministravam o curso, ele começou a ler Shakespeare e Brecht. "Lia e não entendia nada", ele confessa agora. Um ano depois, porém, já trabalhava numa montagem de *Romeu e Julieta* e em seguida descobria Nelson Rodrigues. Não parava de fazer cursos: de canto, dança, leitura dinâmica. "Fazia tudo que pudesse aumentar meu repertório como artista." Tinha dezessete anos quando fez concurso para a Escola Nacional de Circo, na praça da Bandeira. Passou, casou-se com uma colega de turma, formaram-se e receberam logo um convite para trabalhar na Alemanha.

Renato e Olga são artistas do Europa Park, espécie de Disneylândia de Baden-Baden. Trabalham como acrobatas, palhaços, equilibristas, parece que com sucesso. Já ganharam o suficiente para comprar dois apartamentos em Copacabana e uma casa para a mãe dele em Vigário, do lado de "fora", na parte urbanizada.

Quando viu nos jornais alemães o noticiário da chacina com a foto dos mortos, teve um choque: "Dos 21 assassinados, eu só não conhecia um". Ele vai lembrando: "Edmílson, o que morreu carregando a marmita, estudou comigo três anos; o Clodoaldo acampava comigo, o Amarildo era meu companheiro".

Renato é o mais velho de sete irmãos ou meios-irmãos. Um deles, irmão por parte de mãe, se envolveu com drogas e foi assassinado por traficantes de maneira tão atroz que ele não gosta de recordar. "Pra você ver: ele era o que sempre teve melhores condições financeiras. Nem na favela morava, morava com o pai, que era de classe média", diz Renato sem encontrar explicações para a opção do irmão. Pelo menos nesse caso, não se pode dizer que as motivações eram sociais.

Às onze horas, alguém avisa: "Olha lá, os caras já chegaram". A passarela que liga as duas partes de Vigário Geral, sobre a linha férrea, fica quase em cima da quadra. Seu verde exagerado parece querer compensar a falta dessa cor na paisagem local. Além de principal entrada, é um ponto estratégico. De lá é fácil atingir com um tiro qualquer um que esteja na quadra. De baixo, só se veem lá em cima, na escuridão, alguns vultos empunhando armas. Aquela cena se repete desde a chacina. Eles chegam mais ou menos às onze horas e ficam até de madrugada. São soldados da PM que estão ali a pretexto de proteger a comunidade. Em tese, seria para evitar uma nova chacina.

A PM lá em cima como se estivesse numa torre tomando conta de um campo de concentração, os traficantes ali ao lado do orelhão, armados, os aviões passando tão baixo e os trens tão perto que os ruídos se confundem, o funk fazendo a trilha sonora — tudo isso lembra uma montagem pós-moderna feita com pedaços incongruentes de vários mundos e épocas.

Todos são revistados ao entrar ou sair. Nessas ocasiões, as agressões policiais são comuns. A adolescente negra, bonitinha, que há pouco interpretava um dos papéis principais na peça do Teatro do Oprimido, foi bolinada na véspera quando era revistada. O rapaz, na rodinha, conta com bom humor que levou dois tapas na cara de um PM. "Em vez de me dar por satisfeito, resolvi reagir. Aí levei uma surra", relata rindo.

À meia-noite, resolvemos ir embora. Subimos lentamente os 45 degraus e fomos parados pela patrulha de quatro PMs postados na ponta da passarela. Zé, com seu jeito de hippie deslocado no tempo, pobre e feio, é logo barrado. Ele já perdeu a conta das vezes em que, ao se identificar como professor de biologia, despertou reações como esta: "Tenente, esse moleque aqui tá dizendo que é professor, que que eu faço com ele?".

Nessa noite, o soldado já tinha enfiado a mão na bolsa que Zé carrega sempre a tiracolo — um modelo de pano, colorido e cheio de franjas que a mãe fabrica especialmente para ele — quando o chefe do policiamento deu uma contraordem e mandou que seus subordinados suspendessem a revista. Alguma coisa o fizera mudar de ideia. Talvez ele tivesse percebido que aqueles quatro rapazes — Valmir, Renato, Rogério e Zé — não formavam propriamente um grupo de desordeiros, com aquele burguês careca no meio.

No dia seguinte de manhã, Caio liga querendo saber o telefone do secretário de Polícia Civil, Nilo Batista. "Eles querem acabar com o nosso trabalho de pacificação, vai ter outra chacina", dizia desesperado.

Acontecera o previsível. Dez minutos após nossa saída, os PMs haviam espancado um jovem operário que voltava para casa depois de um trabalho extra. Ao saber da agressão, os traficantes de plantão acabaram com o baile, mandaram o pessoal para casa e tomaram a defesa do agredido — abriram fogo em direção à passarela. No tiroteio, um soldado da PM saiu ferido.

Nos dez meses seguintes eu voltaria muitas vezes a Vigário Geral. A favela, depois da Candelária, se transformara no símbolo trágico do Rio dos anos 1990. A chacina servira para mostrar à cidade que a violência policial não era gratuita, ela cobrava caro. A polícia fazia parte do crime que deveria combater.

A operação que iria exterminar 21 pessoas começou na noite de 28 de agosto de 1993, um domingo, e terminou na madrugada de segunda-feira. A primeira ação foi na praça Córsega, na parte asfaltada do bairro. Eram onze da noite quando homens fortemente armados mataram um rapaz, feriram uma mulher e destruíram uma motocicleta. Em seguida, dirigiram-se para a vizinha praça Catolé do Rocha e incendiaram cinco trailers de venda de refrigerantes e cachorro-quente.

Depois, atravessaram a linha férrea e invadiram a favela. Às 11h45 chegaram a uma birosca onde umas oito pessoas bebiam cerveja comemorando a vitória da Seleção Brasileira contra a da Bolívia. Os encapuzados se identificaram como policiais e pediram documentos aos presentes. Em vez de examinar as provas de trabalho apresentadas, jogaram uma bomba de efeito moral e começaram a atirar. Em poucos minutos, havia sete corpos estendidos no bar.

O alvo seguinte foi a casa em frente, onde morava uma família de crentes da Assembleia de Deus. Foram executadas oito pessoas, inclusive os pais, Gilberto Cardoso dos Santos e Jane, que morreu abraçada a uma Bíblia. As cinco crianças conseguiram fugir enquanto os matadores discutiam se deviam ou não matá-las. Ao mesmo tempo, em outras ruas da favela, mais cinco pessoas eram assassinadas por outros comandos.

As primeiras versões tentaram atribuir a chacina a traficantes de Parada de Lucas, mas o próprio secretário de Polícia Civil, Nilo Batista, indicou o rumo certo das investigações. "A cultura de extermínio está viva nos porões da polícia e sai como uma fera à noite para matar", denunciou.

As feras no caso eram os Cavalos Corredores, assim chamados pela maneira como invadiam favelas e aterrorizavam os moradores. Compunham um dos vários grupos de policiais especializados em extorsão de traficantes. Eles usavam dois métodos: prendiam os bandidos para soltá-los mediante pagamento e exigiam sociedade na venda de tóxicos. Esta última modalidade, chamada mineira, se difundira tanto nas favelas que os traficantes já incluíam, na relação custo/benefício, a parte da polícia.

Não raro, desacordos na hora da extorsão e da partilha provocavam desavenças que chegavam à imprensa como legítimos confrontos entre as forças da lei e o crime. Durante as investigações da chacina seria revelado pela testemunha Ivan Custódio Barbosa de Lima — um X-9, informante clandestino da polícia — que todo o aparelho policial estava contaminado por essa prática: da cúpula aos mais baixos escalões, do delegado ao detetive, dos comandantes de batalhões a soldados.

A operação que resultou na chacina de Vigário Geral não passara de uma dessas tentativas frustradas de "mineiragem". Vinte e quatro horas antes do massacre, na praça Catolé do Rocha, onde os Cavalos Corredores mais tarde incendiariam cinco trailers, quatro PMs haviam sido assassinados de maneira misteriosa. Sem avisar a Central de Operações, eles estavam ali justamente na noite em que deveria chegar um carregamento de drogas.

Como se verá mais tarde, no capítulo 17, Flávio Negão, chefe do tráfico de Vigário Geral, riu muito essa noite. Enganou os quatro policiais dando-lhes uma pista falsa por seu celular e recebeu sozinho a partida de 67 quilos de cocaína pura enviada de São Paulo por Joabes e Noabias Rabelo, irmãos do ex-deputado federal Jabes Rabelo, membros de uma família especializada nesse ramo de negócio.

Na brutal operação de vingança, os traficantes saíram ilesos. Das 21 pessoas exterminadas, nenhuma era ligada ao tráfico.

2. O Rio tem que ser um só

O Rio de Janeiro ainda vivia o choque da chacina de Vigário Geral quando um grupo resolveu se reunir "para fazer alguma coisa". Walter achava que era a hora de dar um basta. Chegara a pensar em mudar de cidade, como muitos de seus conhecidos. "Tenho duas opções", pensava: "ou vou embora, ou fico e faço alguma coisa".

O Rio se transformara num "organismo doente", como dizia, mas ele se recusava a aderir, impotente, a essa espécie de cultura do lamento. Fazia parte do masoquismo do momento uma certa satisfação em contar casos de violência urbana — um pouco como nos anos 1970 com as histórias de tortura. Havia sempre uma mais escabrosa do que a outra. O Rio parecia ter chegado ao ponto mais fundo de sua depressão.

O pessimismo agora era maior do que a crise, até porque, ao contrário do que sugere seu padroeiro, a cidade não costuma permanecer impassível diante do ataque de flechas. A não ser são Sebastião, o carioca em geral não tem nada de estoico, é epicurista. E a cidade então oferecia, do ponto de vista cívico, mais razões de sofrimento do que de prazer.

Um ano antes, fora o esplendor. A Eco 92 servira de lição para o mundo de como se organizava uma conferência internacional e de como se conseguia a maior concentração de chefes de Estado jamais vista. Com longa tradição narcisista, sempre muito sensível ao que os outros falam dela, a Cidade Maravilhosa viveu então o seu momento de glória. Os gringos ficaram deslumbrados. Todos falaram bem. Como escreveu o historiador Luiz Edmundo, referindo-se ao Rio de outra época, "sem a preocupação do mundo inteiro é que não se passa".

O mundo se mudou para cá, a criminalidade diminuiu, não havia violência nas ruas, em cada esquina um soldado do Exército garantia a nossa paz e, ainda por cima, uma providência divina fez com que, naqueles quinze dias, reinasse a estação perfeita, em que os dias ofereciam uma praia amena e as noites permitiam a delícia de um leve agasalho.

Faltou pouco para o Rio se confundir com o paraíso. Um jornal inglês, não tendo mais o que falar, chegou a elogiar o carioca pela sua exemplar organização. Era a primeira vez na história que se ouvia tal elogio, mas se eram os ingleses que reconheciam, por que não aceitar o exagero?

A presença do Exército nas ruas apareceu como responsável mais visível por aquela paz absoluta que baixou sobre a cidade, e acendeu fantasias de ocupação militar para resolver o problema da violência e das drogas nas favelas. Depois dessa trégua, porém, veio a ressaca. No segundo semestre de 1992, tudo voltou ao normal, isto é, à violenta rotina. E 1993 ainda seria pior.

Nesse ano, Walter viajou muito e, a cada viagem, ouvia a mesma cobrança de seus amigos estrangeiros: "E vocês não fazem nada?".

"Os caras olhavam como se fôssemos efetivamente cúmplices da situação", recordaria Walter. "E na verdade éramos, porque estávamos vendo as crianças sendo assassinadas, os favelados apavorados, os bandidos tomando conta da cidade e não fazíamos nada, além de reclamar."

De volta de uma viagem em fins de agosto, acontecera Vigário Geral — aquelas 21 mortes absurdas, executadas pela própria polícia. O que ouvira lá fora, mais essa insuportável tragédia, levava-o a uma conclusão definitiva: "Acabou o folclore, estamos mesmo desmoralizados". O mundo deixara de folclorizar os dramas; agora se espantava com a tragédia carioca.

A primeira ideia de Walter era que *O Dia* fizesse alguma coisa. Por isso, reuniu a direção da redação e comunicou sua inquietação. Como superintendente e agora vice-presidente da empresa, ele tinha contribuído para um grande salto do jornal, que em quatro anos deixara de ser um diário oficial do crime para tentar adquirir prestígio, além de continuar a ser o mais vendido na cidade. E mais: comprara um fabuloso parque gráfico e fizera o maior investimento que qualquer empresa jornalística brasileira ousou nesse período: 40 milhões de dólares.

Com 32 anos, Walter de Mattos Júnior era uma estrela em ascensão. Quando entrou para *O Dia* já tinha se casado com uma das filhas do dono, Ari de Carvalho, mas em pouco mais de um ano o casamento se desfez. Nesse momento em que se separava da mulher e de um filho recém-nascido, Walter recebeu o melhor atestado de sua competência profissional: o fim do casamento não lhe tirou o emprego. O dono da empresa conformou-se em perder o genro, mas não abriu mão do profissional. Mesmo depois de separado, o ex-genro continuou sendo a principal cabeça empresarial do jornal.

Walter conversou com a redação, chamou os publicitários da agência Standard, responsável pela campanha publicitária do jornal, mas acabou fazendo o que todo mundo no Rio estava acostumado a fazer em momentos de aflição: telefonou para Betinho. A explicação foi rápida e a resposta também:

— Ótimo que você da imprensa queira fazer alguma coisa — disse Betinho, cuja campanha contra a fome mudara de escala ao ser adotada pela mídia. Antes, alguns resíduos maoístas faziam-no ver com reservas essa máquina mais a serviço da manipulação e da alienação do que da conscientização, como se dizia antigamente.

Em compensação, os jornais também demoraram certo tempo a embarcar num movimento que, à primeira vista, parecia "velho" e cheio de ranço populista. Acostumado a se reciclar biologicamente, a resistir a inimigos como a hemofilia, a tuberculose e a aids, o sociólogo Herbert de Souza não teve dificuldades de fazer essa hemodiálise política. Com habilidade de mineiro, em pouco tempo passou a pautar a imprensa brasileira.

Dois dias depois do telefonema, a caminho do primeiro encontro com Betinho, Walter pensou no que já vinha discutindo com seus companheiros de jornal. "No trajeto eu tive a consciência de que não era coisa só para *O Dia*, tinha que ser um negócio muito amplo", ele se lembraria. Era preciso atrair, por exemplo, os concorrentes para uma aliança inédita. Quando chegou à sede do instituto dirigido por Betinho, o Ibase, acompanhado de Eucimar de Oliveira, editor, e Célia Menezes, gerente de propaganda e promoções, ambos do jornal, e Luiz Vieira, da Standard, Walter trazia a disposição de incluir *O Globo* e o *Jornal do Brasil* na empreitada cívica.

Do outro lado da mesa, acompanhado por sua assessora Carla Rodrigues, Betinho pensava o mesmo. Já participara de outras campanhas mais ou menos abortadas, como Rio Mania e Se Liga Rio, e sabia que dessa vez, para dar certo, o movimento teria que contar não apenas com a simpatia, mas com a adesão da mídia. Juntando os três veículos pela primeira vez na história da cidade, aquela campanha que Walter chamava de "começar de novo" tinha, aí sim, chances de dar certo e de mobilizar a sociedade civil contra aquele estado de coisas.

Célia, que fez a ata dos primeiros encontros do movimento, lembra que a reunião no Ibase foi na hora do almoço, mas o que engoliram mesmo foi uma "receita de como começar". A campanha contra a fome ainda não conseguira repercussão nacional, mas já tinha dado a Betinho uma razoável experiência de organização.

Todos os segredos foram colocados sobre a mesa. "A chave está nas primeiras pessoas que a gente chama", ele ensinou. "É preciso formar um DNA capaz de reproduzir e multiplicar." Outro conselho fundamental era a diversidade de participação: todos os setores da sociedade deveriam estar representados, acima de partidos e ideologias. Com uma frase ele resumia também o que poderia ser a plataforma do movimento: "O Rio tem que ser um só".

O encontro foi produtivo. A reunião inaugural do movimento ficou marcada para dali a três dias e na hora já começou a ser feita uma longa lista de nomes, baseada no "princípio do DNA". Cada um ligaria para alguns deles convidando-os. Betinho prometeu levar o antropólogo Rubem César Fernandes, Walter ficou de telefonar para Manoel Francisco (Kiko) Brito, então diretor-presidente do *Jornal do Brasil*, e João Roberto Marinho, vice-presidente de *O Globo*.

Era uma tarefa difícil. Os dois jornais cultivavam uma histórica inimizade política, e seus donos, Manoel Francisco Nascimento Brito e Roberto Marinho, pais de Kiko e João, mantinham relações tão pouco amistosas que, se fosse consultado o colunista Zózimo Barrozo do Amaral, que conhecia as idiossincrasias das duas famílias jornalísticas, aconselharia a não convidá-los para a mesma mesa.

Walter, porém, acreditava que conseguiria fazer os filhos se sentarem numa mesma mesa em favor do Rio.

3. A hegemonia estava no primeiro andar

Estávamos caminhando por Vigário Geral quando alguém chamou Caio do primeiro andar de um prédio em construção, convidando-o com a mão a subir. "É o pessoal do *movimento*", disse ele com alguma apreensão, pois o chamado incluía o acompanhante, isto é, eu.

Subimos dois lances de escada e chegamos a uma ampla laje coberta, cercada de uma amurada baixa, parecendo-se com um futuro playground, tudo ainda em tijolo. Em termos de acabamento, não diferia muito das outras casas de alvenaria da favela, quase todas sem emboço nem pintura. Mas aquela era de fato, como soube depois, uma obra inacabada que o governo do estado abandonou após iniciar ali a construção de um mercado.

Quem nos recebeu foi um jovem simpático, baixinho, magro, rosto encovado, bem moreno. Ou ele não disse o nome ou eu não ouvi. Um aparelho de som, em volume altíssimo, tocava, para variar, Raul Seixas. Havia ali uns cinquenta jovens e pelo menos a metade acompanhava cantarolando "Metamorfose ambulante". Eles vão repetindo cada verso ouvido: "Eu prefiro ser essa metamorfose ambulante/ do que ter aquela velha opinião formada sobre tudo". "Se hoje te odeio/ amanhã lhe tenho amor/ lhe tenho horror/ lhe faço amor." De vez em quando alguém, com o dedo indicador apontando o alto-falante, diz "ouve só!" e chama a atenção para algum verso especial que vem a seguir.

Agora já é outra música e Raul canta acompanhado de um coro: "Eu entendi o segredo da vida vendo as pedras que rolam no mesmo lugar". Depois vem outra: "Sou feito da terra, de ouro, de prata, da lama do chão". De duas geladeiras de bar, dessas que se abrem por cima, não paravam de sair cervejas e refrigerantes. Dois jovens serviam as bebidas e outro passava a bandeja com pedacinhos de carne cobertos de farinha de mesa.

À esquerda, bem visível sobre uma prateleira, uma amostra de arsenal. Uma granada, algumas pistolas e um imponente AR-15. Já começava a aprender que aquela era a grife da moda — um fuzil cujas balas atravessam chapas de aço com seis milímetros de espessura.

O jovem a quem eu acabara de ser apresentado explicava que as enormes caixas de som inacabadas faziam parte de um conjunto de 36. Com os dois amplificadores que mandaria buscar em São Paulo, a comunidade de Vigário Geral não ia ter do que se queixar em matéria de som. "Vai ser maior e mais potente que o equipamento do Furacão 2000", disse, com tanto orgulho que eu achei que ele era o carpinteiro fazendo propaganda de sua obra-prima.

O papo não era dos mais interessantes e por isso insisti com Caio para continuar o passeio que fora interrompido mal tínhamos chegado. Descemos e lá embaixo, já na rua, ele sorriu com malícia, adivinhando que eu não percebera com quem estivera conversando: "Sabe quem é aquele? É o Flávio Negão".

Não podia imaginar. Dias antes, a polícia admitira a hipótese de que a chacina de Vigário Geral fora mesmo por vingança.

Tudo indicava que os quatro PMs assassinados na praça Catolé do Rocha teriam ido ali reivindicar sua parte nos 67 quilos de cocaína vinda de São Paulo. Ao exigirem pagamento maior do que o combinado, teriam sido executados pelos traficantes. (A história que Flávio Negão nos contará no capítulo 17 é mais complexa e implica outros policiais, mas esta era a versão que circulava então.)

Por isso — mais até do que por sua biografia de muitos crimes — o homem cuja conversa eu acabara de dispensar era, naquele momento, um dos mais procurados pela polícia. O seu depoimento poderia esclarecer as razões pelas quais cerca de trinta policiais haviam cometido um dos mais brutais massacres da história do Rio, matando 21 inocentes.

O jeito agora era fazer uma horinha. Se o pretexto para sair fora "correr a favela", que desculpas daríamos para voltar nem bem havíamos saído? Esperamos uns bons vinte minutos e voltamos ao churrasco, mas Caio resolveu parar na porta para continuar falando de seus planos culturais para Vigário Geral. A primeira iniciativa seria promover três projeções em uma parede do Larguinho que eles transformaram em tela pintando-a de branco. O ciclo começaria com três filmes: *Pai patrão*, dos irmãos Taviani, *The Wall*, sobre o disco homônimo de Pink Floyd, e *Laranja mecânica*, de Stanley Kubrick.

As sessões deveriam ser seguidas da leitura e discussão de textos. O primeiro seria "Cultura da razão cínica", de Jurandir Freire. O texto é um de seus preferidos, e o psicanalista, uma de suas admirações. Caio cita Hegel, mas gosta mesmo é de falar do niilismo de Nietzsche e da revolução molecular de Félix Guattari. Depois, uma revelação de natureza pessoal: o seu nome não é Caio, mas Antônio Carlos. "Antônio, de Gramsci, e Carlos, de Marx", brinca com a coincidência.

A conversa altamente intelectualizada é difícil de ser acompanhada por causa do som que vem de cima — muito rock pauleira, funk, entremeados, claro, com Raul Seixas — mas também por causa do peso dos autores citados. Caio não relaxa e é capaz de ficar ali falando de sociologia a tarde toda.

Citando Hegel, Guattari, Nietzsche, Marx, enquanto aguardamos para voltar ao churrasco dos traficantes, o pequenino Caio — ou Antônio Gramsci Carlos Marx — cria uma situação insólita. Fico sem saber se aquela cena é surrealista ou hiper-realista. Realista é que não parece ser. Caio é de fato um "intelectual orgânico", mas a hegemonia, como diria Gramsci, estava ali em cima, no primeiro andar.

À primeira vista, Flávio Negão não estava mais lá. Sentamos num caixote e nos serviram cerveja num copo plástico. Talvez como compensação, Caio chamou um jovem para conversar conosco, tendo o cuidado de me avisar bem alto: "É Djalma, irmão do Flávio".

Não era a entrevista que eu buscava, mas foi muito esclarecedora. Durante uma meia hora, de cócoras na minha frente, Djalma contou sua vida e de sua família. Com 28 anos, ele era o mais velho de cinco irmãos — três rapazes e duas moças. Flávio, o caçula, tinha 23 anos, mas parecia ter menos.

Mecânico honesto, sem antecedentes criminais, Djalma tem pagado o preço de ser irmão de Flávio. Há uns oito meses, a polícia quase o matou de pancada, ele e a mulher grávida. Mas não entregou o irmão.

"Eu sou otário e ele é bandido, mas a polícia confunde tudo", revelou, sem emprestar nenhuma conotação pejorativa àquelas palavras, como é hábito na favela. Diz-se que alguém é bandido como se poderia dizer que é pedreiro, vagabundo ou trabalhador. Faz-se uma constatação, não um julgamento.

É capaz de morrer pelo irmão, repete mais uma vez, aliás, sem necessidade. Já convence só em mostrar a boca com os restos dos dentes que a polícia quebrou. "Me bateram tanto que eu desmaiei duas vezes."

— O senhor vai ver, o meu irmão é muito bom. Ele escolheu o caminho dele, entrou nesse negócio. Mas é correto, justo e valente. Só não admite traição. Quando isso acontece, ele é duro.

Palavras de irmão. Ele admite que o negócio seja muito rentável. "Mas que que adianta? O Flávio é um prisioneiro, não pode sair daqui." O irmão dá uma informação inesperada que seria confirmada depois por outras pessoas: o gerente do tráfico de Vigário Geral não fuma maconha, não bebe álcool nem cheira cocaína, a exemplo do falecido chefe do tráfico colombiano, Pablo Escobar. "O vício dele é a Coca-Cola. Se tomar um copo de cerveja, fica de porre", informa Djalma.

Falo da minha surpresa de encontrar um garoto mirrado em lugar de um "negão", alto, forte, como sugere o apelido. Djalma, que é clarinho, explica: "A gente chamava minha irmã de 'nega' e ele de 'negão' porque eram os mais escuros". Quando se refere ao crime organizado, ele é taxativo: — Isso é uma besteira. É invenção da mídia e da polícia — garante, dizendo um pouco do que eu já ouvira inclusive do secretário de Polícia Civil Nilo Batista.

— O que há é amizade, enturmação. Cada um ajuda o outro. Por exemplo: o Negão é capaz de reunir trezentos homens armados. Mas quem consegue isso é ele, não é nenhuma organização.

Nesse momento, Flávio Negão reaparece, não se sabe de onde, e Djalma o chama de longe quase ordenando: "Vem cá". Fica meio sem jeito ao receber como resposta a mão espalmada para a frente como que dizendo, sem esconder uma certa irritação: "calma, espera".

— Ele é muito ocupado, mas daqui a pouco ele vem aqui — justifica o irmão mais velho.

Meia hora depois, Negão ainda está conversando no meio

de um grupo. Deve ser o seu staff. Parece uma reunião. O chapéu de jóquei virado para o lado, a camisa de listas azuis largas, horizontais, uma bermuda azul e um par de pernas arcadas que acabam numa sandália havaiana laranja seriam impróprios para identificá-lo como o poderoso chefão do local, a não ser pelo celular pendurado na cintura. Fisicamente, é um molecote do tipo que, num assalto, provoca como primeira reação a vontade de dizer: "Não enche o saco, garoto". Havia ali outros com *physique du rôle* mais apropriado.

Mas a atitude é de quem, talvez mais por intuição do que por aprendizado, não desconhece a liturgia do poder. Mantém distância, dificulta o acesso e é o centro das atenções.

Alguém me deu o toque:

— O Negão está na contabilidade. Acho que hoje vai ser difícil.

Caio vai então tentar a última cartada. Pega o exemplar já encardido do meu livro *1968* que ele levara não se sabe por que e se dirige ao canto onde estava Flávio, agora sentado. Fico observando de longe. Na volta, quem me dá notícia das negociações é Djalma:

— O Flávio quer primeiro que o senhor dê um livro desses pra ele ler.

Prometi que na próxima vez traria um exemplar. Não achava provável que ele fosse se interessar por aquela leitura, mas não custava nada presenteá-lo. Como consolo, Djalma acrescentou, acho que por conta própria:

— Quando tiver uma brecha ele vem falar com o senhor.

Nessa altura, o efeito das cervejas e de alguns garrafões de vinho já se fazia sentir, e o "baile" chegara ao auge. Os Titãs e todos os presentes gritavam "Polícia, para quem precisa de polícia". Uns dez marmanjos se divertiam dançando em pares separados, fazendo uma coreografia que simulava uma violenta luta. Até Caio e Valmir participaram da dança misógina. A presença feminina é mínima: umas três ou quatro moças durante o tempo todo. Não há damas na pista.

É engraçado como esses outsiders, representantes radicais da transgressão, parecem cheios de desejos censurados. Não falam palavrões, recalcam seus impulsos sexuais e se comportam como alunos de um rigoroso colégio interno.

Contorciam-se, agitavam as mãos como *bailadoras* espanholas e, de repente, pulavam e se chocavam no ar, braços para trás, peito com peito. Se tivesse que ter um nome, aquela coreografia poderia se chamar Briga de Galo. Um dos dançarinos, um bravo *soldado* do poderoso exército de Flávio Negão, dava o toque de humor. Passava pelo nosso banco, apontava para a caixa às nossas costas e dizia rindo: "Toma conta do armamento, tá?".

Era aparentemente uma festa da comunidade, mas, em meio às cinquenta pessoas que deviam estar ali, umas vinte se dedicavam ao tráfico de drogas, conforme fora informado. Eles eram minoria ali e na favela (aliás, em todas as favelas, onde se calcula que o número deles não atinja 1% da população). "Vigário Geral tem 30 mil habitantes e nem trezentos traficantes", me dissera um morador na minha primeira visita. A razão de tão poucos dominarem tantos estava ali atrás, às minhas costas.

Já eram oito da noite quando propus que fôssemos embora. Estávamos ali desde as cinco da tarde e alguma coisa me dizia que Flávio Negão não ia me receber, nem que eu ficasse ali o resto da noite. Nem perto se dignou a chegar. Demos um adeus à distância, ele respondeu levantando o polegar e descemos os dois lances de escada.

A frustração tinha pregado um cartaz na minha testa: "Eis aqui um velho foca".

A caminho de Parada de Lucas, aonde Caio sugeriu que déssemos uma chegada nessa noite de feriado, encontramos com Stallone. Esse nome lhe tinha sido dado pela imprensa logo depois da chacina, para esconder sua verdadeira identidade numa entrevista comprometedora. É um jovem grandalhão, espalhafatoso, de no máximo 22 anos, que pertence àquela espécie de macho brasileiro que gosta de enfatizar sua virilidade por meio de uma gestualística especial: conversa coçando os bagos, mais por afirmação do que, presume-se, por necessidade.

Stallone está comemorando sua promoção. Há dias, comandou a tomada do ponto de venda de tóxico de Duque de Caxias e foi nomeado gerente. "Pinta lá. Tá cheio de mina", convida em meio a uma risada obscena. Ele cita o nome de quatro colegas que estão trabalhando lá com ele e mente ao desmentir as mortes ocorridas durante a invasão. Sabe-se que foi uma batalha que deixou baixas, pelo menos do "outro" lado. Caio lhe recomenda cautela: "Cocaína não evita aids não, cara". Ele sacode os ombros com desdém, coça os bagos e com certeza vai jogar fora a advertência como se fosse um papelote vazio.

Depois passamos por uma rua estreita à direita para ver o primo de Valmir. Ele fora o pivô do último confronto entre traficantes e PM — aquele a que por pouco não assistimos, no sábado do Vigário *In Concert* Geral.

Ele ainda estava revoltado e meio surdo por causa do *telefone* que recebera, um golpe que certos policiais gostam de dar nos ouvidos com as duas mãos espalmadas. É mais eficaz que um soco porque não deixa marcas visíveis e desnorteia a vítima com o zumbido que causa.

Com doze colegas, ele vinha de um biscate numa transportadora naquele sábado. A operação de mudança de setecentos metros quadrados de carga o ocupara praticamente 24 horas seguidas.

— Chegamos sujos e podres de cansados e fomos parados

para a revista. Mostrei logo o papel da transportadora para provar que eu estava trabalhando. Sabe o que o soldado fez? Me enfiou o documento na boca, queria me obrigar a engolir. Enquanto me batia, eu vi o nome dele pregado no peito: Almeida. Disse para todos os jornais, mas nenhum publicou.

Tido na favela como bom brigador, o que mais revoltava o jovem trabalhador era não ter podido sair no braço com o tal Almeida. "Mano a mano eu arrebentava ele", garantiu, e ninguém em volta teve dúvida.

O indignado relato foi interrompido pela saída de Jadi Inácio, em cuja porta estávamos parados. Ele é um dos sobreviventes da chacina. Salvou-se porque o sangue do colega morto, ao lado, cobriu-lhe em tal quantidade o rosto que os assassinos o consideraram também morto.

Jadi está sem camisa e o buraco de bala no ombro esquerdo já cicatrizou. Dá notícias do processo, informa quantas vezes já depôs e agora está aguardando a acareação com o policial Russo, que, segundo lhe disseram, foi finalmente preso.

Jadi é delicado e pede muitas desculpas porque tem que interromper a conversa para atender ao apelo de uma vizinha: houve uma pane na luz e ele vai consertar. Como eletricista da Light, não costuma ter descanso nos fins de semana. Foi depois de um chamado desses que resolveu tomar uma cerveja na birosca onde assistiu ao massacre de sete companheiros.

De Vigário Geral a Parada de Lucas, pelo "Vietnã", que desde a chacina permite trânsito livre, são uns dez minutos de caminhada. Passa-se pelo Ciep à esquerda, onde Caio sonha instalar à noite um centro cultural, e logo depois desemboca-se em outra cidade, pelos fundos. Mais urbanizada, com ruas asfaltadas, Lucas apresenta vários signos de modernidade: bares com mesas de fórmica, padarias com luz de néon e prédios com dois andares, pelo menos nas ruas centrais.

Fomos direto para a sede da Escola de Samba Balanço de Lucas e de lá para a casa de seu presidente, Ari da Ilha. Seu Ari é um negro enorme, que só não deve ser candidato a Rei Momo porque sua gordura é comprimida, não tem banha solta. Deitado no chão com a cabeça recostada num sofá para ver o *Jornal Nacional*, ele tem alguma dificuldade para se levantar e nos receber.

É uma figura lendária aqui nessas bandas. Mais do que presidente de uma Escola, o que já seria muito, ele é uma instituição. O orgulho com que se refere à "nossa comunidade" não é encontrado com facilidade nem mesmo em moradores da Zona Sul. Foi sua a ideia de transformar Mário Lago em enredo da escola em 1994, por ser o autor de um clássico da música popular, "Amélia". Na parede, fotos de alguns de seus enredos anteriores: Roberto Dinamite, ex-jogador do Vasco, e Bebeto, quando ainda jogava no Flamengo.

— Em 95, se Deus me der vida, vai ser a vez de Cazuza — anuncia como um trunfo, informando que Lucinha, a mãe do compositor, já concordou.

Seu Ari gosta de recordar o "dia histórico" em que saiu a caminho de Vigário Geral para um ato cívico de grande importância. "Apanhei a bandeira brasileira, meti num pau, preguei no carro e saí. As pessoas iam se juntando atrás, fazendo um cordão. Foi muito bonito."

A passeata simbolizou o fim de uma guerra de mais de dez anos que interditava a comunicação entre as duas comunidades. Quem era de um lado não ia ao outro, com risco de receber um tiro. Além disso, a pacificação desfez um boato maldoso que queria atribuir a chacina aos traficantes de Parada de Lucas.

A iniciativa dessa paz, porém, partiu de Nahildo Ferreira de Souza, o presidente da Associação dos Moradores de Vigário Geral. "Apesar da perda de um filho no massacre, apesar da dor, ele veio aqui me procurar pra dizer que sabia que nós não tínhamos feito aquilo", disse Ari. Ele se emociona quando se lembra de seu Nahildo fazendo-lhe esta conclamação: "Vamos unir a força de nossos argumentos contra as armas deles. Vamos pra mídia, vamos pra rua, não vamos deixar o povo esquecer".

A televisão atrás já está mostrando a novela, mas seu Ari não presta mais atenção. Exagerado, manda servir três litros de Coca-Cola e não deixa os copos se esvaziarem. De repente, com insuspeitável agilidade, passa por cima de um sofá e vai lá dentro pegar uma das faixas que mandou confeccionar na ocasião do célebre "encontro da paz". Pintadas em vermelho e negro, sobre uma tira de pano de quase dois metros de altura e uns cinco de comprimento, as mensagens falam de solidariedade, de paz, de amor.

Em seguida, mudando completamente de assunto, seu Ari introduz sem mais nem menos um tema delicado.

— Ainda querem prender o *Homem* — diz, e num primeiro momento não se sabe de quem se trata, mas ele continua sem se preocupar em dar maiores explicações. Não seria difícil descobrir.

— Tudo o que ele ganha, investe aqui. Noventa por cento dos empregos são criados por ele. A farmácia, o supermercado, a padaria, o açougue, tudo aqui foi feito com dinheiro dele.

Seu Ari faz questão de nos levar até a porta. Ao passar por trás da sede da Escola, ocupando um quarteirão e com um pé-direito de quase dez metros, ninguém precisou dizer que era obra de Robertinho de Lucas, o *Homem*. A seguir, veríamos outra obra dele.

À tarde, no churrasco, duas pessoas pelo menos haviam recomendado que eu não deixasse de ver a "fila do saco" em Lucas. Era apresentada como uma atração turística. Nos fins de semana à noite, principalmente às sextas e sábados, filas intermináveis de compradores se formavam em torno de um saco de cocaína. "Tudo gente assim como o senhor, coroa, gente séria", havia dito um informante.

Pouco antes de chegar à casa de seu Ari, Caio me perguntara

baixinho se eu tinha visto o saco, o que só aumentou minha frustração: além de não ter percebido Flávio Negão em Vigário Geral, não conseguira também notar essa atração de Parada de Lucas.

Por isso, logo ao pegar uma rua clara e movimentada, Caio me segredou: "Daqui a duzentos metros, olha à esquerda".

Uns poucos minutos depois, lá estava. Não havia a tal fila, apenas umas três pessoas, mas sobre um banquinho, com um homem atrás, erguia-se o saco branco de plástico do tipo padrão, de sessenta quilos. Mantinha-se em pé graças ao conteúdo que atingia seguramente mais de meio metro de altura. Não era aconselhável parar e ficar admirando — ainda mais sem comprar. Mas, mesmo rapidamente e com olhos inexperientes como os meus, dava para ver: o que mantinha aquele saco de pé era uma quantidade incalculável de papelotes de cocaína.

4. Fugindo da solução final

Como esperava, Walter de Mattos Júnior não teve dificuldade em convencer João Roberto Marinho e Manoel Francisco (Kiko) Brito a participarem da reunião que ele e Betinho haviam marcado para aquela quinta-feira, 9 de setembro de 1993, às sete da noite. Os dois estavam vivendo a mesma angústia e pensavam também em "fazer alguma coisa".

João Roberto chegou primeiro e estava conversando com Walter e Ricardo Amaral, um dos convocados, quando Kiko apareceu de bengala, com um colete ortopédico, mancando, consequência desproporcional de uma queda boba em casa. Naquele dia, o *Jornal do Brasil* publicara uma matéria sobre a agenda de PC Farias encontrada pela Polícia Federal. Entre os compromissos anotados pelo corrupto tesoureiro da campanha de Collor estavam dois almoços com o jornalista Roberto Marinho.

Delicadamente, Walter e Amaral se afastaram para não ouvir a conversa.

"Sei que seu pai ficou puto com a matéria de hoje, e com razão", disse Kiko, que ficara igualmente puto com a publicação. Há tempos a direção baixara uma norma determinando que a agenda de PC por si só não incriminava ninguém. Ter o nome no caderninho daquele corrupto não era motivo de orgulho, mas também não significava necessariamente atestado de cumplicidade. Além do mais, a matéria puxava para o subtítulo o nome de Roberto Marinho. Por que não o do ministro da Fazenda Fernando Henrique Cardoso, que também estava na agenda?

Pela manhã, Merval Pereira, na época editor-executivo do *Jornal do Brasil*, já tomara as providências. Chamou o redator e deu-lhe um daqueles esporros que — dizia-se na redação — eram ouvidos até dentro dos carros que passavam pela avenida Brasil.

"Quando o *Jornal do Brasil* quiser dar porrada no dr. Roberto, quem vai dar é o dr. Brito, não é você, porra!", gritou Merval.

Como gesto de consideração, Kiko contou tudo isso a João Roberto, que entendeu com facilidade o "acidente" — mais comum nas redações do que em geral pensam os leitores, certos de que uma implacável lei de intencionalidade rege todas as matérias de uma edição. Não sabem que o acaso e o aleatório muitas vezes mandam mais do que o editor-chefe.

O "erro de interpretação", incluído por Kiko em sua desculpa, foi desfeito ali mesmo, antes da reunião do que viria a ser o Viva Rio. Outras divergências, no entanto, iriam surgir em breve entre os dois jornais, sem que pudesse ser invocada a lei do acaso e do aleatório. Mas a atávica desavença entre os pais não chegou a impedir a convivência harmoniosa dos filhos naquela e nas reuniões seguintes.

Quando Betinho começou a falar, propondo uma "ação mobilizadora de recuperação do Rio", havia na sala do andar P do Centro Empresarial do Rio de Janeiro, na Praia de Botafogo, umas vinte pessoas, representando alguns dos principais setores produtivos da cidade. Diversidade é o que não faltava. Ele não queria pluralidade ideológica? Pois bem, nas cadeiras da sala sem mesa estavam sentados um metalúrgico, vários empresários da indústria e do comércio, jornalistas, publicitários e, para alegria de Betinho, "os três maiores jornais da cidade", como ele gostava de dizer, referindo-se aos três jovens diretores — os dois filhos e o ex-genro.

Nessas ocasiões, ele criava de propósito um divertido constrangimento, pois antecipava duas sucessões hereditárias e insinuava uma usurpação de poder, o que obrigava Walter a corrigir sempre: "Porra, Betinho, eu já disse que não sou filho!".

Se não era a sociedade civil que estava ali, era um esboço — o possível de arregimentar em tão pouco tempo e em clima de tão escassa mobilização. Cada uma daquelas pessoas trazia uma experiência de violência sofrida, direta ou indireta. Um deles, porém, o empresário Ernâni Cunha, do Pensamento Nacional de Bases Empresariais (PNBE), carregava um trauma: tivera um filho sequestrado recentemente. A sua fala exprimia desencanto e amargura, e um compreensível pessimismo em relação aos objetivos do grupo. Mas Betinho estava ali mesmo para, entre outras coisas, suprir com seu otimismo carências e desânimos.

A insatisfação popular daqueles primeiros dias de setembro de 1993 se expressou no desfile militar do Dia da Independência, quando as tropas da PM e o governador Leonel Brizola foram demoradamente vaiados. A chacina de Vigário Geral produzira uma chaga muito funda na alma coletiva da cidade — e não se tinha mais dúvida de que os autores, policiais militares, constituíam um grupo de extermínio institucionalizado.

Na véspera, ao sair de casa no Sumaré, para celebrar a missa de sétimo dia pelas 21 vítimas do massacre, o cardeal arcebispo do Rio, d. Eugênio Sales, encontrara no caminho um jovem de vinte anos morto. Como fazia sempre, parou, desceu do carro, benzeu o corpo e seguiu viagem. Isso já estava se tornando para ele uma dolorosa rotina, pois a estrada que leva à residência episcopal era um local de desova de cadáveres.

Pensando naquela e em tantas execuções, ele aproveitou a cerimônia para pedir ao fiéis que rezassem e mantivessem "a fé e a esperança" para que o Rio voltasse a ser uma cidade "sem medo, terror e tantas mortes". A missa foi na segunda-feira, e no dia seguinte, no feriado ensolarado, quem não estava vendo a parada militar estava na praia. Às 12h45, as areias de Ipanema e Arpoador estavam lotadas.

De repente, a confusão. Cerca de cinquenta garotos, identificados depois como funkeiros de algumas favelas da cidade, começaram a brigar. Os tiros disparados para o alto pelos policiais militares — uns poucos, já que a maioria estava no desfile — aumentaram o pânico.

O tumulto durou menos de uma hora, mas foi suficiente para esvaziar as duas praias vizinhas e encher a imaginação das pessoas de terror. Os banhistas correram apavorados, achando que iriam ser vítimas de um arrastão igual ou pior do que o de outubro de 1992.

Às duas manifestações anteriores de violência — a chacina de Vigário Geral e um mês antes o massacre dos oito meninos de rua na Candelária — se somava mais essa. Os três episódios estavam carregados de um intenso peso simbólico. Segundo o antropólogo Luiz Eduardo Soares, significavam "a violação de três espaços míticos: o espaço sagrado, o espaço doméstico e o espaço do convívio democrático, a praia". A imagem da cidade apartada pelo medo reforçava a comoção social.

Entre os nomes recrutados por Walter de Mattos, estava Clarice Pechmann, coordenadora no Rio do PNBE, uma entidade que congrega quinhentos empresários em todo o país. "O PNBE tem apenas uma exigência", disse Clarice, "que não se fique apenas em manifestos. Nós queremos ação."

Era o que Walter queria. O texto que redigira no fim de semana — "Rio: começar de novo" — tinha trinta linhas e uma proposta de ação imediata: "viabilizar o quanto antes uma forma de manifestação pública desta indignação que toma conta da alma de todos os cidadãos do Rio". Ele pensava num evento que fosse "o mais grandioso possível" para obter repercussão e para servir de sinal de que a cidade "não se conforma com esse quadro de barbárie e de imobilismo".

O sentimento de urgência estava presente — era preciso agir. Mas ninguém, nem o autor do texto, queria decidir logo a forma dessa ação. Pelo menos dois dos participantes, preocupados com o futuro do movimento, perguntaram nessa reunião pelo *day after*: Ernâni Cunha e João Roberto.

Havia ainda outros riscos a evitar, um dos quais, grave, era deixar que a reunião fosse contaminada pela fantasia que já estava tomando conta de parte da sociedade — a da solução armada. A hipótese de intervenção do Exército na guerra contra o tráfico de drogas, incluindo uma invasão saneadora das favelas, surgia não mais como possibilidade remota, mas como desejo crescente.

A chacina da Candelária revelara em expressivos segmentos da população um abominável instinto de aniquilamento. Em telefonemas para as redações e em respostas a pesquisas de opinião, uma grande parcela da população não teve pudor em apoiar aquela forma bárbara de extermínio.

Embora os dois massacres apontassem na direção da polícia e não dos marginais, a sensação generalizada era de que a cidade estava entregue aos bárbaros. A tentação da solução final, já observada em outros momentos, com a remoção radical de favelas e a liquidação de pobres, ressurgia de forma recorrente. Se a ameaça vinha das "classes perigosas", da "outra" cidade, por que não apartá-las, pela força, pelo confinamento ou pelo extermínio?

Levado por Betinho, que o apresentou como "o representante de todas as religiões", o antropólogo Rubem César Fernandes foi para aquela reunião com a ideia de que era preciso trabalhar justamente no sentido contrário — no sentido de descobrir maneiras de fazer as "duas cidades" se encontrarem.

Ele tinha alguma experiência em matéria de aproximações problemáticas. Durante a Eco 92, como diretor de um instituto de estudos religiosos, o ISER, conseguira colocar nas tendas espalhadas pelo aterro do Flamengo 25 representações religiosas de várias partes do mundo, algumas até então antagônicas. Cerca de 35 mil pessoas fizeram daquelas tendas templos de oração. Foi, na sua própria definição, "como se todos os espíritos do cosmo estivessem ali presentes".

Numa rápida exposição, Rubem César enfatizou a necessidade de reverter o clima dominante. "É preciso mexer com a moldura, com os sentimentos e com as atitudes. É preciso levantar os ânimos. O medo é mau conselheiro", anunciou, sonhando em declarar contra a violência uma guerra ao contrário — pela paz.

Rubem César não foi o único a tocar no tema das "duas cidades" ou da "cidade dual". O conceito tinha entrado na moda durante a última campanha eleitoral para prefeito, em 1992, quando César Maia, fazendo um empréstimo à cientista social Maria Alice Rezende, nem sempre dando-lhe crédito, manipulara a expressão no sentido de atrair eleitores assustados. A "cidade dual", para ele, estava dividida entre a ordem e a desordem, e esta era moradora exclusiva do lado pobre, representado pela candidata Benedita da Silva.

Betinho, Sérgio Cabral e Ricardo Amaral deram um grande reforço à posição de Rubem César. Cabral e Amaral, acostumados a transitar pelas "duas cidades" levados por interesses, atividades e vocação — o samba, o futebol, o lazer e a noite —, rejeitavam a ideia de qualquer apartheid, social ou cultural. A intervenção dos dois ajudou a exorcizar a tentação segregacionista.

Não é provável que esses discursos tenham operado o milagre da reversão total. A tendência daquele plenário já devia ser no sentido do ânimo positivo, da paz, e não da guerra. Mas não há dúvida de que a exposição do "representante de todas as religiões" estimulou a adoção dessa linha por praticamente todo o grupo. "Entrar na violência pela não violência", como ele propunha, passou a ser uma palavra de ordem do movimento.

Alguns dos que não conheciam Rubem César, como Kiko e João Roberto, foram ganhos na hora pela serena mensagem de paz do expositor. Meses depois da primeira reunião, Walter recordava: "Quando ele abriu a boca, vi logo que era um cara sábio". O "cara sábio" iria se transformar no "ideólogo" do movimento, se o movimento comportasse um.

Faltava agora o principal: o que fazer?

5. Não esperar a morte chegar

À mesma hora em que o antropólogo Rubem César levava para a reunião uma proposta de manifestação que respondesse à chacina de Vigário Geral, chegavam à favela cerca de cem pessoas que estavam caminhando a pé desde as dez da manhã. Comandadas pelo sociólogo Caio Ferraz, elas vinham da Candelária. Andaram trinta quilômetros em mais de sete horas. Alguns tinham os pés feridos.

Os dois grupos — o que estava reunido no Centro Empresarial e o que chegava a Vigário Geral — não tinham nenhuma ligação entre si e moravam em duas cidades muito diferentes, mas ambos estavam procurando fazer "alguma coisa" que ainda não sabiam muito bem o que era, a não ser que era pela paz.

Rubem César sonhava com uma manifestação silenciosa, algo assim como a população vestida de branco, parada, em silêncio, durante cinco minutos. Era uma temeridade numa cidade que gosta de vaiar até minuto de silêncio, como dizia Nelson Rodrigues. Mas a sugestão acabou sendo aprovada, desde que se fizesse um corte de três minutos no silêncio.

Ficou então decidido que dali a um mês, numa sexta-feira, "a cidade se vestiria de branco e paralisaria suas atividades durante dois minutos". No dia seguinte à manifestação, haveria no aterro do Flamengo celebrações plurirreligiosas e um show com a participação de vários artistas.

Enquanto isso, na favela, os participantes daquela pequena e anônima epopeia eram saudados com panos brancos. Organizada por um grupo de jovens com o apoio do DCE da UERJ, a passeata se chamava Caminhada pela Vida, pela Paz, Assassinatos Nunca Mais. Era uma homenagem à memória dos 21 moradores massacrados um mês antes. A marcha ligava simbolicamente duas tragédias: a dos favelados e a dos oito meninos de rua na Candelária.

À frente da manifestação estavam Caio Ferraz e Zé (na verdade, Henrique Melo Rosa, que carrega o apelido como se fosse nome). Embora vivendo há dois anos na Penha, um bairro ali perto, o sociólogo Caio quase não saía de Vigário Geral, onde nascera há 25 anos e fora criado. O professor de biologia Zé tinha 27 anos, morava em Irajá, mas ultimamente desenvolvia aquele trabalho artístico com as crianças da favela.

A ideia da passeata surgira de um encontro casual entre os dois. Caio estava participando do Fórum Permanente contra a Violência e pela Vida, que se instalara na Câmara dos Vereadores. "Uma tarde", ele conta, "chegou um cara meio hippie dizendo se chamar Zé e perguntando se tinha alguém de Vigário ali. Eu disse: 'eu'."

A ideia de Zé era, como reconhecia, "meio maluca". Vários amigos já tinham tentado dissuadi-lo. "Você sabe quantos quilômetros tem da Candelária a Vigário Geral?", diziam, procurando assustá-lo. Mas Zé estava *estressado*, um termo presente em cada frase que dizia e que lhe servia para quase tudo. No momento, para expressar uma grande revolta.

Estressado, Zé encontrara afinal o seu parceiro — "tão doido quanto ele", lembra Caio, que naqueles dias estava se alimentando de indignação. Não parava: ia à Câmara, comparecia a mesas-redondas, reunia-se com estudantes e alunos da UERJ, agitava. Aliás, parava para escrever. O texto de convocação para a passeata, "E agora o que fazer?", citava o recente acordo entre Israel e a OLP para lembrar que a paz era possível, desde que não se ficasse parado.

"Dia 28 de setembro fará trinta dias do massacre de Vigário Geral", dizia o seu manifesto. "Já terão se passado dois meses da chacina da Candelária. Faltarão alguns dias para completar um ano do massacre de Carandiru. Será que já nos esquecemos dos rapazes que foram linchados em Olaria? E o massacre dos índios ianomâmis?"

Um verso de Raul Seixas garantia que eles não iam se calar: "Não vamos ficar sentados no trono de um apartamento com a boca escancarada e cheia de dentes esperando a morte chegar".

Em texto anterior, escrito à mão no dia seguinte ao da chacina, Caio terminava as quatro folhas de papel almaço assim: "Queremos viver e não sobreviver". Mas antes citava o Nietzsche de *Assim falou Zaratustra*, revelando sua preferência pelo filósofo e seu gosto pelas citações.

Da Caminhada só os interessados tomaram conhecimento. Com exceção de alguns vereadores, como Chico Alencar, Antônio Pitanga e Augusto Boal, ninguém deu apoio. O Fórum, por considerar uma "loucura"; os outros, pela mesma razão. Por isso, tiveram que realizar a marcha sem qualquer cobertura: nem carro de som, nem ambulância, nem bombeiro, nem PM. Só um megafone.

Com ele, Caio dava ordens de trás. Na frente ia Zé. Para se livrar dos carros, a marcha percorreu a maior parte do percurso em fila indiana, assemelhando-se assim, pelas agruras e pela formação, a uma romaria.

A concentração foi às sete da manhã em Vigário Geral. De ônibus, 45 pessoas partiram para a Candelária, onde se uniram a vinte estudantes e professores da UERJ e a uns dez secundaristas. Caio e Zé esperavam encontrar ali Yvonne Bezerra de Melo. Artista plástica, rica, dona com seu marido da cadeia de hotéis Othon, Yvonne dedicava uma boa parte de seu tempo, de dia e não raro de noite, aos meninos de rua. Por azar, nesse dia ela não estava na Candelária, tinha viajado. Sem sua protetora, os meninos ficaram assustados e só a muito custo participaram de uma oração conjunta e da feitura de uma "lápide" de tábua para ser colocada junto à cruz erguida no local.

Às dez horas, quando deu a partida, a marcha contava com quase oitenta pessoas, mas os organizadores esperavam que ela fosse engrossando ao longo do dia. Não faltariam tempo e chão para isso. De fato, já na estação da Central, cinco moradores de Vigário Geral se incorporaram ao grupo. Na rodoviária, mais dois. Em Bonsucesso, em frente ao Instituto Oswaldo Cruz, dez senhoras moradoras da favela aguardavam.

Por falta de condições físicas e também por medo, essas mulheres, algumas sexagenárias, não quiseram ir até a Candelária. Preferiram participar dos quinze quilômetros finais da Caminhada. Entre Olaria e Penha, juntaram-se à marcha umas quinze pessoas, parentes de vítimas da chacina.

A não ser a chuva — que diminuía o calor, mas aumentava a lama — nenhum contratempo atrapalhou a passeata até a Penha, quando repentinamente um oficial da Polícia Rodoviária apareceu de motocicleta e deu ordens de debandar.

— Sob que alegação? — perguntou Caio, avançando.

— Vocês estão fazendo algazarra, tumultuando o trânsito.

— O senhor está enganado, tenente. Aqui não tem artista, não tem ninguém famoso, só povão, mas também não tem baderneiro. Nós vamos continuar.

Com aquelas características que se costuma atribuir aos baixinhos — fraco e abusado —, Caio, com 1,59 de altura e 47 quilos, criou uma situação de grande tensão, quando o oficial quis saber com quem estava falando e lhe pediu a identidade:

— Não tenho identidade não, tenente. Sou peixeiro e camelô.

— Estou falando sério, moleque. Ou você se identifica ou vai preso!

— Tenente, olha nossa camiseta — disse Caio já em tom de persuasão, mostrando a frase "Assassinato nunca mais". Sentia-se em 1968, um ano que foi uma referência distante mas forte em sua formação. — Nós estamos fazendo isso pelo senhor, por nós, pela sociedade. Não queremos que aconteça uma nova chacina de Vigário Geral.

Ao ouvir o final da frase, um cabo que a tudo assistia se aproximou e entornou o caldo:

— Tou trabalhando, quero que Vigário Geral vá pra puta que o pariu!

Mal tinha proferido o impropério, o tapa de uma senhora atingiu-lhe o rosto. Pronto. Estava armada a confusão.

Curiosamente, o tenente e o próprio Caio, que há pouco quase estavam se pegando, tiveram cabeça e sangue frios. O tenente conteve o seu subalterno e Caio controlou seu pessoal, aproveitando para inventar na hora um pretexto:

— Corregedor, corregedor, por favor, chega aqui, estão querendo me prender — disse para Antônio José Mendes, do *Jornal do Brasil*, que, além de ser o único repórter a cobrir a passeata, tinha a vantagem de estar de paletó e gravata, com jeito de autoridade.

— O que o senhor está fazendo aqui? — perguntou o tenente ao "corregedor".

— Eu é que pergunto — revidou Antônio José. — O que que o senhor está fazendo aqui, se esses jovens têm permissão para essa caminhada?

Com a interferência do "corregedor", os ânimos se acalmaram e a marcha prosseguiu o seu caminho, com o tenente Celso, já "cooptado", orientando o trânsito.

"No final", relembraria Caio, "eu já estava dando ordens: porra, tenente, desvia os carros aí, vê se faz alguma coisa!"

Quando a marcha chegou a Vigário Geral, o Viva Rio começava a reunião para eleger o seu Comitê Executivo: Betinho, Clarice Pechmann, o líder metalúrgico Carlos Manoel Costa Lima (alternando com o líder médico Jairo Coutinho), Manoel Francisco (Kiko) Brito, João Roberto Marinho, Rubem César Fernandes, Ricardo Amaral e Walter de Mattos Júnior.

Cabia a esses cidadãos, representantes da sociedade civil carioca, uma missão que ninguém tentara antes: parar o Rio de Janeiro por meio de uma vontade coletiva.

Vigário Geral, que inspirara o movimento, não poderia ser um sacrifício em vão.

6. O bonde do mal chega à Zona Sul

O arquiteto Manoel Ribeiro passava pelo calçadão em frente ao Arpoador Inn quando, assustado, viu a correria. O primeiro impulso foi fugir para dentro do hotel, mas os funcionários já haviam colocado mesas atrás das portas de vidro. Ele se escondeu então atrás de um pequeno coqueiro.

Manoel andava irritado ultimamente com aqueles ônibus da Penha despejando gente sem parar, com os assaltos, com a mudança de frequência da praia. Há pouco vira uns pivetes assaltando uma senhora. Um mês antes, brigas e tumultos pareciam querer repetir o chamado "grande arrastão" de 1992. Agora, de novo, aquela explosão: pessoas correndo de um lado para o outro desorientadas, jovens brigando, pânico.

Era mais ou menos meio-dia e a confusão atingira não apenas o Arpoador, mas também Copacabana, o Posto 8 de Ipanema e até Icaraí, em Niterói. Desde as dez horas, essas praias estavam conflagradas, com grupos de funkeiros promovendo brigas e assustando milhares de banhistas que sonhavam ficar na areia, de sábado até aquela terça-feira. O feriado de 12 de outubro dera de presente aos cariocas um esticado fim de semana.

Atrás do coqueiro, Manoel teve sua atenção dirigida para o mais ativo grupo de jovens desordeiros, que escandiam de forma cadenciada um estranho grito de guerra enquanto marchavam contra a galera inimiga: "É o bonde do mal de Vigário Geral". Depois de algum tempo, ele percebeu que se tratava de briga de turmas. "Aquilo me trouxe logo uma porção de recordações de juventude", diria depois o antigo morador da Zona Norte que participou, nos anos 1950, de memoráveis conflitos colegiais. "Isso sem falar nos quebra-quebras de bondes, por causa de aumentos, e de cinemas, por ocasião da chegada dos primeiros filmes de rock'n'roll."

Mas quem não estava atrás do coqueiro viu tudo aquilo de outra maneira. O *Jornal do Brasil* escreveu em editorial: "A invasão das praias pelas galeras funks e a implosão da segurança são o retrato sem retoque da decadência dos costumes no Brasil". *O Globo* não ficou atrás: "Os arrastões são parte de um quadro patológico — a síndrome da debilitação acelerada do estado do Rio, social, econômica e política".

O presidente da Riotur e secretário de turismo da prefeitura, José Eduardo Guinle, pediu a intervenção como "única forma de conter a baderna e restabelecer a boa imagem da cidade".

Até o presidente do PSDB, Tasso Jereissati, pegou emprestado com o antropólogo Lévi-Strauss o título de um livro clássico para colocar no seu artigo: "Tristes trópicos". Foi talvez a mais apocalíptica das declarações. Ele dizia: "As últimas cenas de verdadeira guerrilha urbana ocorridas no Rio [...] significam um grave sinal de alerta de que chegamos a um limite de esgarçamento total do tecido social".

Mas o apocalipse mesmo — com as cores e o som do caos — tinha chegado a milhões de lares ainda na noite de terça-feira, quando o *Jornal Nacional*, da TV Globo, mostrou as cenas da manhã. Um texto contundente, falando em "horror", "caos", "pânico", "terror", era acompanhado de imagens impressionantes. Não havia dúvida: as praias cariocas tinham sido invadidas pelos bárbaros.

O resultado desse clima na população apareceu no dia 24, quando o Instituto DataBrasil publicou uma pesquisa com cerca de mil cariocas de várias classes sociais e de diversos bairros. A maioria afirmava que a violência era o principal motivo pelo qual 39% não frequentavam mais a praia e 17% só iam raramente.

Para 50,9%, as medidas tomadas pela polícia — como barreiras e blitze nos ônibus nos fins de semana — iriam resolver o problema dos arrastões. Mas 48,7% não acreditavam nessas medidas e queriam mais repressão. "Muita gente pediu o Exército nas ruas", informou Laura Dantas, diretora do Instituto.

O estado de espírito do carioca havia mudado. Por ocasião do famoso arrastão de 1992, pesquisa idêntica do DataBrasil dizia que o carioca atribuía às condições sociais as causas dos tumultos. Dessa vez, a maioria acusou "baderneiros e marginais" como responsáveis pela confusão e exigia repressão policial.

Só a revista *Veja* teve a serenidade de classificar o episódio de "pseudoarrastão funk", dizendo que ele serviu para "gerar uma onda de pânico e ajudou a alimentar um debate histérico a respeito de uma possível ocupação das favelas pelo Exército".

Manoel chegou em casa com "a adrenalina a mil" e não parava de falar. Ele estava lendo *A cidade de quartzo*, de Mike Davis. O autor, uma estranha combinação de professor de urbanismo do Southern California Institute of Architecture e chofer de caminhão, estuda nesse livro o desenvolvimento urbano de Los Angeles, a formação das gangues de rua e o tratamento do problema da juventude.

É uma história fascinante do que Los Angeles pode vir a ser no ano 2000, se não tomar certas providências urbanísticas. Uma das hipóteses, ironicamente, é virar o que o *Los Angeles Times* descreveu como “uma cidade segregada entre regiões de riqueza e de pobreza, como o Rio de Janeiro”.

Muito envolvido com o trabalho de Davis, Manoel não pôde deixar de estabelecer analogias entre as duas cidades.

— Em vez de ficar falando, por que você não escreve ou faz um seminário? — disse-lhe sua mulher Kátia, tentando mudar o assunto daquela conversa repetitiva.

A primeira pessoa para quem o arquiteto telefonou pedindo sugestões foi o antropólogo Gilberto Velho, do Museu Nacional, que tinha orientado uma precursora tese de mestrado de Hermano Vianna, depois transformada em livro, *O mundo funk carioca*.

Manoel leu o livro indicado e, apesar de engajado na campanha de Betinho contra a fome, arranjou tempo para frequentar os bailes funks. A cada fim de semana ia a um, sempre em companhia do disc-jóquei Marlboro, personagem fundamental para Hermano realizar sua pesquisa. O seu batismo de fogo foi em Mesquita, onde se realizavam os bailes mais violentos do subúrbio carioca.

A descoberta dos bailes e desse mundo de excluídos continuava alimentando a ideia do seminário. Um dia ele ligou para Luiz Pinguelli e fez a proposta, sem ter coragem de revelar o tema por telefone.

— Prefiro falar pessoalmente. O tema é meio maluco.

O encontro foi durante uma reunião internacional sobre energia no BNDES. “Puxei Pinguelli para um canto e comecei a narrar a experiência de Los Angeles.” Surpreendentemente, Manoel não teve trabalho de convencer esse físico e ex-militar, então presidente do respeitado Fórum de Ciência e Cultura da Universidade Federal do Rio de Janeiro, a adotar uma iniciativa tão pouco acadêmica. “Mal eu tinha acabado de falar, o Pinguelli arregalou os olhos e gritou para sua secretária Lucinha e para seu assessor de comunicação Isaac: 'Venham cá. Ouçam o que o Manoel está falando. Quero que vocês deem apoio a ele.'"

Com a leitura do livro de Davis, o arquiteto-urbanista e agora estudioso do fenômeno funk já sabia que não se devia repetir aqui a política de confinamento adotada em Los Angeles, porque, ao contrário do pretendido, acabou tornando as gangues confinadas mais organizadas e mais violentas. O processo, que consumiu um fabuloso orçamento e usou uma tecnologia sofisticada, culminara na federalização das gangues sob a orientação de duas grandes facções — os Bloods e os Crips — que passaram a controlar o comércio de crack em Los Angeles.

Manoel achava que o Rio corria o risco de caminhar para o que chamava de "modelo *Blade Runner*". Era preciso trazer Mike Davis para o seminário. O americano ajudaria a evitar um caminho cujo fracasso apontara no seu livro. Duas providências urgentes se impunham: convocar pessoas para o debate e arranjar o telefone de Davis em Los Angeles.

7. A difícil travessia do "Vietnã"

Seu Nahildo está sentado num sofá de plástico verde. Na sala há pelo menos umas oito pessoas, entre as quais uma jovem mãe com uma criança no colo. É a viúva de Adalberto, o filho do seu Nahildo morto na chacina. A sala da casa podia ser também o comitê de algum candidato, pelo constante entra e sai. As pessoas pedem licença para entrar depois que já estão lá dentro.

Na parede de fundo há dois quadros: um de Jesus com o coração à mostra, ao lado da Virgem Maria; e outro, do mesmo Jesus, mas já composto, coberto com um manto, sentado de perfil em algum lugar que pode ser o Horto das Oliveiras. Na parede ao lado, Brizola ri em quatro cores, a um metro de distância de uma paisagem que, se tivesse neve, seria dos Alpes.

Seu Nahildo conversa com um rapaz e, pelo visto, passa-lhe uma pequena descompostura:

— Vocês estão em falta com a comunidade. Não deram solidariedade por ocasião da chacina. No culto ecumênico não havia um pastor evangélico, isso é imperdoável.

O rapaz ouvia, parecia concordar, mas se mantinha em silêncio.

— Diz isso ao seu pastor. Ele tem que pensar mais no problema social.

Só depois desse recado, que praticamente despedia o jovem crente, seu Nahildo deu atenção a Caio, Rogério e a mim. São dez da manhã de um domingo calorento e a sala agora tem menos gente. O anfitrião, um ferroviário aposentado, está sem camisa, de bermuda, com uma razoável barriga à mostra. Seus cabelos são brancos e fartos. Por um detalhe vê-se que é um homem doente: na boca sem dentaduras em cima ou embaixo, é visível a língua ressecada, amarela, de quem sofre de insuficiência renal. No braço esquerdo, na altura da dobra, há calos indicando que aquelas veias foram muito furadas. Às segundas, quartas e sextas ele tem que fazer hemodiálise. O pé direito está inchado, mas é que ele fraturou quatro dedos num "tombo besta".

— Preciso de um rim novo, mas, com 65 anos, a prioridade de transplante é dos mais novos. Está certo, que que eu vou fazer?

O tom não é de queixa e ele não se mostra disposto a se demorar no assunto. Entra logo no seu tema preferido: a "comunidade". Naquela semana, fora prestar depoimento no Fórum. Teme que o processo sobre a chacina não dê em nada. Ficou impressionado com o número de advogados que os acusados levaram, uns quarenta.

— Parecia que eu é que era o culpado. Eles fizeram um massacre em cima de mim.

A julgar pelos parabéns que recebeu do promotor, depois da audiência, deve ter se saído bem.

— Sou macaco velho, doutor — foi a única resposta que deu ao elogio.

O que o preocupa no momento é a associação dos moradores, à qual renunciou depois de dezessete anos de presidência. Com a chacina, ele ficou praticamente sem diretoria e, sozinho e sem saúde, não pode continuar. Gostaria de fazer de Caio o seu sucessor, mas este prefere continuar correndo por fora. Ninguém quer se candidatar, a não ser o seu maior adversário político.

— Isso seria um retrocesso — lamenta.

Sua primeira vitória política na comunidade, em 1966, foi justamente derrotando o homem que agora deve substituí-lo. Isso o faz recordar a luta que desenvolveu ali durante o período da ditadura. Foram tempos difíceis porque, como membro do Partido Comunista, mesmo as atividades comunitárias eram um risco. O seu grande feito foi derrotar o homem que controlava o precário sistema elétrico da favela. Ele cobrava o preço que queria e decidia quem tinha direito a luz mais forte ou mais fraca.

Os moradores naturalmente não estavam satisfeitos com a situação, mas temiam reagir. Seu Nahildo resolveu então organizá-los. A primeira providência foi marcar uma reunião com todos os interessados, uma assembleia. Quando soube da convocação, o tal dono da luz foi à delegacia e fez uma intriga que funcionava muito bem na época: disse aos policiais que a reunião era de comunistas.

Macaco velho já naquela época, seu Nahildo sabia que alguma seria aprontada. Correu então ao único Posto de Vigilância, em Parada de Lucas, e convenceu o delegado a participar da reunião.

As quinhentas pessoas já estavam reunidas quando chegou o pessoal da delegacia e cercou o local, prontos para a invasão.

— Foi só levar o delegado até a porta. Os policiais viram logo que tinham sido enganados. Um delegado não participaria de uma reunião de comunistas. Foi a última vez que o Bandido da Luz apareceu por lá. Eu só vi quando ele pulou a janela dos fundos e sumiu.

Caio interrompe a narrativa para perguntar com quantos "quadros" o Partido Comunista contava na favela, e, ao ouvir "uns sessenta", não se contém:

— Ah, se eu tivesse um terço disso hoje!

Os dois sabem que os tempos são outros. Hoje há o tráfico e nenhuma escola política surgiu para substituir a do Partidão.

Ali no sofá verde, debaixo daquela iconografia que junta o sagrado e o profano, estão sentadas duas gerações, separadas por quarenta anos de diferença. Elas não são coincidentes, são convergentes. O que as separa não são os objetivos, mas os métodos. Seu Nahildo tem a paciência e uma certa sabedoria aprendidas no Partidão. Caio tem a pressa da idade e dos novos tempos. Mas administram bem as divergências. Antes de tudo, se gostam e se respeitam. O primeiro sinal das diferenças vem por meio de uma provocação bem-humorada do velho sábio da tribo. Em meio às reminiscências, ele conta que teve de tirar muita gente da favela perseguida pela polícia, inclusive um jovem. "Era uma espécie de Caio I, um anarquista", completa, piscando o olho.

Caio acusa o golpe. "Eu não sou anarquista, você sabe", revida logo. É brincadeira, claro, mas a sério seu Nahildo tem uma crítica, que vem depois de um aberto elogio ao movimento liderado por Caio:

— Eu aprovo o que vocês estão fazendo. Só erraram quando fizeram aquela reunião no clube e não na nossa sede. Vocês passaram ao largo da associação e é preciso fortalecer ela.

Caio admite o erro, mas apresenta suas razões. Foi logo após a chacina, era preciso fazer alguma coisa, reunir as pessoas, protestar, e a sede do clube surgiu casualmente como alternativa. Mas ele concorda que se deve dar força à associação.

Seu Nahildo vai lá dentro, apanha uma pedra de gelo, passa nos lábios ressequidos, coloca na boca, bochecha e cospe a água no chão. Faz isso umas três vezes. Assim, ele umedece a língua sem engolir a água, que lhe é prescrita em doses racionadas ao longo do dia.

Feito isso, está pronto para defender a sua tese: a saída para as favelas reside no fortalecimento das associações de moradores. A seu ver, elas deveriam receber uma subvenção do governo estadual para terem autonomia. Um presidente de associação não pode sair cedo de casa para trabalhar e voltar à noite. É preciso ficar o tempo todo à frente.

— A maioria das associações do Rio está dominada pelos traficantes — informa.

A situação não é fácil, principalmente nos lugares onde os traficantes nasceram, cresceram e têm muitos amigos. Com o vazio completo do poder público, a influência e o poder das quadrilhas se exercem ou pelo terror ou pela cooptação, ou pelos dois. O melhor exemplo está ali na vizinha Parada de Lucas, cuja associação é controlada pelo chefe do tráfico, Robertinho de Lucas. Mesmo em Vigário Geral, onde a associação é independente, os bandidos têm trânsito entre os moradores.

Seu Nahildo navega nesse terreno pantanoso com a habilidade que o Partidão lhe deu. Confessa que todo ano, no Natal, convida os chefes da quadrilha para um almoço em sua casa.

— Eles depositam as armas e vêm aqui ouvir o meu sermão. Digo que eles têm que pensar mais em política, mais na comunidade do que no "negócio".

Fico meio escandalizado e pergunto se esses gestos não significam a legitimação dos bandidos.

— Ora, meu amigo, é muito bom dizer isso quando se olha de fora. Aqui dentro eles já estão, como o senhor diz, legitimados. As coisas são mais complicadas do que vocês pensam de longe.

O melhor exemplo dessa complexidade ainda foi a ida de Nahildo a Parada de Lucas logo depois da chacina.

— Quando vi que podia haver outra carnificina, mandei um recado para o João.

Nessa região cheia de eufemismos protetores, aprendia-se mais este: "João" era o próprio Robertinho de Lucas.

Assim que recebeu o "sinal verde", seu Nahildo atravessou o "Vietnã" e foi lá se encontrar com a cúpula dirigente do bairro vizinho: "João", Ari da Ilha e a presidente da associação.

O resultado do encontro, como se sabe, foi a passeata histórica, o congraçamento entre as duas comunidades e uma paz que precisou do massacre de 21 pessoas para ser decretada.

Nesse momento alguém pede licença e vai entrando e se apresentando como José Carlos, da Igreja presbiteriana. Ele diz que estão preparando uma cantata para o Natal e precisariam da autorização do presidente da associação para a utilização da quadra. Seu Nahildo fez algumas perguntas e repetiu mais ou menos o sermão que fizera antes para o outro jovem crente:

— Eu cedo a quadra com uma condição: que vocês ponham a igreja de vocês na luta contra a violência.

O jovem seminarista, com a sua Bíblia debaixo do braço, aceitou a condição, ouviu pacientemente o recado — "diz ao seu pastor..." etc. etc. — e anunciou o que parecia ser seu trunfo:

— Inclusive vamos distribuir brinquedos para as crianças.

— As crianças daqui não precisam de brinquedos — cortou logo seu Nahildo —, precisam é de comida, de remédio. Mas podem usar a quadra.

Quando o seminarista se retirou agradecendo e dizendo "Sim, senhor", seu Nahildo já estava falando há duas horas. Mas o que é isso para quem passara seis horas depondo, imprensado por quarenta advogados, e ainda recebera parabéns?

Ao se despedir, Caio perguntou se poderia voltar com um gravador para registrar as "memórias" de seu Nahildo. Apesar das divergências, ele sabe que daquela boca seca saem lições de prática política.

Já passa do meio-dia quando, logo adiante, se avista a garagem de uma casa que Djalma transformou em oficina. O carro está na rua e é um dos raros veículos de Vigário Geral. "É limpeza", vive proclamando o seu dono para avisar a quem interessar possa que o fato de ser irmão de um traficante não quer dizer que ande com carro roubado.

Na garagem, um grupo fala alto e ri. No meio, com uma camisa número 9 do Flamengo, um jovem é o centro da atenção dos outros três. Trata-se de ninguém menos que Flávio Negão. Não só a camisa é diferente. Ele também está mais risonho e afável do que da última vez. Vem cumprimentar as visitas, e Caio tira logo de uma sacola de supermercado o livro prometido na semana anterior. Ele agradece e comenta rindo:

— Não é como político, que vem aqui, promete e nunca mais aparece — diz, e cria um embaraço ao solicitar um autógrafo. Durante alguns segundos um impasse. Todas as fórmulas, por mais convencionais, eram comprometedoras. O que escrever? "Para Flávio Negão, com simpatia"? "Com admiração"? Um dia, numa batida, o livro seria encontrado e como o autor iria se explicar? A solução foi escrever simplesmente: "Para Flávio, de ...".

A conversa continua e todos falam ao mesmo tempo sobre a corrupção no país e a CPI do Orçamento.

— Você viu, cara? O anão não se lembrava da fazenda que comprou! Que cara de pau — diz um.

— As parada era tudo de um milhão, dois milhão de dólares — escandaliza-se um outro, mal escondendo sua inveja.

Às vezes não se entende bem o que dizem — porque falam ao mesmo tempo, mas também porque infringem a gramática e a semântica com a mesma impunidade com que transgridem a lei. A gíria e os solecismos acabam funcionando como parte do sistema de segurança da quadrilha, dificultando o acesso e a compreensão de estranhos.

"Berimbolar" é muito expressivo, quase onomatopaico. Significa degringolar, acabar em confusão. O verbo "zoar", conjugado quase sempre na primeira pessoa do singular, é um dos preferidos: "Eu ontem zoei muito". Quer dizer "aprontei muita confusão", ou também "cheirei muito". Mas a palavra que transita com a assiduidade de um AR-15 é "parada". "Resolver uma parada" tanto pode ser receber uma partida de droga ou um carregamento de armas como resolver um problema, cumprir um compromisso, executar um inimigo ou ir a um batizado.

Como muitos desses vocábulos acabam indo para a Zona Sul junto com a cocaína, a renovação se faz necessária: a gíria de hoje pode estar obsoleta amanhã. O ritmo e a entonação de certas palavras ou frases são também muito especiais. Eles se demoram na primeira sílaba da palavra "cara", por exemplo, como se ela tivesse muitos *as*: "caaaa-ra!".

A roda vai se esvaziando e ficam apenas Flávio, Caio e Djalma, que passam a relembrar os tempos em que havia enchente nos dias de chuva e eles iam para a avenida Brasil empurrar carros enguiçados para descolar uma grana. De repente, voltam à infância. A brincadeira mais comum então era a bola de gude. Bola ou búrica, triângulo, todas as modalidades do jogo.

Mas havia também o futebol na várzea. "Vocês se lembram daquelas peladas?" Todos se lembravam. De vez em quando, em meio à gargalhada geral, surge uma gozação inventando incursões homossexuais de um ou outro: "Vai dizer que nunca fez uma meiazinha?".

O clima de brincadeira é interrompido por uma digressão nostálgica de Flávio: "Pois é, os moleques de hoje não querem mais brincar de bola de gude ou de soltar pipa".

Dá vontade de dizer que ele tem razão, que os moleques de hoje querem brincar com armas parecidas com a que está ali atrás no chão, encostada na parede: um AR-15 muito especial, com a parte central branca, feita possivelmente de plástico, um sinal mais do que evidente de status.

A infância dos três não se passou em meio só a brincadeiras. "Eu dava um duro danado", conta Flávio. "Enchia o carrinho de verdura e de peras duras e ia vender. Tinha que passar por uma ponte de madeira que, se eu caísse, caía no mangue. Era um sufoco."

Estavam ali três jovens praticamente da mesma idade, amigos de infância, e três trajetórias de vida bem distintas. O que levou Djalma a ser otário, seu irmão a ser bandido e o amigo Caio a ser sociólogo? O social não era suficiente para explicar aquelas vocações.

— E como é que você se sente agora, tão poderoso? — pergunto de repente.

Aquele talvez não fosse o tema ideal para o momento, mas Flávio Negão acaba respondendo — primeiro, com certa má vontade; depois, aos poucos, vai se entusiasmando com a própria história.

— Ah, caaaara, eu cumecei de baixo, vim da lama. Ralei muito pra chegar onde cheguei. Num foi fácil.

Em seguida, conta vantagem. Diz que a população gosta muito dele. Lembra que logo depois da chacina mandou repor, na rua principal, as trinta lâmpadas quebradas pela PM. Outra providência parece lhe ocorrer ali na hora, enquanto olha para as ruas de terra: "Um dia mando asfaltar tudo isso".

O seu antecessor, ao contrário, não respeitava a comunidade. "Quando algum morador passava e ficava olhando para um *soldado* armado, recebia logo uma grosseria: 'Que que tá olhando, porra?'. Andavam aqui dentro a 120 quilômetros!"

Durante esse tempo de "terror", Flávio Negão e seu pessoal tiveram que sair da favela numa espécie de exílio, durante o qual prepararam a sangrenta retomada no Carnaval de 1993. Invadiram o local e exterminaram parte da quadrilha inimiga. Segundo a polícia, foram pelo menos onze mortos. Segundo os vitoriosos, foram *apenas* sete.

Desde a retomada, a nova ordem procurou passar uma imagem de protetora. "Tomamos conta da favela 24 horas por dia. Tem duas turmas de vigias." Como não cheira e não bebe, às seis da manhã Negão está sempre lampeiro para passar em revista suas *tropas*. "É preciso cuidado com a rapaziada quando ela está cheirada."

O seu discurso procura dar a impressão de um chefe que combina o rigor e a paciência pedagógica — um *déspota esclarecido*. "Procuro ensinar a eles. Quando um pega uma parada e cheira, eu chamo e digo: 'Tá pensando que isso veio de graça?'. Às vezes tenho que dar um arrocho maior. Mas só mato em último caso."

Nesse momento, Stallone chega, segreda alguma coisa no ouvido do chefe e recebe em voz baixa uma bronca que se fica sem saber a razão. Só dá para ouvir um pedaço: "E tu, que que tu tava fazendo que não viu?".

Flávio Negão sabe que seu pessoal "às vezes exagera". Para exemplificar, conta a história de uma garota viciada que roubou um botijão de gás para vender e comprar droga. Como não tinha força para transportá-lo sozinha, convenceu o comprador a retirar o botijão de uma casa vazia, obviamente sem dizer que era roubado.

Na hora que o homem saía com a carga nas costas, um *soldado* viu e levou o suposto ladrão para um julgamento. Negão diz que só tomou conhecimento do episódio depois. O fato é que o homem foi tão maltratado e ficou tão ferido que teve que ser hospitalizado.

As despesas com a internação estão sendo pagas pelos traficantes, mas o próprio chefão reconhece que nenhuma desculpa ou reparação amenizará o sofrimento e a humilhação da vítima.

Esse caso aterrorizador de "justiça" sumária teve ainda outro capítulo. Depois de admitida a culpa, a moça recebeu também a sua pena: "O pessoal furaram a mão dela", informou o bandido-chefe. Ela ainda estava padecendo no hospital.

Subitamente Flávio Negão interrompe a conversa para anunciar que tinha uma "parada" para resolver. Caio também. Depois de algum tempo fomos andando até uma rua transversal, onde paramos numa casa com um muro alto na frente. Entre o portão e a porta de entrada, há uma área cheia de gente e o movimento de uma festa: muita cerveja em lata e pratos de papel com salpicão, linguiça e pedaços de carne de vaca.

É o almoço de batizado de João Vítor, filho de Andrea e neto da dona da casa. O padrinho é Flávio Negão. Essa era a "parada" que ele tinha que resolver — ele e, por coincidência, Caio.

O churrasco está sendo preparado numa grelha improvisada, armada no fundo da área, à direita de quem entra. Umas doze pessoas se comprimem naquele espaço exíguo e ainda há muito mais gente dentro da casa. Flávio entra e se demora bastante tempo. Quando sai, traz, orgulhoso, o afilhado de três meses no colo.

Sentado numa das raras cadeiras da área, sou assediado por gentilezas. Enquanto uns insistem em saber o que estou achando de Vigário Geral, outros se revezam na tarefa de não deixar meu copo e meu prato vazios, com aquela insistente prodigalidade que é mais comum em casa de pobre que de rico.

Podia-se recorrer à suspeita de que a fartura fosse patrocinada por dinheiro fácil, mas não era o caso. A dona da casa é quem estava bancando a festa e, além do mais, eu já observara em outras ocasiões que era um hábito generalizado a insistência em convidar para "ir ao meu barraco" tomar um café ou almoçar. Já estava me habituando àquela hospitalidade e a uma autoestima local que vivia buscando confirmação externa: "Tá gostando de Vigário Geral?", "Não é um lugar legal?".

Luíza, uma morena divertida, já um pouco alegre, se aproxima depois de permanecer algum tempo arredia, observando, e diz para Caio, como se desse um aval: "Esse coroa é sangue bom". Ela avisa logo que é muito franca e desbocada. De fato, cada uma de suas frases é pontuada por um "porra", um "puta que o pariu", ou um "caralho".

Uma de suas irmãs está filmando o almoço com uma Panasonic. É quase loura, de olhos claros e pele alva. Parece uma alemã — um tipo estranho naquele ambiente onde em geral a cor da pele é chocolate e café com leite, ou sem leite, passando por todos os matizes que a escala cromática da miscigenação torna possíveis. Me dizem que é assessora de um vereador, quando ela passa e faz uma advertência à irmã sem tirar a câmera do olho: "Para de falar palavrão, Luíza!".

Depois de algum tempo, Flávio volta lá de dentro e se encosta na parede. Luíza o "aluga" e não deixa mais ninguém falar. Diz que é uma espécie de irmã e só por isso ainda não dormiu com ele. "Mas ele é um tesão, é um pica-doce. Todas as mulheres daqui estão gamadas nele." Flávio ri cheio da vaidade. Se não estivesse comendo, o seu ego correria o risco de sair pela boca.

Pergunto se ele é casado.

— Se é casado? — se intromete Luíza. — Tem várias mulheres. — E aproveita para dizer que o viu na véspera brigando com a "verdadeira".

— Saiu porrada? — ela pergunta.

— Que é isso? — ele responde. — Sou de paz.

Pergunto se ele tem filhos. "Tenho três: um de dois anos, outro de um ano e pouco e o terceiro de seis meses."

— E tem um quarto a caminho — completa Luíza.

Ele ri quando lhe pergunto se são todos da "verdadeira".

— Não. Cada um com uma — informa.

A cerveja me obriga a procurar um banheiro e, para isso, tenho que passar pela sala cheia de gente que leva à cozinha através de um corredor que tem no final uma cortina de plástico azul em vez de porta. Abre-se e há dois pequenos espaços: um, com uma pia, e outro, um boxe, com outra cortina de plástico da mesma cor, onde está o sanitário. Além do asseio do ambiente, o que surpreende é que a privacidade é garantida apenas por essas duas cortinas.

Na volta, Caio mostra a grande foto colorida de um adolescente pendurada na parede da sala. Quando começa a me dar uma explicação, é interrompido por alguém. Só teve tempo de dizer um nome: André.

Já do lado de fora, na área do churrasco, uma jovem clara, simpática, aparece pedindo: "Quero que minha filha saia no livro". A menina, Priscila, tem sete anos e Cristina, a mãe, tem 25. Ela é irmã da dona da casa e de Luíza. Começa a contar casos da família e se detém na história dramática do sobrinho, que ela relata compungida. Ele se chama André. É o mesmo da foto.

Durante um assalto foi assassinado com um tiro. Era um garoto "fantástico", "lindo", e até hoje toda a família sofre com a perda. Cristina faz questão de me levar à sala, mostra a foto que eu já tinha visto e em seguida me faz ir até um quarto contíguo, onde está uma placa em mármore com o nome e a data de nascimento e morte do garoto. Tinha dezesseis anos.

Faço uma pergunta aparentemente ociosa, mais por solidariedade do que para me informar:

— Que coisa, hein, foi assaltado?

— Não, ele estava assaltando — Cristina diz naturalmente.

A gafe quase me faz rir, pelo inesperado.

— Ele pegou o caminho errado — completa.

Aquilo, para ela, não passava de uma casualidade — era como se alguém, em vez de entrar numa rua, pegasse outra por engano. Nenhuma censura moral, nenhum julgamento na fala dessa jovem. A culpa, se houvesse, devia ser atribuída à "violência do mundo de hoje", como disse.

Nesse momento, Caio se aproxima e os dois começam a conversar numa linguagem meio cifrada. Só entendo quando ela diz: "Eu já tinha terminado com ele há muito tempo".

Na saída, Caio explica a história. Antes do advento da era Flávio Negão, ela tinha sido a primeira-dama da favela, como amante do antigo chefão, o sanguinário Macaquinho. Os laços de amizade de Negão com a família, o fato de ela ser da comunidade, nascida e criada ali, preservaram Cristina das esperadas represálias do novo imperador bárbaro.

Agora aparece o filho de Luíza com uma bolsa cheia de fitas para me mostrar. São catorze — a sua idade — e todas de Raul Seixas. Mas o que surge no toca-fitas é Raça Negra, o conjunto que Luíza adora.

Flávio reaparece trazendo outra criança no colo. É a filha de seu irmão Djalma com Maria do Socorro. Tem seis meses e se chama Laíne. A própria mãe me explica que custou muito a encontrar um nome que lhe agradasse. Passou uma noite fazendo várias combinações de letras até que chegou a essas cinco. Mas o pai insistia em Kathly, sugerido pelo personagem de um filme de televisão. A solução então foi adotar os dois nomes: Laíne Kathly.

Já são quase cinco horas da tarde e Flávio Negão anuncia que tem que sair para "resolver uma parada". Sem o potente fuzil que deixara na garagem — e que um *soldado* ficara guardando — lá ia pela rua, magro e minúsculo, anoréxico, com um vislumbre de cavanhaque e um bigode irrisório.

8. Duas cidades se encontram

Foi no dia 23 de novembro de 1993, uma terça-feira, que Vigário Geral se encontrou oficialmente com o Viva Rio. Era o lançamento do movimento no restaurante Rio's, e Caio Ferraz acabou sendo convidado na última hora. Pouco antes, ele estivera no ISER a chamado do antropólogo Luiz Eduardo Soares, que o apresentou a Rubem César, a quem pediu apoio para a realização de seu sonho: transformar a casa onde ocorrera a chacina num centro cultural.

— Afinal, o que o Viva Rio pode fazer por Vigário Geral? — perguntou Rubem César, sempre objetivo. Caio nem sempre o é. Nos seus momentos de ex-camelô, o baixinho se torna prolixo. Às vezes dá a impressão de se perder.

Quando o descobriu, Luiz Eduardo notou que embaixo dessa prolixidade havia algo que "valia a pena". O professor estava dando uma palestra na UERJ e foi interrompido por aquele jovem "inteligente e com grande riqueza de observação". Impressionado com a intervenção, ele disse:

— Não vai embora não, que eu gostaria de falar com você depois.

Encontraram-se, bateram um papo e Caio, acompanhado de Zé, o professor de biologia, explicou que eles precisavam de um "canal de apoio com a sociedade" para tentar desfazer, com o seu movimento, a imagem que associava sempre favela e violência.

A vida com um pé no subúrbio e outro na escola ou na universidade construiu um curioso tipo de intelectual que costuma falar errado um conceito certo — quando o mais comum é o inverso — e é capaz de embrulhar ideias sofisticadas com uma linguagem cheia de infrações gramaticais. Um "menas" pode anteceder uma citação de Nietzsche, um "a gente fomos" pode vir logo após uma definição de Bourdieu.

Mas Caio sabe sempre o que quer. Basta alguém tentar obstruir ou desviar o seu percurso para ver a sua determinação. Ele se diverte ao lembrar o diálogo com Rubem César: "Eu não pestanejei e respondi na bucha: 'O que eu quero é comprar a casa da chacina e fazer dali um marco, não apenas simbólico, mas funcionando mesmo'".

Ele tinha planejado tudo. Já falara com os donos da casa, Paulo e Vera, sabia o preço de venda e conseguira uma opção de compra por dois dias. Que esperassem um pouco que ele ia arranjar o dinheiro: 1500 dólares.

Rubem César ligou em seguida para um amigo de Niterói, o pastor presbiteriano Caio Fábio d'Araújo Filho, contando a história da casa, já do conhecimento do religioso. A família era de evangélicos, e uma das pessoas assassinadas, Luciene, uma adolescente de dezesseis anos, fora homenageada no programa que o pastor mantinha na televisão.

Caio Fábio disse que queria conversar primeiro com o seu xará, discutir detalhes, mas já tinha se decidido a fazer a compra. Tanto que na mesma hora escolheu o novo nome para a casa da chacina: Casa da Paz.

Caio Ferraz saiu do ISER para o restaurante, para onde o arrastei, sem saber das negociações. Essa ida ao Rio's foi uma revelação. Em menos de meia hora, ele apertou a mão, conheceu e conversou com alguns dos principais representantes da "outra cidade". Não só teve interlocutores importantes, como encontrou uma tribuna para expor seus planos para Vigário Geral. Mais: teve a mídia.

Já na chegada, depois de ser apresentado a Walter de Mattos, o idealizador do Viva Rio, Caio sentiu que estava entrando em outro mundo. A visão deslumbrante da baía ao fundo, atravessando os vidros do restaurante, deixou-o encantado. Mas aquela pompa de fregueses engravatados, os salamaleques do maître, o vaivém dos garçons, os pratos requintados chegaram a assustá-lo: "É muito chique!", exclamou.

O seu segundo deslumbramento aconteceu quando foi apresentado à atleta Isabel, musa do vôlei nacional, que teve que se curvar uns vinte centímetros para receber dois beijos nas faces. Depois, outras mãos surgiram para apertar a sua. São personalidades que ele nunca esperou conhecer, quanto mais de uma vez só, quase ao mesmo tempo: João Roberto Marinho, Manoel Francisco Brito, Ricardo Amaral, Carlos Manoel, Clarice Pechmann, Humberto Motta, Artur Donato.

Os nomes às vezes não lhe diziam nada, mas os títulos sim: vice-presidente de *O Globo*, diretor-presidente do *Jornal do Brasil*, "rei da noite", presidente do Sindicato dos Metalúrgicos, coordenadora do PNBE, presidente da Associação Comercial, presidente da Federação das Indústrias. O curioso é que em relação a ele, Caio, também ocorria algo parecido: quando dizia o nome, ninguém dava importância, até que ele revelava o local de origem. Ao ouvirem "de Vigário Geral", as pessoas não escondiam a surpresa.

Quando a imprensa descobriu o "Caio de Vigário Geral", começou um assédio cujo resultado apareceu à noite em todos os telejornais. No dia seguinte, ao chegar à favela, Caio já era saudado como uma estrela.

A solenidade se atrasou porque estava faltando Betinho. Assim que ele chegou, Clarice subiu no estrado, um grande quadrado a vinte centímetros do chão, e foi chamando os componentes do Viva Rio. Em pouco tempo estava todo mundo lá em cima, umas vinte pessoas; embaixo, os repórteres. Havia mais gente para entrevistar do que entrevistadores.

Clarice anunciou a campanha e resumiu o manifesto "Dê um tempo pro Rio", publicado dias antes nos jornais, avisando que a cidade iria paralisar suas atividades por dois minutos, ao meio-dia do dia 17 de dezembro. "Vai parar contra a violência. Vai parar para refletir. Vai parar para começar de novo. Para reconquistar sua autoestima e seu alto-astral", dizia o documento.

Ninguém da comissão organizadora tinha experiência de parar alguma coisa, muito menos uma cidade. Mas o manifesto estava cheio de autossuficiência. "Quando nesse dia os sinos das igrejas dobrarem", antecipava o texto, "e quando as rádios e TVs fizerem a contagem regressiva, esse será o sinal de que fábricas e escritórios, escolas, bancos e lojas, táxis e ônibus estão aderindo simbolicamente a um grande movimento de renascimento e de paz."

No seu discurso, Clarice atenuou um pouco as pretensões do manifesto, dizendo acreditar no "poder de ação da cidadania", e passou o microfone para Betinho, líder natural do encontro. "Temos um fato inédito, em que pessoas de segmentos tão diferentes e tão representativos se juntam para assumir a sua cidade", declarou, para depois, repetindo a brincadeira de sempre, se referir aos "donos dos três principais jornais da cidade".

Os líderes metalúrgicos Carlos Manoel e Ferreirinha, seguidos de Itamar, líder da favela Dona Marta, foram os oradores seguintes. Depois, sem que ele esperasse, a palavra foi passada a Caio. Junto com Itamar, Caio foi o mais aplaudido. Disse que era cientista social, que participava do movimento comunitário pela paz em Vigário Geral e dava sua adesão ao Viva Rio.

Quando terminaram os discursos e os repórteres voltaram a atacar, Caio foi o mais entrevistado. Não perdeu tempo. Aproveitou aquela súbita notoriedade para fazer pedidos para sua comunidade. A Artur Donato, ele perguntou o que os industriais poderiam fazer por Vigário Geral. "A ação cultural é importante, mas cultura temos de sobra, com samba e funk", disse ao rejeitar com franqueza uma proposta. A comunidade precisava era de trabalho e comida. A Walter de Mattos, pediu as fotos da chacina feitas por *O Dia* para compor um arquivo. No final, posou de mãos dadas e braços erguidos com Betinho de um lado e os líderes sindicais de outro. Era a consagração.

Enquanto Walter, João Roberto e Kiko se reuniam numa mesa com Artur Donato, o poderoso presidente da Federação das Indústrias, para arrancar ajuda financeira para o movimento, Caio esperava uma carona para sair dali.

Na viagem até o Posto 6, em Copacabana, onde pegaria o ônibus direto para a Penha, não parou de falar do impulso que o movimento de Vigário Geral ganharia depois da reunião no Rio's e da conversa com Rubem César. Nessa tarde, a longa volta para o subúrbio deve ter demorado menos. Algo lhe dizia que iria poder criar em Vigário Geral o que chamava com pompa e pretensão de "uma alternativa para as gerações futuras".

9. Dançando com os "bárbaros"

Depois que assistiu àquelas brigas de galeras no Arpoador, Manoel Ribeiro desviou os seus interesses, deixando um pouco de lado a arquitetura e o urbanismo e concentrando-se no fenômeno funk. Lia tudo sobre o tema e raramente, nos fins de semana, perdia um baile.

Foi nessa época que o conheci, em meio aos preparativos do seminário no Fórum de Ciência e Cultura. Seu companheiro mais constante nas incursões aos subúrbios era o DJ Marlboro. É impossível entrar nesse mundo sem esse garotão que parece ter menos do que seus trinta anos, alto, de cabelos longos, sempre com cara de sono, inclusive porque costuma trocar a noite pelo dia.

Nessa noite quente de novembro, os dois vão comandar uma expedição a Mesquita, um subúrbio afastado que organiza um dos mais violentos bailes funks da cidade. O encontro seria na porta de uma boate em Ipanema, para onde Marlboro estava levando os bailes funks na sua versão mais light.

O espetáculo da noite já acabou e sua mãe, que atua também como empresária, diz que correu tudo bem. Marlboro está arrumando o equipamento na kombi quando chega em um velho fusquinha uma moça que o abraça. É Alice, filha do falecido cineasta Joaquim Pedro de Andrade. São velhos conhecidos, desde que fizeram juntos o roteiro de um filme sobre o Rio. Ela está acompanhada de uma atriz brasileira e de dois italianos, um cineasta e o outro crítico de cinema.

A kombi, o jipe Lada de Manoel Ribeiro e o fusca de Alice partem em direção ao Méier, onde Marlboro mora e tem o estúdio de som. É preciso passar por ali, antes de seguir rumo a Mesquita, para largar o equipamento e conhecer o seu ambiente de trabalho.

À medida que vai se espalhando para a Zona Norte, o Rio, sexta-feira à noite, se transforma num alegre e interminável botequim. A festa começa no Centro às seis da tarde, quando uma algazarra toma conta dos bares, cafés, pés-sujos e restaurantes. Da Cinelândia à praça Mauá, passando pela Rio Branco e Presidente Vargas, discute-se futebol, decide-se o destino do país, batuca-se e canta-se ao som do samba e do pagode — e sobretudo bebe-se. Das seis às dez da noite, são consumidos nesse espaço milhares de litros de chope e cerveja.

Mas essa festa não acaba; ela vai mudando de lugar. Em Vila Isabel, por exemplo, as mesas e cadeiras são colocadas no meio do Bulevar 28 de Setembro. O trânsito que se desvie. Faltam mais de dois meses para o Carnaval e o Carnaval já começou nas ruas.

Nascido na Tijuca, Manoel tem grande intimidade com essa região. Como arquiteto, o seu sonho é construir um "Beaubourg tupiniquim" na área que vai do bulevar até a fábrica dos "Três apitos", cantada por Noel Rosa e hoje transformada em supermercado. Esses bairros todos são extensão um do outro e não seria difícil ligá-los por um polo de cultura, de lazer e de boemia. Ele ainda espera vender a ideia ao prefeito.

Manoel tem 52 anos, um permanente rabo de cavalo e a história de quem, nos anos 1960/70, botou o pé na estrada. Saiu depois do AI-5, morou em Lisboa e Paris, mas sua aventura mais radical foi no Oriente. Com uns poucos dólares no bolso, passou pela Itália, Grécia, Turquia, Irã e atravessou o deserto do Afeganistão de carona em caminhões, misturado com camelos ou cargas de enxofre. Depois de passar pela Índia e pelo Paquistão, chegou ao Nepal, onde alugou uma casa, abriu uma pensão e ali ficou por oito meses. Hoje trabalha na Superintendência da Caixa Econômica e é especialista em desenvolvimento urbano.

A caminho de Lins de Vasconcelos, está o antigo Jardim Zoológico, onde um barão inventou o jogo mais popular do Rio de Janeiro, antes diversão, depois contravenção e, nos anos 1990, a maior fonte de corrupção da cidade: o jogo do bicho.

O Cine Alice também mudou: é agora uma igreja evangélica. O Méier está regurgitando e a iluminação e o movimento na porta do antigo Cinema Imperator, hoje enorme casa de shows, dão ao bairro uma cara de submetrópole kitsch.

Na casa de Marlboro, o que importa é o estúdio. O cachorro sonolento, a casa descuidada, um empregado lento, o calor, tudo parece empurrar para o primeiro andar, onde está a fabulosa mesa de 64 canais, bem protegida por um ar-refrigerado que prende os convidados tanto quanto o som apresentado. Marlboro fala com entusiasmo do disco ainda não lançado de Abdula, um negro que ele descobriu e que canta como americano. Em seguida, ele apresenta duas outras revelações, Alexandre e Julinho. Mas o melhor é quando o DJ deixa os discos e começa a falar do funk.

Ele acredita que a mídia um dia vai resgatar o funk, e isso é bom e ruim. "Bom porque vai tirar o estigma do fenômeno e ruim porque vai querer domesticá-lo e tirar dele a originalidade." Quando se diz que o funk é um fenômeno das massas pobres e, portanto, sem poder aquisitivo, logo, desinteressante para o consumo, ele contra-argumenta com seus três discos de ouro.

"Um mercado que é capaz de comprar tantos discos pode também comprar outros bens de consumo", ele diz.

Para Marlboro, não está longe o dia em que o funk, via circuito econômico, será integrado à sociedade, produzindo renda e gerando empregos. "Já temos produtoras de discos, equipes de som, DJs, dançarinos e as maiores audiências nas rádios FM."

Na verdade, não seria a primeira vez que manifestações, no começo marginais, acabaram absorvidas pela sociedade. Com a capoeira foi assim e, mais recentemente, com o surfe.

Do Méier a Mesquita, Marlboro vai de copiloto. Ele conhece cada buraco, cada desvio e cada caminho mais rápido. Há doze anos percorre semanalmente esse trajeto. Mais modestamente, ele está tentando fazer com o funk o que outros, como Paulinho da Viola, fizeram com o samba. É um desses cariocas capazes de construir uma ponte cultural entre os dois Rios, trafegando da Zona Norte à Zona Sul, e vice-versa, com a facilidade de quem não acredita em fronteiras artísticas.

Sentados na frente do Lada, Manoel e Marlboro vão falando de funk durante o trajeto, que não se faz em menos de uma hora. Manoel tem ideias elaboradas sobre o fenômeno; Marlboro tem a vivência. Os dois concordam em que o problema da violência é sério e não deve ser escamoteado. Mas não adianta apenas usar a interdição e a repressão.

Manoel divide os bailes em três categorias. Na primeira, não acontece nenhum tipo de violência, a exemplo da Mangueira, aonde iríamos depois. Nos bailes do segundo tipo, as galeras inimigas vão para provocar brigas esporádicas, que são violentamente reprimidas pelos seguranças.

A categoria mais interessante é a terceira, dos bailes que Manoel chama de embate, um confronto ritualizado de galeras. É nessa direção que estamos viajando. Os dois acreditam, e já estão trabalhando para isso, que a violência que aí ocorre pode ser regulamentada. "Ritualizada e regulamentada", explica Manoel, "a briga de turma pode ser relativamente segura e acontecer sem ferir ninguém. Como no jiu-jítsu, no boxe e no kickboxe."

Ao chegarmos ao clube de Mesquita, ficamos algum tempo esperando a entrada das galeras. Marlboro havia criado uma grande expectativa. "A chegada é impressionante. Elas vêm vindo, cada galera de um lado, dando seus gritos: uuuu, ôôôô", anunciou para o nosso grupo.

Antes disso, que acabou não acontecendo, surge uma outra visão. Homens enormes, com porretes na mão, correm de um lado para o outro. São os seguranças. Eles portam galhos de árvores mais grossos e maiores que cassetetes. A calçada de entrada está tomada e em frente, do outro lado da rua, há outra massa com igual densidade. No meio, os brutamontes. De vez em quando, sem a menor razão aparente, alguns correm sobre pequenos grupos de jovens parados fora das duas aglomerações. Desfazem as rodinhas à porrada.

Enquanto a famosa chegada das galeras trazidas pelos trens não acontece, vamos tomar uma cerveja num botequim ali perto. Marlboro, que não bebe nada, prefere uma sopa de mocotó. É jogo rápido porque o grupo está ansioso para voltar e assistir à "chegada".

Mas naquela noite não iria haver mesmo o tal espetáculo, e o jeito é desistir de esperar e entrar logo no salão.

Primeiro, a vista tem que se acostumar àquela semiescuridão pontuada pelo piscar de luzes estroboscópicas. O ar úmido e abafado lembrava o de uma sauna barulhenta. De cima, uma espécie de jirau para onde fomos levados, o que se começa a ver lá embaixo é uma massa de sombras escuras que se agitam. Por enquanto não se distinguem contornos, só movimento. Os sentidos se mostram inúteis: se o olhar não enxerga direito, o ouvido também não ouve palavras. A intensidade e a estridência do som tornam impraticável a voz humana.

Agora, sim, começa a aparecer no meio do salão uma espécie de corredor vazio, móvel, cortando a massa humana ao meio. Ele se estreita e se alarga rapidamente. Desenha o movimento sinuoso de um rio cujas margens, e não o leito, se movessem. No meio, correndo de uma ponta a outra, alguns gigantes de camisa vermelha agitam porretes e distribuem golpes à esquerda e à direita, tentando manter aberto aquele único espaço vazio do salão.

São precisos mais segundos para se perceber que as paredes daquele corredor são formadas por pessoas de mãos dadas ou braços entrelaçados. Se o baile naquela noite tinha cerca de 2 mil pessoas, pelo menos quatrocentas estavam ali naquela linha de combate, duzentas de cada lado. Porque se trata de um combate — ou, mais propriamente, de um embate.

O jogo consiste em desferir golpes no outro lado, com os pés ou com as mãos, rápidos, de tal maneira que o combatente possa voltar logo ao seu campo. Se escorregar e cair no território inimigo, se não for arrastado a tempo, ele corre o risco de ser trucidado. Por isso, os golpes de mãos são os mais ousados. Usando os pés, o combatente terá sempre a proteção dos companheiros: ele pode "voar" na linha inimiga seguro pelos braços. Já os golpes de mão exigem desprender-se dos aliados para fazer a perigosa incursão guerrilheira.

Entre uma e outra estridência da trilha sonora, dá às vezes para ouvir o ruído de um tapa ou de um pontapé. Há lances de audácia quase suicida. É quando um combatente, transgredindo as regras de segurança e correndo paralelo à linha inimiga, vai de uma ponta a outra do corredor, golpeando um, dois, quase todos os adversários, para retornar veloz e impunemente ao seu território.

Nessas linhas de frente, encontram-se alguns dos tórax mais solidamente construídos da cidade do Rio de Janeiro. Quase sempre desnudos, em geral negros ou pardos, todos banhados de suor, eles são a maioria. Mas há também adolescentes magros e uns quase garotos.

Um combate selvagem entre hordas — mas só à primeira vista. O espetáculo se apresenta mais complexo à medida que se demora na observação. A constatação mais inesperada é que nessa luta não se usa arma, a não ser as mãos vazias e os pés calçados de tênis — nada de pau, soco-inglês, corrente e muito menos faca ou punhal. Talvez isso explique o fato de que, após horas de combate, não seja comum ver-se um combatente sangrando.

Hermano Vianna já havia mostrado como em muitos bailes o público aproveita semelhanças sonoras para criar suas próprias letras. Assim, o refrão "*you talk too much*" virou "taca tomate" e a música recebeu o nome de "Melô do tomate". Outros refrões em inglês davam origem a traduções como estas: "Porra, caralho, cadê meu baseado" ou "O marimbondo mordeu a buceta da vovó".

Alice conhecia várias outras versões, como a de uns versos em inglês — "*That's the sound/ of the men/ working on a chair/ chaing*" — que ganharam o nome de "Melô do neném" e a seguinte letra: "Vem pra cama,/ meu bem/ Vem fazer neném/ Vem!".

Um desses refrões, que passou a animar as torcidas no Maracanã, estourou primeiro nos bailes funks: "Uh, jererê". Significando maconha, esse grito de guerra foi a adaptação que a garotada fez do rap americano "Whoop! There it is", do grupo Tag Team.

Os dois patrícios de Umberto Eco poderiam, na volta, oferecer-lhe vários exemplos de obra aberta aplicada à música. Em compensação, Adorno, Horkheimer e parte da Escola de Frankfurt teriam o desgosto de ver posta por terra a sua teoria apocalíptica. A tese da manipulação cultural sofre aqui um grande abalo. A indústria cultural não tem nada a ver com isso. Tudo escapa a seu controle. Nada do que se passa nessas dezenas de bailes de fim de semana, envolvendo, ao que se diz, mais de 1 milhão de jovens, passou antes pela mídia ou pelas multinacionais do disco.

Os convidados de Marlboro se dividem na apreciação do espetáculo. Ao ser perguntado sobre o que acha, o cineasta Paolo Benvenuti, que está no Rio para exibir seu último filme, *Confortório*, responde com a resignação de quem acabou de tomar uma vacina obrigatória: "É uma experiência cultural necessária". E faz uma cara de "seja o que Deus quiser".

O seu colega italiano, porém, se revela um agudo observador. Não se contenta com as aparências. Acha o espetáculo único, muito diferente de tudo o que conhece na Europa. Atrás daquela violência explícita, ele vê uma certa ritualização, como já observara Manoel. "Ao contrário do que ocorre nas manifestações de torcedores na Itália, não há raiva na cara desses rapazes. No fundo, eles estão brincando", diz o arguto crítico de cinema.

Estamos conversando do lado de fora do salão, em frente ao bar. São dois grandes balcões que mantêm a mesma divisão do salão. De cada lado uma galera. No meio, uma mulher e um homem servindo as bebidas: copos de plástico com cerveja ou refrigerante. Bebe-se pouco, mas não por falta de vontade. A grande maioria dos frequentadores só leva dinheiro para a entrada. Por isso é que, de vez em quando, pegam um copo usado e apanham água da torneira.

O que fazem então ali, aglomerados em torno dos balcões? Chego perto e me insinuo no meio da galera de cá para assistir ao que parecia ser o começo de uma briga. Um jovem acabara de tirar o tênis e, na certa, ia jogá-lo do lado de lá. Mas ao mesmo tempo ele ria, enquanto sacudia o tênis. Só então percebi que aquele gesto, aquela troca de insultos de parte à parte, um aparente começo de tumulto, faziam parte de uma simulação. Era uma espécie de guerra de consumidores usando como arma aqueles golpes de ostentação de status.

O rapaz tinha sacado o tênis para fazer um disparo de grife.

— Mostra o teu, cara, quero ver a marca — desafiava rindo, vitorioso, diante de um adversário sem jeito, que não revidava porque certamente não dispunha de uma marca conhecida.

Outro, do lado oposto, faz um grande esforço para se sentar no balcão e arriar a calça. Aparentemente, ia mostrar a bunda, não se sabia com que intenção. Mas não era nada disso. Ele abaixava a calça para mostrar a etiqueta pregada por dentro.

Do meu lado, um adolescente de bermuda de veludo cotelê dava pulos seguidos para que a galera do outro lado pudesse ver a braguilha aberta. Gritava um "olha só!" para o adversário, pulava e voltava a pular. O que parecia ser um gesto vulgar, obsceno, era a tentativa meio frustrada de exibir a etiqueta pregada junto ao fecho ecler — e que ele fez questão de me mostrar para que eu, mais perto, fosse testemunha da qualidade do que vestia, uma roupa que me impressionou mais pelo calor que devia causar do que pela marca, que eu nem sequer conhecia.

Aquele italiano estava certo: os meninos estavam brincando. Tudo não passava de uma grande gozação. Manoel conhecia bem esse "ritual de desacato", essa "dramatização". "Nesse momento, para essa rapaziada, tanto quanto ser bom de briga, *ter* significa *poder*." As bermudas, tênis e bonés são "troféus ganhos na luta pela sobrevivência". Em outras palavras, "as grifes são símbolos de inclusão na sociedade de consumo".

Já eram quase três horas quando resolvemos partir em direção à Mangueira. A viagem pelos subúrbios é longa e com alguns sobressaltos.

Quando Manoel ultrapassa um carro e diminui a velocidade para esperar o fusca de Alice, Marlboro, um sábio dos sortilégios suburbanos, o adverte: "Não faz isso porque senão você leva um pipoco". Sem saber, Manoel havia adotado o comportamento típico de um assaltante: emparelhara com o carro da frente e corria o risco de levar um tiro. De madrugada, esse vacilo pode ser fatal.

Enfim chegamos à favela. A diferença entre o baile de "charme" da Mangueira e o baile de "embate" de Mesquita era a mesma que, guardadas as indevidas proporções, existia entre uma festa de formatura e um baile de Carnaval.

10. Vende-se uma casa de má fama

Caio Ferraz não gostou muito quando Rubem César informou que o possível comprador da "casa da chacina" era um pastor evangélico, seu xará, o pastor Caio Fábio. Não disse nada, mas a primeira associação que lhe veio à cabeça foi com charlatanismo, picaretagem, enfim, com a ação do bispo Edir Macedo, condutor de milhares de ovelhas e autor de vários golpes na praça. "Logo um pastor!", pensou.

"Ao mesmo tempo, eu conhecia a tradição do ISER, sabia que o Rubem não ia me botar numa furada", diria ele depois, lembrando que também confiava em Luiz Eduardo Soares, já então seu amigo e pesquisador do instituto. "O representante de todas as religiões", de fato, punha a mão no fogo, como dizia, por Caio Fábio, a quem conhecia desde a juventude.

Esse pastor era parte de um fenômeno que estava ocorrendo nas favelas cariocas. Os morros e a periferia vinham sendo tomados pelos evangélicos, através de um processo vertiginoso que os estavam transformando na única organização capaz de se contrapor com eficácia à ação do crime organizado, se realmente se dispusessem a isso. Mais do que a polícia, do que a Justiça, do que a Igreja católica, do que a família, do que a escola, os "neorreligiosos" eram a contracultura da droga.

O próprio Rubem coordenara recentemente uma pesquisa que resultou no Censo Institucional Evangélico. Alguns números eram espantosos. Havia 4 mil instituições evangélicas no Grande Rio e cinco novas igrejas eram fundadas por semana no estado, uma em cada dia útil, das quais 80% na região metropolitana.

Esse avanço era realizado não tanto pelos "históricos" — presbiterianos, metodistas, batistas, luteranos — mas pelos "neopentecostalistas", cujas igrejas, Assembleia de Deus, Igreja Universal do Reino de Deus, entre outras, apresentavam um crescimento extraordinário.

Milenaristas, messiânicos, seguidores do Apocalipse, esses "bíblias" carregam uma disposição guerreira que os faz enfrentar "os principados e as potestades", como dizia Rubem César, "vestidos com a armadura de Deus, a couraça da justiça, o escudo da fé, o capacete da salvação e a espada do espírito".

Acreditando nos dons do Espírito Santo para a cura dos males do corpo e da alma, e utilizando o culto-espetáculo, em que misturam a música, o show e mensagens mágicas para exorcismos coletivos, os pregadores pentecostais estavam fazendo um estrago em todos os meios, cooptando fiéis no samba, nas lideranças das associações dos moradores e até no tráfico.

Nesse universo evangélico tão amplo — só no Rio, quase 2 milhões de adeptos — cabia muita coisa: do charlatanismo, da trapaça e do curandeirismo de "neoevangélicos", até a ação de pastores "históricos" como o presbiteriano Caio Fábio, movido por preocupação social e vocação missionária.

A sua crença na conversão começou em casa. Seu pai, advogado, agnóstico, um belo dia se converteu, lendo a Bíblia, largou tudo — inclusive o escritório em sociedade com um colega, o ex-ministro da Justiça Bernardo Cabral — e foi evangelizar os ribeirinhos do Amazonas. O filho, que levava uma vida de vícios e dissipação, não entendeu. "Dos doze aos dezoito anos e meio, eu era doidão, doidão, fumando até treze baseados por dia, fora o que cheirava de cocaína", ele se lembra rindo.

Nascido em Manaus, o jovem transviado passava parte do tempo naquela cidade e outra parte em Niterói, quase sempre fugindo da polícia. Em julho de 1973, o processo inconsciente de autodestruição se transformara em vontade consciente de suicídio. "Se estou brincando de morrer, por que não morrer mesmo?" Uma dessas brincadeiras era pegar a motocicleta, entrar em alta velocidade na contramão da avenida principal de Manaus e fechar os olhos durante quinze, vinte segundos.

Uma noite, quando procurava uma arma para se matar, parou por acaso em frente a uma igreja e foi conduzido pela mão por um garoto até o interior, onde um jovem fazia uma pregação sobre Jesus. "Eu tinha fumado muita maconha e *viajei* na mensagem dele", recorda Caio. No dia seguinte, ele resolveu seguir o caminho do pai.

Agora, aos 39 anos, palavras como "ética", "cidadania" e "solidariedade" frequentavam não só o seu discurso como suas ações evangélicas. Ele parece querer evitar que se diga de sua igreja o que se diz em relação ao Império Romano, que não teve o apoio de nenhuma grande força moral porque "era tarde demais para o paganismo e muito cedo para o cristianismo, ainda mal instalado". Os evangélicos estão se instalando antes. Quem sabe não estejam fazendo com antecedência o que a igreja romana fez com atraso, depois do império caído: a conversão dos bárbaros.

O pragmatismo catequético do pastor Caio Fábio às vezes lembra um famoso padre de Marselha, que no meio do século V, quando os bárbaros começaram a se instalar no Império Romano, escandalizou os contemporâneos ao propor: "Já que não se pode expulsar os bárbaros, é preciso tirar partido dessa situação e pregar o Evangelho aos recém-chegados".

Depois de ligar para o celular do pastor Caio Fábio e conseguir que ele alterasse a agenda para marcar um encontro urgente, Caio Ferraz se muniu de argumentos para vender sua ideia. Pensou em lembrar a chacina, contar a história da casa, da família de evangélicos que lá morava e de seu sonho de transformar aquele espaço estigmatizado pela violência irracional num centro de cultura e de paz. "Esse é o desafio de minha vida", pensou em encerrar sua exposição.

O que o jovem não imaginava, porque Rubem César não lhe contou, é que o pastor já conhecia a história. Por isso, as negociações sobre preço, implantação do projeto, programação foram muito rápidas. Até a sugestão que Caio levava de abrir uma poupança para as cinco crianças sobreviventes, com os 1500 dólares da compra, não precisou ser feita. O pastor se adiantou apresentando a mesma ideia.

Quanto ao nome, também não houve problema. Casa da Paz, dado pelo pastor, era perfeito. Mas o religioso submeteu o seu homônimo a uma arguição durante a qual manifestou algumas condições para que o Centro pudesse funcionar. A primeira era que o local não fosse "partidarizado".

"Eu não farei isso nunca", respondeu o líder comunitário de Vigário Geral. "Não sou candidato a nada, posso até vir a ser um dia, mas nunca à custa da Casa."

O pastor não ia permitir também que a Casa fosse usada para atos ecumênicos envolvendo tradições afro como a umbanda e o candomblé. A Vinde (Visão Nacional de Evangelização), que ele dirigia e que comprara a casa, não concordaria com esse uso.

Embora o seu movimento viesse trabalhando com grupos de música e percussão afro — olodum, jongo —, Caio Ferraz imaginou logo uma solução. Esses grupos estariam vinculados à Casa da Paz, mas as manifestações ocorreriam em outro espaço, no Ciep.

Finalmente, a Casa da Paz deveria ter uma estrutura administrativa independente, sem vínculo com a da associação dos moradores. O pastor temia que ocorresse ali o que estava acontecendo em várias associações, como lhe informara o secretário de Polícia Civil, Nilo Batista, seu amigo: o domínio do tráfico de drogas. "Vou te botar em contato com o Madruga, ele vai acompanhar o processo", disse por fim o pastor, referindo-se a um artista plástico evangélico, ligado à Vinde. Logo depois desse encontro, Caio me levou para conhecer a casa. Era um fim de tarde escaldante em Vigário Geral e parecia impossível que treze pessoas, das quais cinco crianças, pudessem dormir ali dentro, ainda mais viver. O calor acumulado durante o dia começava a ser devolvido em forma de ondas que desciam do teto de cimento, mas saíam também das paredes, onde eram raras as janelas. Em um dos quartos não havia nenhuma.

O ar pesado, devido à ausência de ventilação e de luz natural, era agravado pela memória da tragédia ainda viva nas paredes, onde permaneciam os buracos de bala e, no chão, onde ainda se viam as manchas de sangue e restos de colchões. Além do estigma da chacina, acrescentava-se à história da casa a má fama de ter sido um dia a moradia de Chiquinho Rambo, um antigo chefe do tráfico de drogas.

Aqui nesse quarto, apontava Caio, morreram d. Jane e seu Gilberto, donos da casa, sua filha mais velha, Lúcia, e a nora Rúbia; d. Jane segurava a Bíblia quando foi atingida. Na copa morreram Luciano e Lucineia. Luciene, no sofá, e Lucinete, no chão, dormiam nesse quarto quando foram fuziladas. Luciene ia completar dezesseis anos no dia seguinte. As crianças conseguiram fugir pulando um muro de dois metros nos fundos. Depois de discutirem muito, os matadores resolveram não matá-las. Núbia, a mais velha, de dez anos, saiu levando no colo Jaine, de um mês e quinze dias, acompanhada de Vítor, de cinco anos, Ana, de quatro, e Dérico, de seis.

Com cinco cômodos dispostos sem lógica aparente, a casa dificultava a reconstituição de suas funções originais. Entrava-se pela cozinha e só depois se chegava ao que deveria ser um misto de copa e sala de "visita", uma separada da outra por uma porta oval, sem esquadria. À noite, todos esses cômodos eram transformados em dormitórios.

Um muro alto na frente garantia a privacidade dos moradores — mas foi justamente saltando por sobre ele que os matadores entraram, depois de matarem sete pessoas na birosca em frente.

Caio começou logo a imaginar o que faria aqui e ali. Derrubaria essas paredes, destinaria aquele espaço para a biblioteca, abriria uma porta nesse lado e uma janela do outro, localizaria o ateliê de pintura em cima, na laje, depois de coberta. Ele estava muito excitado, e só com muito jeito consegui convencê-lo de que era melhor chamar um arquiteto.

Acho que foi a última vez que Caio aceitou alguma intromissão na "sua" Casa da Paz. Meses depois, quando o espaço estava prestes a ser ocupado, o pastor Caio Fábio, discutindo com Rubem César a situação da Casa — como mantê-la funcionando, de que maneira ajudar a administrá-la —, chegava a uma bem-humorada conclusão:

— O Caio é inadministrável, ele tem que dirigir a Casa sozinho — disse para Rubem César. A rebeldia de seu jovem xará em acatar ordens e aceitar interferências era incontornável.

Nessa tarde, porém, Caio aceitou a sugestão de arranjar um arquiteto. Não foi difícil. Ele se chamava Manoel Ribeiro e gostava de iniciar pessoas em bailes funks. É bem verdade que não dispunha de muito tempo. Militava na campanha contra a fome, estava às voltas com a organização de um seminário, ia às sextas-feiras à noite para os subúrbios e de dia trabalhava na superintendência da Caixa Econômica.

Durante um fim de semana de dezembro, Manoel Ribeiro teve tempo de acrescentar mais um título à sua carreira: transformou-se no arquiteto oficial da Casa da Paz. Além de desenhar o projeto, arranjou quem o executasse: a Caixa Econômica.

11. Um estranho na boca

Dois dias depois do baile de Mesquita, Flávio Negão deu um churrasco de aniversário para comemorar seus 24 anos. No batizado, ele me convidara para a festa, a que só iriam, como disse, "os amigos mais chegados". Pelo jeito, o único estranho seria eu.

Havia várias razões para eu não comparecer, inclusive o calor especialmente tórrido desse domingo, mas dois telefonemas de Caio Ferraz insistiam na minha presença.

Às cinco horas da tarde eu estava chegando à rua principal da favela. Uma leve apreensão me acompanhava, misturada a um sentimento de independência. Era a primeira vez que entrava desacompanhado naquele território. Desci a passarela, passei pelo Larguinho e atravessei a rua principal como se fosse um bambambã. No final, quando a rua se bifurca, indo para a direita e para a esquerda, um jovem com fuzil a tiracolo me aborda gentilmente.

— O senhor está procurando o Caio? Ele está ali em cima.

Era no prédio do churrasco passado, como a música altíssima bem indicava. Só não lembrava que o Mercadinho ficava assim, praticamente em frente à rua principal. Embora tivesse dispensado delicadamente a sua ajuda, por desnecessária, o *soldado* fez questão de me levar até a porta. Subi e encontrei Caio no meio de uma algazarra — gente conversando, bebendo e dançando. Logo depois avistei Zé, com sua inseparável bolsa hippie.

Por pouco não fui recebido com palmas. "Olha o coroa aí", dizia um. "Não disse que ele vinha?", saudava outro. Os abraços e as boas-vindas se sucediam. Alguns, como Djalma, o irmão de Flávio Negão, me deram o aperto de mão tríplice: um primeiro aperto rápido; em seguida o girar das mãos em torno de um eixo feito pelos polegares; e finalmente o aperto decisivo — uma espécie de iniciação gestual. Djalma é quem estava mais feliz.

— O coroa é sangue — disse para um amigo.

Rindo, Caio me chamou num canto: "O *Homem* estava ansioso. Pediu pra eu ligar duas vezes pra sua casa: 'se ele não vier, eu vou ficar muito bolado'". Não sabia ainda o que significava a gíria "bolado", mas, fosse o que fosse, parecia querer dizer que o *Homem* iria considerar minha ausência como uma desfeita.

Outra informação também me deixou, digamos, "bolado" — a de que, segundo Djalma, "pouquíssimas pessoas" sabiam da reunião, ou seja, se a polícia resolvesse por acaso ou por denúncia dar uma batida ali, o elenco de suspeitos poderia me incluir como informante, isto é, como *X-9*, aquela categoria que na deontologia marginal, por ser a mais desprezível, recebe julgamentos sumários.

Negão havia dado uma de suas misteriosas escapadas e só alguns minutos após minha chegada apareceu. Estava de visual novo. Cortara o cabelo bem rente. No lugar das costeletas, dois traços retos feitos à navalha. O cavanhaque ralo fora raspado, ficando apenas o quase imperceptível bigode.

— Você tá que nem um mauricinho — provocou Caio.

Ele fingiu se zangar:

— Tá querendo me ofender, cara!

Estava com uma camiseta de gola redonda azul, a mesma sandália havaiana e os mesmos cordões de ouro: um com um crucifixo e outro com uma figa de marfim. O tamanho dos objetos era desproporcional ao pescoço fino que os carregava. Mandou que me servissem e pediu licença para se retirar. Não apareceu mais.

A tarde foi meio frustrante. Embora estivesse mais animada do que da vez anterior, com alguns casais dançando, não pude identificar os anunciados "amigos", traficantes de outras favelas. Se estavam presentes, não me foram apresentados.

Como a amurada em que me encostara estava balançando e alguém me advertiu que podia cair, peguei uma cadeira e fui me sentar num canto. Entre as moças e rapazes que vinham me cumprimentar — alguns do churrasco anterior, outros da festa de batizado — apareceu Luíza, que também fazia anos, 34. Ela e um rapaz cujo apelido era Soldado.

Atrás de mim havia mais duas cadeiras ocupadas. Em uma estava uma senhora a quem já fora apresentado, mas não me lembrava quem era, a não ser pela filha, uma menina muito bonita, de onze anos, cujo sonho é ser modelo. É magra, alta e seu cabelo cacheado, comprido, tem cor de mel.

Sentado como estava não via o rosto da segunda mulher na cadeira de trás, embora vez ou outra lhe oferecesse cigarros que, relutante, ela aceitava, mas sempre pedindo desculpas por não ter tido tempo de comprar. Em meio a um desses oferecimentos, me perguntou: "O senhor gostou do churrasco lá em casa?".

Virei-me e fiquei surpreso por não me lembrar de tê-la visto. Como explicou, ficara o tempo todo no quarto conversando com uma amiga. É uma moça de pele clara, graciosa, mas ainda com um resto de gordura que a gravidez recente, como fiquei sabendo, lhe depositou na cintura. Chama-se Andrea, tem 22 anos e é a mãe de João Vitor, o garoto de três meses que Flávio Negão batizara no domingo anterior.

O seu primeiro marido, Kléber, foi um dos maiores amigos de Caio, com quem ela passa a rememorar os tempos de infância. Foram criados praticamente juntos, os três. O pai de João Vítor, porém, não é Kléber, mas Marcelo.

Pergunto por onde ele anda, o pai, e Andrea responde que morreu quando ela estava grávida de sete meses. A polícia veio matá-lo num acerto de contas dentro da favela. Ele era acusado de fazer parte do grupo que assassinou quatro PMs com quarenta tiros durante um pega de carros no Jardim América, ali perto.

— O Marcelo era inocente — garante Andrea. — Na hora que mataram os policiais, ele estava comigo.

E Kléber? Kléber havia morrido antes. Foi depois que ele morreu que ela se casou com Marcelo.

— Quer dizer que, com 22 anos, você é viúva duas vezes? — me espanto.

Como se não bastasse, ela acrescenta a essas duas perdas mais uma: a de André, o irmão mais novo, cuja história Cristina, a jovem tia de Andrea, havia me contado no batizado — a do menino de dezesseis anos morto quando roubava um carro.

Pergunto se não é uma pessoa traumatizada por tantas mortes e ela parece não entender bem o sentido da pergunta ou da palavra. Responde com um sorriso meigo e uma cara de surpresa.

A conversa com Andrea é interrompida por Caio, que me apresenta um garoto mulato de dentes perfeitos e a cabeça coberta por trancinhas que caem sobre a testa em forma de franja. Parece uma cortina encaracolada.

É chamado de Boi — porque desde criança se alimenta como se tivesse que fazer jus diário ao apelido — e trabalha como engraxate na Cinelândia. Seria mais fácil imaginá-lo numa fila de candidatos a figurantes da TV Globo do que como arruaceiro. Mas foi esse garoto de dezessete anos e riso escancarado que liderou a galera de Vigário Geral na famosa briga de gangues nas praias de Ipanema.

Agora, em vez de cantar o grito de guerra "É o bonde do mal de Vigário Geral" — que tanto impressionou Manoel Ribeiro atrás de um coqueiro no Arpoador —, ele prefere apresentar o seu "Rap da paz". São quase dez minutos de versos de pés-quebrados e gramática capenga. Fala da chacina, pede ao governador para não mandar polícia para a favela e, como todo mundo, chora Luciene, a adolescente assassinada. Caio gosta muito da poesia.

Boi não perde um baile funk e acaba revelando que na sexta-feira anterior nos vira em Mesquita no meio da galera de seis "estrangeiros" que acompanhavam Marlboro e Manoel Ribeiro.

Caio muda de assunto e pergunta quais foram para ele as consequências dos tumultos de outubro no Arpoador:

— Fala a verdade: o *Homem* deu a maior bronca em vocês, não deu?

Ele ri, concorda com a cabeça e fica repetindo o gesto de bater a palma de uma das mãos na face interna da outra fechada. "Foi foda", diz mais para ele do que para nós.

— Mas o que ele disse? — pergunto.

— Ele disse que se a gente fizesse de novo, oh, aqui! — e ficou repetindo o gesto.

Pouco antes, Maria do Socorro, mulher de Djalma e cunhada de Negão, me contara a tal reunião. Segundo essa versão, seu cunhado ficara muito irritado porque os incidentes "queimaram a imagem de Vigário".

— Ele chamou os moleques e disse: "Eu tou nessa vida, mas tou errado. Não quero isso pra ninguém. Agora, se vocês querem ser bandidos têm que pegar no ferro. Vão assaltar banco. Roubar relógio, não! Isso aqui é coisa séria".

No mesmo dia, outras reuniões semelhantes foram realizadas, mas com punições em lugar de advertências. Em Parada de

Lucas, Robertinho colocara os garotos em fila e chegara a quebrar a mão de alguns com palmatórias. Em Acari, Parazão fizera o mesmo com seus jovens vassalos.

No fim de semana seguinte, reinava a paz nas praias cariocas. A Polícia Militar atribuiu a mudança ao reforço de policiamento.

12. Onde estão as vozes do Rio?

Durante a primeira quinzena de dezembro de 1993 — ou durante dezessete palestras e oito sessões de debates — o Hotel Everest, em Ipanema, sediou um encontro raro. Um grupo de cidadãos acima de qualquer suspeita ideológica ou político-partidária reuniu-se ali para discutir a violência no Rio de Janeiro. É possível que o tema jamais tivesse sido debatido por tanta gente ao mesmo tempo — não apenas como caso de polícia, mas como uma questão envolvendo dimensões sociais, econômicas, antropológicas e psicológicas.

A Comissão dos Cidadãos queria conhecer a fundo o objeto de suas aflições e das aflições da cidade. Nesse começo dos anos 1990, a violência tinha propagado sua nocividade pelo organismo social como se fosse um contágio biológico, contaminando atitudes e mentalidades. Não se sabia mais o que era causa, efeito ou sintoma.

E 1993 parecia condensar, como um ano-marco, todas as formas agressivas de conduta: a violência pública, a doméstica e a do Estado. Assaltos, chacinas, sequestros, arrastões, saques, linchamentos, estupros eram manifestações espetaculares dessa nova cultura, a Cultura da Violência, que já havia criado o que o antropólogo Luiz Eduardo Soares chamou de Cultura do Medo, um subproduto também perigoso.

Não o medo natural, indispensável como legítima defesa da vida e do patrimônio, mas o "medo reativo", histérico, o medo transformado em paranoia e pânico, habitante de bunkers, condomínios fechados, cidadelas medievais.

Ao mesmo tempo dramático e rotineiro, o fenômeno apresentava também uma outra face, menos visível: a da violência não contabilizada nas estatísticas e não registrada nas delegacias — registrada apenas na alma coletiva da cidade.

Como os organizadores não queriam um seminário acadêmico, a solução foi misturar o perfil dos participantes, inclusive dos convidados, para que o resultado fosse uma representação fiel, variada e plural da sociedade carioca.

Por ali passaram, a partir do dia 6 de dezembro, não só estudiosos do tema como os responsáveis pela segurança do estado nos dois últimos governos — o de Moreira Franco e o de Leonel Brizola. Representantes de entidades que lutam contra a violência também foram convidados a expor experiências.

Chegou-se a pensar em trazer para aquele plenário um dos atores principais dessa tragédia urbana: o bandido. O depoimento de um criminoso, assassino ou traficante, ou as duas coisas, poderia ser revelador. Afinal, conhece-se muito pouco sobre esse inimigo da sociedade. O pouco que se sabe costuma vir através da visão suspeita e interessada da polícia. A ideia, no entanto, foi abandonada por inconveniente do ponto de vista político e moral.

Pouco tempo depois, o Viva Rio iria rejeitar uma outra sugestão, ou melhor, uma proposta, não só inconveniente como indecorosa. O Comando Vermelho mandava dizer que estava disposto a paralisar suas atividades criminosas durante os dois minutos de silêncio, aderindo assim ao movimento. A coordenação fingiu não ter recebido o recado. O crime organizado, que se transformara em poder militar e político nas favelas, queria agora ser parceiro de um movimento de cidadania que surgia justamente para trabalhar contra as condições que permitiram o aparecimento de organizações como aquela.

A Comissão dos Cidadãos, que funcionou como plenário dos debates, estava composta de sociólogos, antropólogos, jornalistas, empresários, líderes sindicais e de favela, artistas, esportistas. A coordenação era de Rubem César.

Entre os anos 1980 e esse começo dos 90, ganhara contorno e perfil de "escola" um grupo de cientistas sociais cuja preocupação maior era o Rio. Abandonando uma tradição de políticos e intelectuais de se preocupar mais com o país do que com o município, essa *geração* deslocava o foco de suas reflexões para o "Rio de todas as crises", como foi intitulado um seminário-marco do Iuperj.

Dois representantes dessa "escola", Jane Souto de Oliveira e Yedda Botelho Salles, já haviam apontado em seu trabalho a "falta de lobby" e a tendência dos parlamentares cariocas de preferirem ser porta-vozes da Federação em vez de o serem da cidade. "Onde estão as vozes do Rio?", perguntavam elas.

Com humor, forneciam um divertido exemplo para ilustrar essa mania de grandeza carioca. Em outros lugares, os jornais se chamavam *O Estado de S. Paulo*, *Folha de S.Paulo*, *Diário de Pernambuco*, *Estado de Minas*. "No Rio, se chamam *O Globo* e *Jornal do Brasil*", contestavam Jane e Yedda.

Apesar da diversidade de pontos de vista, havia nesse grupo de cientistas sociais, que forneceu ao seminário do Everest vários de seus integrantes, pelo menos um consenso — o de que a solução dos problemas do Rio passava pela aproximação, não pelo afastamento, das "duas cidades".

Mas, para isso, era preciso descobrir e entender as cidades contidas na "outra cidade", principalmente os dramas e tragédias: a exclusão, a violência cotidiana, as drogas, o tráfico, a miséria. A cidade só poderia ser uma quando conhecesse o "outro lado" — aquele que antes era percebido pelo Carnaval e o samba e que agora o era pela violência. Temia-se que o morro deixasse de descer para divertir e prestar serviço e passasse a descer armado.

Estava se generalizando o preconceito de que o "lado de lá" só fabricava violência. A sociologia e a antropologia se uniram para derrubar essa impressão. Luiz Werneck Vianna e Gilberto Velho foram os primeiros no seminário a chamar a atenção para o risco de se associar, precipitadamente, violência e classes populares. "Não se deve ver o *popular* apenas como tema de crise", advertiu Werneck, reivindicando que se contemplasse também "o que na vida popular aparece como solução e não como problema".

Não havia dúvida, porém, de que era um universo em crise. "As micronações estão vivendo momentos de tensão", disse Carlos Lessa, um economista que há tempos vinha produzindo diagnósticos sobre a Cultura da Pobreza. Antes, essas populações pobres combinavam estratégias formais e informais: os vizinhos tinham o hábito de se ajudar reciprocamente, de cuidar dos filhos uns dos outros; as trocas e ajudas mútuas supriam a insuficiência de serviços públicos.

"Agora, quando a crise nos assalta em contexto moderno", advertia Lessa, "os mecanismos compensatórios e funcionais não podem ser acionados. E o mercado não resolve o problema. Ao contrário, o salto à frente da economia, se vier, será desincorporador."

A descrição mais dramática da "outra cidade" foi feita pelo favelado Itamar Silva, 38 anos, intelectual negro e agente comunitário da favela Santa Marta, onde nasceu e foi criado. A pesquisa que coordenou durante dois anos nas favelas detectou o momento em que "os tempos mudaram": os anos de 1987/88. Foi quando começaram as guerras de quadrilhas e o morro conheceu o advento de um novo personagem: o traficante de drogas em nova escala, bem armado e indiferente a valores, obrigações, vínculos e compromissos tradicionais.

Como consequência, as lideranças antigas passaram a se sentir ameaçadas e as associações de moradores foram acuadas até perderem a legitimidade. A situação, segundo Itamar, não oferece muita saída. "De um lado, o medo constante e mudo. O medo solitário e resignado. De outro lado, a eloquência sedutora do poder bandido, fácil e efêmero, prometendo a glória a quem não espera nada da cidade."

O líder comunitário explicou que o problema não se resume à dimensão econômica: há em jogo elementos culturais e simbólicos extremamente importantes. "Precisamos oferecer alternativas atraentes aos jovens favelados."

Uma das principais constatações dos debates foi a de que a violência não podia ser combatida apenas com repressão. Na reunião inaugural, o cientista social Wanderley Guilherme dos Santos chegou a dizer que a questão da violência era "muito complexa para ficar entregue apenas aos órgãos policiais". "Ela não se resolve só com coação", advertiu.

Luiz Eduardo trouxe mais um argumento. "Não há canhão ou bazuca capazes de vencer o mercado", disse, pensando no tráfico de drogas, "o nervo mais fundo e sensível da problemática da violência e da criminalidade no Rio."

De fato, ninguém teve dúvidas de que a mais sistemática e corrosiva forma de violência era a promovida pelos traficantes, cuja ação, estendendo-se dos morros e periferia até o asfalto, escolhia como vítimas preferenciais os jovens pobres e, como fonte, a guerra permanente pelo controle do mercado clandestino. "Toda a cidade paga o preço e é responsável, até porque consome o produto que anima todo o conflito", disse Luiz Eduardo.

Com sua equipe, o antropólogo realizava pesquisas e estudos originais no sentido de desfazer estereótipos no campo da violência, onde a irracionalidade, a desinformação e a emoção predominavam. Ele chamava a atenção para um "ceticismo difuso e desmobilizante" espalhando a desconfiança em relação à polícia e à Justiça. "A dinâmica perversa é uma só: a profecia negativa contribui para sua própria realização. O medo reativo concorre para a realização do desfecho temido: a violência", afirmava.

Além de buscar o que era específico da cidade — "culpemos o Rio pelos seus problemas, não por ser uma grande metrópole" —, ele procurava "converter o medo e o ódio revanchista em preocupação cívica".

O relatório final das sessões, preparado por Luiz Eduardo, reconhecia que era urgente "libertar as favelas e periferias", mas isso não podia ser feito com a "invasão socialmente irresponsável". Nesses casos, a ação policial só contribuía para empurrar a população para a área de influência da liderança marginal. A presença do poder público nas zonas pobres da cidade não podia se fazer sentir apenas pelo seu braço armado. "Não há cidadania possível sob fogo cruzado", dizia o documento.

Enquanto a Comissão dos Cidadãos debatia a violência, o Comitê Executivo do Viva Rio preparava o seu primeiro evento, marcado para novembro e adiado, por falta de tempo, para dezembro. No dia 17 haveria os dois minutos de paralisação da cidade e no dia seguinte uma cerimônia religiosa e um show no aterro do Flamengo.

Os organizadores queriam que a paralisação fosse um espetáculo como jamais o Rio tivesse visto. Além de inédito, porém, o ato era perigosamente ousado. Exigia uma organização impecável, difícil de ser conseguida por um movimento que não tinha líder, não tinha sede, não tinha dinheiro. Na falta de tudo isso, o remédio era conquistar apoio e recursos.

Os mais ativos na busca de recursos foram Clarice, Kiko, Walter e João Roberto, mas todo o grupo correu atrás de apoio. O metalúrgico Carlos Manoel, por exemplo, foi quem se dirigiu à Federação das Indústrias para pedir a adesão de seus poderosos sócios e do seu presidente Artur Donato.

"Ora Kiko, ora eu, ora os dois juntos fizemos um número incontável de contatos", lembra Clarice. Um dos primeiros a ser procurado foi Humberto Motta, presidente da Associação Comercial, que abriu uma conta para as doações e colocou uma pessoa para cuidar do fluxo de caixa e da programação dos gastos.

Clarice e Kiko passaram dias se reunindo com representantes do setor turístico, de supermercados, agências de viagem, hotéis, cooperativas de táxis, restaurantes.

Walter de Mattos e João Roberto Marinho agiam mais por telefone; Clarice e Kiko iam aos locais como caixeiros ambulantes da ideia. Davam palestras em clubes e entidades: Country Club, Câmara de Comércio Brasil-Inglaterra, Coppe, centros culturais, federações.

"Usamos todas as nossas possibilidades pessoais e institucionais", disse Clarice ao recordar aqueles momentos. Aos 39 anos, economista especializada em câmbio, ela era muito assediada pela imprensa para entrevistas e artigos. Nunca se soube como arranjava tempo para conciliar atividades cuja enumeração exigia pausas de descanso. Casada há dezenove anos e mãe de três filhos, Clarice participava como diretora ou conselheira de umas oito entidades ou instituições e, com esses títulos, visitou a Bolsa do Rio, a Bolsa de Futuros e todas aquelas siglas que os empresários são capazes de inventar: Abemec, Ibemec, Cebrae, Flupeme, Firjan.

A mais concorrida palestra dessa época foi feita por ela no Hotel Nacional. "Cheguei a chorar de emoção", recordou mais tarde. Na plateia, cerca de quatrocentos empresários evangélicos. Eles haviam sido reunidos pelo pastor Caio Fábio.

Desse pastor muito ainda se ouvirá falar. Em quatro meses, ele e Clarice aparecerão novamente juntos. Ela estará casada de novo e seu marido será, por acaso, um dos empresários a tornar possível o mais ambicioso projeto de Caio Fábio e do Viva Rio: a Fábrica de Esperança.

Mas Clarice, a exemplo de seus companheiros do Comitê Executivo, agora só pensa na paralisação da cidade.

13. Com a alma lavada

Na sexta-feira em que o Rio devia parar, o dia amanheceu escuro, pronto para despejar sobre a cidade a carga de pelo menos algumas das muitas nuvens que mal aguentavam o seu peso. Mesmo que cumprida só em parte, a ameaça já seria suficiente para estragar qualquer festa, quanto mais uma que tinha a pretensão de ser de toda a população.

A esperança era que, se fosse inevitável o desastre, que ocorresse logo, para acabar antes do meio-dia. Por superstição talvez, ninguém quis pensar com antecedência na hipótese do temporal, mesmo porque nada poderia ser feito para evitá-lo. Agora, a ameaça estava ali, iminente.

Durante as últimas semanas, os coordenadores do Viva Rio haviam dispensado muito pouco tempo a qualquer outra coisa que não fosse "a paralisação". Há quinze dias as rádios, TVs e jornais vinham anunciando o inédito evento. Pela primeira vez a cidade ia parar não pela desorganização, como estava acostumada a fazer quase todos os dias, mas em consequência do "primeiro engarrafamento programado de sua história", como disse o *Jornal do Brasil*.

A inexperiência nesse tipo de organização se manifestava a cada reunião preparatória. Entre uma ideia e sua viabilidade, havia sempre uma surpresa, às vezes agradável, mas nem sempre. Nada aparentemente mais simples, por exemplo, do que fazer os sinos de uma cidade badalarem ao mesmo tempo, numa mesma hora. Simples — se muitos sinos não fossem programados por computador e a mudança de programa não significasse uma complicação maior do que puxar cordas e acionar badalos.

Como se sabe (na verdade, não se sabia), tocar sino não é coisa que se faça ao meio-dia, mas na hora do *Ângelus*. O que se pretendia era uma interferência no rito da Igreja católica, e isso só poderia ser feito com a permissão especial do cardeal arcebispo.

Kiko já procurara d. Eugênio Sales para obter sua adesão a uma manifestação conjunta com outras religiões no dia seguinte à paralisação. A "tarefa dos sinos" deveria ser entregue a outra pessoa com mais acesso ao cardeal.

Rubem César telefonou então para Maria Christina Sá, uma dama da sociedade carioca que há trinta anos luta para unir as "duas cidades" através de uma intensa militância de fraternidade. Rica e bonita, mãe e avó realizada, Christina aliou-se em 1976 aos moradores do morro do Vidigal e comandou uma resistência histórica à tentativa de remoção da favela para a construção no lugar de um complexo residencial de luxo. Com a vitória, virou nome de rua no Vidigal. Coordenadora da Pastoral do Menor da Arquidiocese do Rio de Janeiro e principal assessora de d. Eugênio, Christina não teve dificuldade em resolver o problema. Graças a ela, os sinos dobraram ao meio-dia.

As últimas reuniões do Viva Rio assemelhavam-se ao que devem ser as reuniões de um estado-maior na véspera da tomada de uma cidade, com uma diferença: nesse QG amador não havia comando único, ninguém entendia de logística, nem de estratégia, e a operação era debatida com a disciplina de uma assembleia estudantil.

As respostas para as questões que se colocavam eram desconhecidas da maioria dos organizadores: o que fazer para fechar os túneis? Como conseguir interromper o trânsito sem tumulto? Como parar os 71 trens da Central do Brasil? E os do metrô? E os táxis, ônibus e o bondinho do Pão de Açúcar? Havia complexos mecanismos a acionar, como Forças Armadas, Polícia Militar, Corpo de Bombeiros, Departamento de Trânsito, secretarias municipais e estaduais, sindicatos.

Faziam parte daquele grupo muitas pessoas que tinham como única experiência no gênero parar apenas o próprio carro. Alguns nunca haviam participado nem de greve. Havia, porém, as exceções competentes. Célia Meneses, Péricles de Barros e Marcos Libretti, "os produtores" de *O Dia*, *O Globo* e *Jornal do Brasil*, tinham um know-how de gerência e administração que foi muito útil naqueles momentos. Ricardo Amaral, com a prática de aglomerar pessoas em bailes, festas e feijoadas, no Rio e em Nova York, serviu muitas doses de bom senso aos eventuais delírios. Humberto Motta não só deu a sugestão de abraçar a Candelária como contatou empresários e mobilizou toda a Associação Comercial.

Mas foram Carlos Manoel e Jairo Coutinho, líderes influentes e experimentados em arregimentação e organização de massa, os elementos decisivos na preparação das manifestações do dia 17 de dezembro de 1993.

Se a participação popular não se restringiu à classe média e Zona Sul, mas se estendeu aos operários e à Zona Norte, o mérito foi desses dois militantes da CUT — Carlos Manoel, presidente do Sindicato dos Metalúrgicos, e Jairo, diretor-executivo do Sindicato dos Médicos. Eles tiveram que convencer, em assembleias, grupos que não viam com bons olhos aquela mistura ideológica de operários e empresários.

As adesões chegavam a toda hora com a espontaneidade que caracteriza o carioca quando se sente motivado, ou seja, quando se trata de celebração, de pôr em prática uma liturgia — religiosa ou pagã, de preferência sincrética.

Um dia eram os meninos do Rio Bikers, o movimento de ciclistas, que prometiam uma passeata pela orla com todos vestidos de branco; no outro, era a mulher que interrompeu uma reunião de portas abertas, como todas eram, e se apresentou: "Sou uma carioca, quero ajudar". Uma hora eram os metalúrgicos, outra eram os maçons, em seguida os operadores da Bolsa de Valores, que iriam oferecer uma das fotos mais expressivas do evento, quando todos, de mãos dadas e com os microfones no peito, pararam em silêncio, eles, que têm como instrumento de trabalho os gritos dos pregões.

A velocidade com que as propostas, sugestões e engajamentos subiam os nove andares do Centro Empresarial assustava a coordenação do Viva Rio, aumentando às vezes a confusão, já que é sempre mais fácil gerar ideias do que providências para implantá-las.

O que mais impressionou naqueles dias foi a constatação da capacidade que o carioca tem, em certas horas, de organizar seu prazer e ordenar sua alegria. Não espanta que essa cidade indisciplinada e violenta talvez seja a única no mundo a colocar 3 milhões de pessoas na rua sem maiores incidentes. Um turista que só passasse o Réveillon no Rio sairia com a certeza de que ela é incomparavelmente ordeira.

O segredo era como manter a misteriosa fronteira que impede que da ordem se passe à desordem. No caso, o problema era como impedir que um silêncio de dois minutos descambasse para uma algazarra de buzinas, reclamações e protestos, numa cidade em que os motoristas não têm paciência de esperar, sem buzinar, a abertura do sinal de trânsito.

Rubem César não abria mão, não queria barulho. "Sem buzinas, sem panelaços e sem palavras de ordem", exigia, quando todos já se davam por satisfeitos com uma simples paralisação, mesmo que com algum ruído. "A meta, quase impossível, absurda em sua ousadia, é o silêncio", ele queria.

O primeiro sinal de que atrás daquela aparente bagunça havia, se não ordem, pelo menos eficiência, surgiu quando na véspera a operação pôde ser anunciada à imprensa em todos os seus detalhes. No Caju, setecentos funcionários do estaleiro *Ishikawajima* paralisariam suas atividades e soltariam 3 mil balões de gás branco. A zona portuária seria controlada pelos metalúrgicos e estivadores. No Hospital da Lagoa, médicos e funcionários que não estivessem na emergência ocupariam a rua Jardim Botânico.

O planejamento, que mapeou toda a cidade, previa uns dez pontos de concentração. Com exceção da chuva, tudo ocorreu como o previsto, ou quase. O temporal desabou sobre o Rio com a disposição de quem tivesse também a tarefa não encomendada de ajudar na paralisação da cidade. Era a "ajuda" que os responsáveis não queriam. No fim das contas, ele atrapalhou, mas não estragou a festa. "Nem a chuva esfriou o ânimo dos cariocas", disse *O Globo*.

Até o silêncio foi respeitado. "O Rio conheceu finalmente o poder da eloquência do seu silêncio", solenizou o *Jornal do Brasil*. *O Globo* exagerou um pouquinho: "Os únicos ruídos que se ouviam na Candelária eram o da chuva, que caiu durante toda a manhã e início da tarde, e o dos rádios dos carros, que transmitiam 'Cidade maravilhosa' em solo de sax".

Tecnicamente, pode-se dizer que "a cidade" não parou, e sim que interrompeu suas atividades em alguns pontos. Mas isso não faz a menor diferença. Para uma cidade de sensações como o Rio, o que importava era a percepção de que no dia 17 de dezembro de 1993, das 12h às 12h02, o Rio de Janeiro ficou quedo e mudo.

A cobertura da imprensa no dia seguinte reforçou a percepção. Espalhados pela cidade, os repórteres contavam. No centro da cidade, o chamado centro nervoso, reinou a paz. Os PMs apitaram interrompendo o trânsito e os motoristas desligaram os carros. Os trens da Central do Brasil e do metrô não circularam. Agências bancárias baixaram suas portas e, do alto dos prédios, uma chuva de papéis picados caiu junto com a chuva de verdade. Na Urca, pétalas de rosas foram jogadas dos bondinhos do Pão de Açúcar.

Nos shoppings, vendedores e funcionários saíram das lojas de mãos dadas com os clientes. No Copacabana Palace, camareiras, garçons e cozinheiras a caráter desceram para a varanda principal com guarda-chuvas brancos e rosas brancas nas lapelas. Na Tijuca, cem maçons saíram às ruas vestindo os trajes usados nas cerimônias, pela primeira vez na história da ordem.

Na Cinelândia, o governador Leonel Brizola cruzou os braços e deu as mãos a populares em torno do busto de Getúlio Vargas. Também estavam lá o seu vice Nilo Batista e o secretário da PM, coronel Nazareth Cerqueira.

A coordenação do Viva Rio preferiu se concentrar na Candelária, em frente à igreja, que foi abraçada pelos manifestantes: empresários, sindicalistas, meninos de rua, sambistas, intelectuais. Lá estavam, molhados e vestidos de branco, Clarice Pechmann, Kiko, Walter de Mattos, Rubem César, Manoel Ribeiro, Jairo Coutinho, Péricles de Barros, Humberto Motta e, claro, Betinho. Emocionado, protegido por uma sombrinha cheia de estrelinhas, cercado de crianças de rua, ele exaltava até a chuva: “Para uma campanha que pretende lavar a alma do Rio, o começo não poderia ter sido melhor”.

Nem tudo deu certo, porém. O mais grave ocorreu com Vigário Geral, que não parou. Por um erro inexplicável, a favela que dera origem ao Viva Rio não participou das manifestações. Caio Ferraz foi para a Candelária e esqueceu de mobilizar o bairro. Os pedreiros da Casa da Paz continuaram trabalhando sem saber o que estava acontecendo na cidade. O *Jornal do Brasil* não perdoou: "Vigário Geral é esquecida", denunciou num título.

Esquecida no dia 17, a favela seria lembrada no Natal.

14. O funk no templo da alta cultura

Quase dois meses depois dos conflitos entre funkeiros na Zona Sul, a que ele assistira escondido atrás de um coqueiro, no Arpoador, o arquiteto Manoel Ribeiro realizou o seu workshop no Fórum de Ciência e Cultura da Universidade Federal do Rio de Janeiro. Com o nome de "Galeras: uma Manifestação Cultural? Uma Ameaça? Um Problema da Cidade?", o evento acabou sendo adotado pelo Viva Rio e incluído em sua agenda de debates.

Só faltou Mike Davis, o sociólogo-caminhoneiro de Los Angeles, que não pôde vir porque ia ser pai por aqueles dias. Mas lá estavam o reitor Nélson Maculan, subprefeitos como Solange Amaral e Augusto Ivan, sociólogos, antropólogos, psicólogos, representantes de associação de moradores e o prefeito César Maia, que abriu os trabalhos revelando um real conhecimento do tema do qual era um declarado fã.

Em torno de três mesas armadas em forma de U invertido ficavam os participantes, uns trinta, com direito a apartes e intervenções. Na cabeceira, os expositores, entre os quais o DJ Marlboro, o dono da equipe de som Furacão 2000, Rômulo Costa, e dois jovens funkeiros: Jair, líder da galera de Vila Kennedy, e Gilvan, de Bangu. Eles estavam ali para dar conta de um fenômeno que nos fins de semana levava a trezentos bailes mais de 1 milhão de jovens.

O problema da violência esteve na fala de quase todos os participantes. A primeira parte dos debates não rendeu muito porque, de um lado, os funkeiros não escondiam o compreensível cuidado de demonstrar que não existiam problemas no movimento, a não ser a discriminação por parte da sociedade e da imprensa.

Eles haviam assistido antes ao vídeo de abertura, feito com cenas de arrastões e conflitos de praia e descritos com textos que os apresentavam como perigosos arruaceiros. Era natural que não quisessem identificar o movimento com nada do que havia sido mostrado ali.

Mas, do outro lado, os participantes queriam justamente entender os problemas que comprometiam a imagem do funk, sobretudo a violência, que ocorria com tanta frequência antes, durante e depois dos bailes.

A vereadora Rosa Fernandes, por exemplo, explicou que simpatizava com o movimento, mas não podia admitir os excessos praticados pelos frequentadores do Boêmios de Irajá. Toda a comunidade estava revoltada com a violência que ocorria dentro e fora dos salões.

Também a Associação de Moradores do Leme tinha como reclamação a violência e o excessivo barulho de bailes que, realizados nos domingos, até uma da madrugada, não deixavam os moradores dormir — não só os do morro, mas também os do asfalto.

Os dois funkeiros tentavam minimizar as ocorrências violentas, atribuindo-as a grupos minoritários, que seriam logo isolados pelos líderes de galeras e pelos organizadores dos bailes. Apesar do compreensível cuidado com que trataram a questão, eles revelaram os esforços de paz que são feitos no interior das galeras, seja estabelecendo sistemas de controle — distribuição de carteiras, isolamento dos elementos mais radicais —, seja criando incentivos, como competições que contemplem mais o desempenho artístico do que os feitos viris.

Também os DJs e chefes de equipes de som estavam preocupados com o problema, como demonstraram Marlboro e Rômulo Costa. Medidas como policiamento na entrada e saída dos salões, melhores condições de transporte, mais espaços, organização das galeras, jogos como a Big Gincana que estavam preparando, tudo isso ajudaria a diminuir a violência, pelo menos a praticada pelos jovens. Não podiam se responsabilizar pela violência cometida contra os jovens nas saídas dos bailes e em cuja origem estavam grupos de extermínio, pistoleiros isolados e gangues de traficantes.

O chefe da equipe Furacão 2000, Rômulo Costa, lembrou que o fenômeno funk existe no Rio há vinte anos, quando havia o Black Rio, inspirado no Black Power americano, e semente do funk. Já havia um forte preconceito e uma grande resistência à organização por parte dos órgãos de repressão militar.

Marlboro foi muito questionado sobre a diferença entre as galeras que frequentam bailes apenas para se divertir e os grupos violentos. Para ele, a falta de perspectiva de vida em alguns jovens significa em consequência perda de identidade. É isso que os leva a buscar formas agressivas de afirmação.

Ao meio-dia, uma surpresa, inclusive para Manoel. Cerca de quarenta funkeiros, representando galeras de toda a cidade, vestidos a caráter e portando cartazes, invadiram o vetusto salão Pedro Calmon. Foram entrando em fila, pelos dois lados da mesa, e depois mostraram suas mensagens. Cada um dizia o nome e a procedência e levantava o cartaz: "Vamos fazer um arrastão contra o preconceito social e racial", "Não somos ladrões, somos apenas funkeiros em busca de paz", "A capoeira, como o funk, também foi combatida". Depois, no intervalo das reuniões, cantaram e dançaram à vontade, como se estivessem num baile.

Na vinda, eles haviam marcado encontro na Cinelândia, de onde seguiriam juntos para a Praia Vermelha. O que ocorreu então serviu para ilustrar o medo e o preconceito que eles em geral inspiram. Quando começaram a subir no ônibus, os passageiros começaram a descer, temendo um assalto.

A justa indignação do jovem relatando o incidente não impediu o humor de alguém da plateia, que disse baixinho:

— Se eu estivesse no ônibus, me atiraria pela janela!

De fato, o medo de assaltos e a paranoia dos arrastões haviam criado o pânico diante de qualquer grupo de mais de três jovens negros.

O workshop serviu para revelar que já existiam pelo menos duas posições teóricas em relação ao "mais importante movimento jovem do Brasil", segundo o prefeito César Maia.

Uma dessas posições, a mais ideologizada, é a da socióloga Maria Teresa Monteiro, diretora da agência Retrato, que orientou uma pesquisa para descobrir a cara do carioca nos anos 1990, em especial o perfil do funkeiro. Com o argumento de quem já realizou duas pesquisas nessa década — a última em 1993 —, Maria Teresa tem em relação ao fenômeno uma posição que foi considerada por alguns como "meio apocalíptica".

"Ou o Rio dá cidadania a esses jovens ou vamos ter um ensaio geral de luta de classes", ela já havia advertido. Suas conclusões sobre esse possível conflito são assustadoras:

"Haveria arrastões sistemáticos e eles iriam armados. A classe média ficaria sitiada. Outros iriam aderir e não existe força capaz de controlar isso. A entrada do Exército legitimaria um estado de guerra civil declarada."

Manoel Ribeiro, depois de observar dezenas de bailes e entrevistar funkeiros, tinha uma posição mais "integrada". Ele não só achava possível como indispensável promover a integração dessa massa de excluídos. O que não tinha cabimento era cancelar o seu direito ao lazer, proibir bailes e fechar salões.

O pior exemplo dessa política de repressão era a experiência de Los Angeles, sobre a qual o urbanista discorreu no workshop. "Lá o governo segregou a população pobre, a polícia agiu com violência e houve toque de recolher." Qual foi o resultado? "Uma metrópole inchada com a imigração de asiáticos, apartada, explosiva."

Manoel lembrou o embate de galeras na Zona Sul, o "incômodo causado por *eles* nas *nossas* praias" e mostrou como o incidente marcou o imaginário da classe média. "A partir daí, as galeras funk passaram a ser responsabilizadas por qualquer ato ilícito ocorrido na cidade: guerras de tóxico, conflitos de torcidas de futebol, brigas de academias."

Esse era o segundo esforço de aproximação de intelectuais e autoridades com o fenômeno funk. O primeiro ocorrera um ano antes com o "I Seminário sobre Violência — a Questão Funk", reunindo cerca de cinquenta participantes, entre autoridades estaduais, policiais civis e militares, antropólogos, militantes do movimento negro, produtores de cultura, cientistas sociais e parlamentares.

Se o objetivo principal do workshop era romper barreiras como o preconceito e o estigma, a reunião organizada por Manoel Ribeiro também cumprira seu papel. A questão funk estava longe de ser resolvida, mas pelo menos deixava de ser tratada apenas como um caso de polícia. Era recebida em um salão onde outrora só entravam o saber acadêmico e a alta cultura.

15. Tudo cheirava a trambique

Na antevéspera do Natal, desembarcou em Vigário Geral uma pequena expedição da qual faziam parte Manoel Ribeiro e Marlboro, entre outros, para dar uma força a Caio Ferraz. Às voltas com vários problemas, ele estava sendo pressionado pela comunidade. As obras da Casa da Paz, cuja inauguração a imprensa anunciara para daí a três dias, só ficariam prontas dentro de um mês, na melhor das hipóteses.

Os brinquedos prometidos pelo Viva Rio não eram suficientes. Os ciclistas do movimento Rio Bikers organizaram uma coleta, mas o resultado foi muito aquém do que haviam obtido antes para a campanha da fome. A época não era boa, as pessoas já tinham feito muitas doações.

Ao lembrar, depois, do episódio, Célia Meneses admite que houve um erro de cálculo. "Colocamos três caminhões-baú para a arrecadação e não conseguimos nem meio." Isso equivalia a umas duas centenas de brinquedos que, se distribuídos, provocariam tumultos. Não era difícil imaginar o que aconteceria se mais de 8 mil crianças tivessem que disputar duzentos presentes.

Na noite anterior, Caio telefonara aflito porque, por um erro de informação das rádios, uma fila começara a se formar em frente à Casa da Paz à espera dos brindes de Natal. A C&A se comprometera a comprar por três dólares cada cartão desenhado por 2 mil crianças de Vigário Geral. A renda seria revertida para a Casa. O problema é que os cartões haviam sido confundidos com vales ou senhas. Era grande o risco de cada desenhista exigir a troca de sua obra-prima por um presente.

Percebi a confusão que estava se armando quando uma senhora abordou Caio na rua:

— Meu filho já desenhou o cartão, tá aqui. Agora quero o brinquedo.

Habituadas a serem enganadas por políticos e autoridades, essas pessoas estão sempre dispostas a uma reação agressiva. Um trambique pode ser respondido imediatamente com um justo quebra-quebra.

E tudo aquilo cheirava a trambique. A Casa, tão badalada, não ia ficar pronta, como fora anunciado, e os 10 mil brinquedos não seriam entregues, como fora prometido pelas rádios. Ninguém, no Viva Rio, avaliou a dimensão da iniciativa e nem sequer imaginou o que era arrecadar, embalar e distribuir uma carga como aquela.

O esforço e as boas intenções do movimento Rio Bikers não eram suficientes. Meses antes, os ciclistas haviam conseguido encher caminhões com toneladas de alimentos para a campanha contra a fome do Betinho. Mas uma coisa era recolher sacos de arroz e feijão, que se tem sempre em casa ou se compra facilmente, e outra era arranjar às pressas carrinhos, trenzinhos, bolas e bonecas.

Além do mais, mesmo que fossem reunidos os 10 mil brinquedos, não passou pela cabeça de ninguém a complicação que seria encontrar critérios justos para distribuir bens tão heterogêneos. Nenhum argumento, nem o do sorteio, convenceria um menino a ficar tão feliz com o seu caminhãozinho de madeira quanto o seu amiguinho que tivesse recebido um carrinho com controle remoto.

Mas às dez e meia da manhã da antevéspera de Natal, o que se colocava nem era isso. O problema era como desmentir o noticiário das rádios, que todos ouvem ali, e dizer que havia ocorrido um engano. Em outras palavras, seria o mesmo que dizer para as crianças que esse Natal não seria melhor do que o outro que passou.

Contatado por telefone, Rubem César propôs uma solução: "Vamos dar comida, é mais fácil. A gente distribui cestas de Natal".

Transferir a questão para o coordenador do Viva Rio era um alívio, mesmo que não se soubesse como, em dois dias, seria possível conseguir cestas para alimentar a população pobre de Vigário Geral.

De qualquer maneira, o problema agora seria dele.

Restava a Casa da Paz. Tocadas por operários da Caixa Econômica, as obras estavam atrasadas. A madeira do telhado, que custava 2,4 milhões de cruzeiros reais no Rio, saía por 800 mil em Rondônia.* A diferença era muito grande e a Caixa — até para não trair o nome — era econômica.

Mas faltava também o portão de ferro, que o engenheiro fora buscar, não se sabia bem por quê, em Macaé. E faltava o concreto usinado e mais uma porção de coisas. Nem com um milagre as obras acabariam naquela semana. A solução seria chapiscar as paredes externas, arranjar alguns vasos de planta, esticar umas faixas e, para a imprensa que estaria toda lá — jornais, revistas, televisão —, se diria que a solenidade não era de "inauguração", mas de "entrega à comunidade", torcendo para que ninguém perguntasse qual era a diferença.

Manoel Ribeiro, o arquiteto, não teve outro remédio senão

* Cerca de 47,4 mil reais e 15,8 mil reais, em 2024. (N. E.)

aceitar a ideia que desfigurava provisoriamente seu projeto. Deu então ordens para que se começasse a processar a maquiagem de última hora.

Outro cuidado seria impedir que a "entrega" coincidisse com a distribuição dos presentes de Natal — fossem brindes ou comida. O fantasma de 8 mil crianças ameaçando um quebra-quebra e gritando "queremos brinquedos!", na frente de toda a imprensa, não abandonava Caio e seus companheiros.

Depois de equacionados os problemas dos presentes e das obras, ficava faltando um outro, de natureza distinta, mas igualmente delicado. Naquele dia também fora marcada uma reunião que deveria juntar as galeras inimigas de Vigário Geral e Parada de Lucas. A ideia, como não podia deixar de ser, era de Manoel, capaz de arquitetar não só casas, mas também reuniões de paz. Assim, por via das dúvidas, levara consigo o DJ Marlboro, um passaporte indispensável para viagens desse tipo.

A caminho do Ciep onde haveria o encontro da paz, a jornalista Mary Ventura, apesar de preparada, não deixou de se surpreender com os dois *soldados* postados na esquina: um com metralhadora e outro com um AR-15. A "paisagem de lixo e desolação", quando se passou pela terra de ninguém, já chegando ao Ciep Mestre Cartola, foi o que mais a impressionou.

Quando a caravana chegou ao Ciep não havia ainda nenhum funkeiro. Manoel, Marlboro e Mary resolveram então ficar esperando na quadra de esportes, enquanto subíamos com Caio ao primeiro andar do colégio para uma reunião sobre as cestas. Na sala, estão Penha, uma das lideranças da comunidade, um outro correligionário que atua na parte do asfalto, e mais três jovens que foram arrebanhados pelo caminho.

Eles discutem a solução sugerida por Rubem César como se ele, ao ter a ideia, já tivesse também conseguido as cestas. Primeiro, fazem os cálculos. Embora o censo da região seja falho e impreciso, estima-se que na favela morem 30 mil pessoas ou cerca de 5 mil famílias. Seriam necessárias então 5 mil cestas. Mas como nas subfavelas de Brasília e Malvinas muitos barracos abrigam mais de uma família, a distribuição não atingiria 5 mil casas.

Antes, porém, seriam entregues senhas numeradas de casa em casa, acompanhadas, claro, por um pequeno discurso pedindo desculpas pela substituição dos brinquedos por comida.

As crianças não iam achar a menor graça nessa troca, mas os pais talvez sim. Pela primeira vez, muitos iriam saborear uma refeição especial no Natal e esse seria o argumento que eles usariam para convencer os filhos a abrir mão do sonho de um brinquedo.

A entrega, que começaria pelas zonas mais carentes, deveria ser descentralizada: as senhas de um a quinhentos seriam distribuídas às 13h; de quinhentos a mil, às 14h, e assim por diante.

O sistema das senhas, com escalonamento de zonas e horários, me deixou surpreso. Como é que aqueles jovens, sem nunca terem viajado de avião, imaginaram um método semelhante ao usado pelas companhias aéreas em voos de grande lotação?

Mesmo assim eu achava que não ia dar certo. Como meus cálculos mentais pareciam não bater com os deles, resolvi dar um palpite. Se cada senha deveria ser entregue com um discurso, digamos, de cinco minutos, era só multiplicar 5 mil por cinco para ver que aquela operação seria interminável, principalmente se eles pretendiam fazer a distribuição das senhas e das cestas no mesmo dia, sexta-feira, dia 24, para não coincidir com a festa da Casa da Paz no sábado.

A firmeza de Caio me fez sentir um idiota: "É fácil, a gente arranja um megafone", disse.

Mas havia outros problemas: quem arranjaria as senhas? E as cestas, que até agora eram uma vaga promessa? E quem faria o trabalho de distribuição, aquela meia dúzia de gatos-pingados?

Nada para aquele grupo, no entanto, parecia insolúvel. A

meia dúzia de gatos-pingados estaria multiplicada por dez já no dia seguinte, me informaram. As senhas, bem, as senhas a gráfica de *O Dia* imprimiria, era só falar com Célia; as cestas, o Rubem César que se virasse, já que a ideia era dele. Problema mesmo acabou sendo conseguir telefonar para os dois no disputado telefone do Ciep, o único das redondezas.

Mas, enfim, se tudo estava resolvido, era hora de assistir lá embaixo ao encontro das galeras. Manoel e Marlboro estão de pé diante da arquibancada, falando para uma plateia de uns doze rapazes sentados, desconfiados e calados. Pela primeira vez, essas duas galeras inimigas eram reunidas sem animosidade. Sem animosidade, mas também sem qualquer efusão.

A "estratégia da paz" concebida por Manoel e Marlboro consistia em desarmar os espíritos das duas galeras — de preferência, os espíritos, os braços e as pernas — através de uma ação conjunta. Eles propunham a gravação de um clipe a ser veiculado na televisão e um concurso de raps compostos em parceria. As dez músicas vencedoras fariam parte de um LP. A paz seria selada com um grande baile de confraternização a ser realizado ali mesmo na quadra do Ciep, comandado por ninguém menos que Marlboro.

Das três propostas, apenas uma foi recusada: a da composição conjunta dos raps. Essa foi talvez a única falha política da dupla Manoel-Marlboro. Eles estavam pedindo àquela plateia feita de compositores — posto que quase todos ali eram autores — que abrissem mão de suas individualidades autorais para se associarem numa aventura conjunta. Era demais: parceria em raps, não.

O impasse não demorou muito. Marlboro teve logo uma brilhante ideia: produzir um LP com um lado para Vigário Geral e outro para Parada de Lucas. Terminado o encontro, as duas galeras saíram sem se despedir, cada uma para seu lado, como chegaram: arredias e caladas.

Na volta, a expedição retoma o mesmo caminho que passa

pelo lixo, o fuzil, a metralhadora, crianças puxadas pelas mães perguntando pelos brinquedos, uma última olhada na Casa da Paz, a passarela que cruza a linha do trem, de onde os fotógrafos obtiveram a melhor imagem dos 21 corpos da chacina, e finalmente o asfalto.

Dali seria preciso ir a Laranjeiras para que Caio deixasse no ISER as sacolas com os cartões desenhados pelas crianças. São três da tarde e ninguém almoçou, mas uma boa notícia nos aguardava. Rubem César já havia conseguido mil cestas com o Comitê Rio da Ação da Cidadania e, com os postos de gasolina Itaipava, a promessa de um caminhão de alimentos.

Faltavam agora apenas 4 mil cestas. Ah, sim, e as sacolas propriamente ditas, porque as cestas, na verdade, eram sacolas. Onde consegui-las? Quem as encheria? O único que não parecia preocupado era o "representante de todas as religiões", Rubem César. Mas ele ia deixar o Rio dali a pouco. Parece que todo mundo ia passar o Natal fora.

Coitado de quem ficasse.

Nunca um Natal causou tanta aflição a Walter de Mattos Júnior quanto o de 1993. Com a viagem de Rubem César, cabia a ele conseguir as 4 mil cestas de alimentos para serem distribuídas em Vigário Geral.

Apesar da responsabilidade, no entanto, na quarta-feira à noite, dia 22, ele se mostrava eufórico ao anunciar por telefone que estava "tudo arranjado":

— O Paes Mendonça nos vende 5 mil cestas por 10 mil dólares, não tem problema.

Walter passara antes para o dono do supermercado, Pedro de Oliveira, a relação dos itens que cada cesta deveria conter: 1 kg de farinha de mandioca, 5 kg de arroz agulhinha tipo 2, 2 kg de feijão preto, 3 kg de açúcar refinado, 2 kg de macarrão com ovos, 1 kg de leite em pó, 1 lata de óleo de soja, 2 latas de extrato de tomate, 1 kg de fubá e 1 kg de farinha de trigo.

Era melhor do que se esperava: mil cestas a mais por um preço acessível. Enquanto transmitia a boa notícia, Walter teve o telefonema interrompido por alguém dizendo que, de outro aparelho, chegava uma informação nova.

— Espera um pouco, eu ligo em seguida — disse, cortando a conversa para atender à outra ligação.

Quem estava no telefone agora era o gerente, encarregado de conferir as compras e providenciar a entrega.

Meia hora depois, Walter ligava de novo, dessa vez sem qualquer animação na voz. Ao contrário, parecia transtornado. Um engano inacreditável havia sido cometido pelo dono do supermercado.

— Imagina que, em vez de 10 mil dólares, o gerente diz que são 100 mil dólares! — esbravejou Walter.

Aquilo derrubava todos os planos. Ele não tinha a menor possibilidade de cobrir a diferença de 90 mil dólares. A hipótese era impensável. Walter, vice-presidente de um jornal popular, sabia também que, naquela altura, não podia suspender a distribuição de cestas em Vigário Geral. Caio já ligara várias vezes para informar que estava cercado pela impaciência das crianças, pela expectativa dos pais e pela cobrança dos companheiros. Não sabia mais o que fazer.

Walter sumiu durante um bom tempo. Já era quase meia-noite quando ligou novamente, agora para anunciar a estratégia que imaginara. Não tendo como cobrir o dinheiro que faltava e sabendo do risco de tumulto em Vigário Geral caso a promessa não fosse cumprida, ele resolveu transferir o problema para o gerente do Paes Mendonça. Eles que tinham armado a confusão, eles que se virassem.

— Quem deu o preço de 10 mil dólares foi o dono, seu chefe, e é esse o preço que vou pagar. O problema é de vocês.

O gerente ainda tentou apelar com um "pelo amor de Deus", mas Walter desligou e colocou Célia no circuito. A partir daquele momento decidiu não atender telefonema do Paes Mendonça. Ela atenderia. Junto com Péricles de Barros, de *O Globo*, Célia tinha sido uma das figuras mais ativas do Viva Rio. Os problemas de produção eram resolvidos por eles.

— Célia, você tem que fazer um drama, chorar no telefone, senão não adianta — ordenou Walter.

No telefonema seguinte, Célia não só fingiu chorar, como pintou um quadro de tragédia. Do outro lado estava agora o próprio dono do supermercado, Pedro de Oliveira. Ela explicou o que seria para o Viva Rio o fracasso daquela primeira iniciativa, anunciou que haveria uma revolta em Vigário Geral e advertiu que o Paes Mendonça seria responsabilizado se as negociações não chegassem a bom termo.

— Ou o senhor resolve esse problema ou o senhor resolve esse problema — disse ela. — Não tem saída.

A chantagem deu resultado. Já era madrugada quando Célia recebeu a boa-nova. O Paes Mendonça havia encontrado a solução: baixava o número de cestas de 5 mil para 4 mil; diminuía o volume das mercadorias — em vez de cinco quilos de arroz, por exemplo, apenas dois — e mais: participava do prejuízo. Além de fazer preço de custo — 33 mil dólares —, o supermercado entraria com 11 mil dólares do próprio bolso.

Célia fechou o negócio. Ainda não sabia, porém, como pagar o restante da fatura. Dos 22 mil dólares que ficavam faltando, o Viva Rio tinha 10 mil que Rubem César conseguira com o Fundo Inter-Religioso contra a Fome e pela Vida. Muito bem. Mas e o resto? Bem, o resto ficaria para o dia seguinte.

Enquanto o pessoal do Paes Mendonça refazia o que tinha feito, diminuindo a quantidade dos alimentos, pesando de novo e reembalando o que já fora embalado, surgia a solução para cobrir o pagamento da fatura. Graças a uma gestão de Rubem César antes de viajar, a direção do Instituto C&A de Desenvolvimento Social se dispunha a fazer um adiantamento e uma doação. Além de pagar logo os prometidos 6 mil dólares pelos cartões de Natal das crianças, a empresa concordava em doar mais 6 mil para garantir uma ceia farta para Vigário Geral. Para adoçar a criançada, Alda, mulher do pastor Caio Fábio, conseguira 5 mil sacos de balas e bombons, que seriam acrescentados às cestas.

De quinta para sexta-feira, dia previsto para a entrega das cestas, Caio quase não dormiu. Ele conseguira formar uma equipe de cem voluntários, incluindo funkeiros, e na sexta-feira bem cedo já estavam todos prontos para a distribuição das senhas. Ficara decidido que as senhas e os alimentos iriam afinal ser distribuídos no mesmo dia.

Caio e sua turma achavam que podiam completar a operação com tal rapidez que no sábado, às dez horas, a imprensa não encontraria vestígios de distribuição, muito menos de insatisfação.

Célia conseguira que as 5 mil senhas numeradas fossem impressas em *O Dia* para serem entregues na favela às nove horas da manhã de sexta-feira. Não previa, porém, que, depois de impressas, as senhas tivessem que esperar algum tempo para que a tinta secasse. Isso criou um contratempo em Vigário Geral.

Quando o material chegou, já era meio-dia e Caio esgotava toda sua habilidade diplomática para evitar um motim do seu esquadrão de voluntários, que estavam ali há cinco horas esperando as senhas — cheios de fome e impaciência.

Mais uma vez, Caio iria ter que bancar despesas com alimentação e transporte do seu pessoal. Com uma bolsa de pesquisa no Laboratório do Imaginário Social e Educação, da UFRJ, que lhe dava o equivalente a 150 dólares por mês, a que se somavam outros quatrocentos que sua mulher Cláudia recebia como professora do município e do estado, Caio devia enfrentar dificuldades financeiras, ainda mais agora que esperava o seu primeiro filho. Mas era raro ouvi-lo reclamar em causa própria. Queixava-se de tudo: do atraso das obras da Casa da Paz, da desorganização do Viva Rio, da Caixa Econômica, da polícia, do seu pessoal, do país. Às vezes eu perdia a paciência: "Para de choramingar, cara!".

Nunca, porém, durante esses meses todos de convívio, que se transformou em amizade, ele fez qualquer solicitação de ajuda pessoal, um empréstimo, um adiantamento, nada. Às vezes falava de sua penúria, mas para fazer piada: "Se em vez de Caio Ferraz eu fosse Caio Negão", brincava, "estaria numa boa".

Mais tarde, quando sua filha, Maíra, nasceu, eu soube que as despesas com a maternidade haviam chegado a quinhentos dólares, que ele pegou emprestado com um cunhado. Propus-lhe então, vencendo uma grande resistência sua, que em vez de dar um presente o Viva Rio cobrisse as despesas da casa de saúde, por meio de dez contribuições de cinquenta dólares cada. "É um presente, não é uma ajuda", disse para convencê-lo.

Por incompetência do autor da ideia na elaboração da lista e na coleta das colaborações, houve poucas adesões. Só três pessoas acabaram contribuindo com cinquenta dólares cada uma: João Roberto Marinho, Rubem César e eu.

Caio nunca tocou no assunto.

Naquele dia, porém, além das críticas ao atraso das senhas, ele não escondeu a reclamação de que ficara completamente "liso" por causa das despesas que fora obrigado a fazer com a entrega das cestas.

Mas ele estava feliz. A imprensa andava noticiando vários tumultos ocorridos durante a distribuição de cestas e presentes de

Natal em todo o país. Em todas essas iniciativas, havia sempre desobediência às filas, confusão, brigas, insatisfação.

Em Vigário Geral, a organização foi impecável. Estava afastado o risco de, no dia seguinte, durante a inauguração da Casa da Paz, os repórteres registrarem alguma queixa da população.

Eles registrariam outra confusão, mas essa da polícia.

16. Por sorte, havia dois Caios

Às oito da manhã do dia de Natal, a favela de Vigário Geral começou a ser ocupada por policiais do Bope — Batalhão de Operações Especiais. Vestidos de preto e armados com fuzis e metralhadoras, dezesseis homens tomaram posição de combate na entrada da favela, junto aos dois orelhões públicos, e ao longo da rua principal, a rua da chacina.

Alguns rojões deram o sinal para a tropa de Flávio Negão, avisando que a favela estava sendo invadida. Os moradores entenderam que deviam se retirar das ruas. Em poucos minutos, a frente da Casa da Paz, lotada, foi se esvaziando. O fantasma de uma nova chacina estava de volta.

Caio, que chegara à favela às sete da manhã, tentava acalmar os moradores, mas era difícil explicar a pessoas ainda traumatizadas pela violência policial que aqueles soldados em estado de guerra — alguns deitados no chão, outros apontando armas, todos em posição de tiro — estavam ali para festejar a inauguração simbólica de uma casa cujo nome era justamente "da Paz", em memória aos oito inocentes assassinados em seu interior.

Os mais constrangidos eram os próprios soldados. O comandante da tropa, um jovem tenente chamado Ronaldo, se desculpava com os organizadores: "Estou aqui cumprindo ordens. Preferia estar em casa com minha família num dia como hoje".

Também ele não entendia a razão daquele aparato, já que a festa era de paz. O tenente Ronaldo achava que se devia ligar para o secretário de polícia, Nilo Batista. "Isso não deve ser coisa dele. É de gente que quer ser mais realista que o chefe", disse ele. O problema é que Nilo Batista não era encontrado em nenhum lugar, nem no celular. Informavam que ele estava a caminho, num helicóptero, em companhia do pastor Caio Fábio.

Não havia só constrangimento, mas muita tensão. Minutos antes, um soldado da PM dera uma corrida em um traficante armado que, desobedecendo a ordens, estava lá no fundo da rua. A sorte é que o bandido preferiu correr a atirar. Um tiro de qualquer um dos lados poria a festa a perder.

Nunca vi Caio Ferraz tão tenso e tão elétrico. A impressão era de que se alguém encostasse nele levaria um choque. Discutia com os policiais, procurava Nilo por telefone, tentava o pastor, tranquilizava moradores, gritava. Acho que naquele dia, mesmo sendo dia de Natal, ele entregaria um pedaço de sua alma ao diabo para que não houvesse tumulto.

Ele nunca fizera acordo com os traficantes — jamais aceitara o dinheiro sempre oferecido, nem qualquer ajuda para o seu movimento. Polidamente, sem provocar hostilidades nem ferir suscetibilidades, ele procurava não estimular o confronto, mas também não queria nada que sugerisse aliança.

Apesar de amigo de infância de quase todos, sobretudo de Flávio Negão, Caio mantinha uma relação delicada com eles, difícil de ser entendida por quem não fosse de lá. De alguma maneira, os dois representavam a convivência de dois poderes — Caio, o poder, digamos, intelectual; Negão, o poder militar.

A exemplo do que ocorre em outros lugares, o poder intelectual valia ali pouco como força real, mas muito em termos de status e prestígio. Como primeiro morador de Vigário Geral a se formar em uma universidade pública, Caio exercia um explicável fascínio junto aos jovens traficantes. Era a referência invejada e pretendida. "O Caio é sociólogo!", ouvi essa exclamação muitas vezes, acompanhada em geral da mais completa ignorância quanto ao que fosse aquela profissão.

O acordo tácito de poderes garantia espaço para os dois, e Caio não alimentava ilusões. Apesar de identificado com a geração de 1968, sua rebeldia nunca pensou em derrubar ninguém, muito menos o chefe do tráfico. O que pretendia era criar alternativas culturais para que a meninada de hoje tivesse outras opções de vida amanhã. A sua utopia era preparar uma geração que no futuro pudesse pelo menos inverter a relação atual: que tivesse mais sociólogos e menos traficantes.

Caio considerava o projeto da Casa da Paz tão importante que na quinta-feira achou que valia a pena ter com Flávio Negão uma conversa "institucional" para ressaltar o significado daqueles eventos para Vigário Geral. No final fez-lhe uma proposta:

— Negão, a partir de hoje e até o dia 25, quem manda aqui sou eu. O que eu disser vai ser ordem. Você vai sumir daqui da frente com seu pessoal, tá bom?

Negão aceitou sem condições.

Naquela manhã, após o começo de entrevero entre o PM e o traficante armado, Caio correu até o lugar onde Negão e sua tropa estavam concentrados, e lhe falou como se fosse seu chefe: "Não foi isso o que combinamos. Você tem que sair daqui com seus *soldados*. Vai lá pro fundo da favela!".

Caio temia que do lado da PM não fosse conseguida a mesma obediência. Ele tinha razão. Quando finalmente, às dez horas, Nilo Batista apontou na passarela, acompanhado do pastor

Caio Fábio, ambos com suas mulheres, os organizadores subiram as escadas correndo para alcançá-los ainda lá em cima. Não queriam que eles descessem antes da retirada das tropas militares. O mal-estar na comunidade era grande e muita gente já havia voltado para casa, desistindo da festa por medo.

Nilo aceitou as ponderações e mandou que seu ajudante de ordens fosse providenciar a desmobilização das tropas.

O oficial desceu, percorreu a rua principal a passos rápidos e chegou aonde estava o tenente Ronaldo, na esquina, quase em frente à Casa da Paz. Mas, em vez de transmitir a ordem em voz alta, segredou alguma coisa no ouvido do PM e voltou à passarela.

Como se veria a seguir, era uma encenação. Já na porta da Casa da Paz, onde se improvisou um pequeno palanque, Nilo Batista foi logo cercado pela imprensa. Falou da importância do evento e admitiu, lamentando, ter havido excesso no sistema de segurança. Mas já tinha ordenado a desmobilização de todo o efetivo, informou convicto.

Quando um jornalista disse que a sua determinação não tinha sido cumprida, o secretário de Polícia Civil chamou de novo o ajudante de ordens e repetiu o que havia dito na passarela. Parecia um pastelão. O oficial ouviu o que já tinha ouvido, disse "sim, senhor", bateu os calcanhares e repetiu a cena anterior. Dirigiu-se ao tenente Ronaldo e fingiu transmitir a ordem. Dessa vez, acrescentou uma fala à cena: "Vocês podem ir lá se divertir", ironizou.

Caio reagiu indignado, ofendendo e empurrando o militar. Temeu-se pelo pior.

— Se a gente não estivesse aqui você ia ver — irritou-se o ajudante de ordens. — Você é muito abusado.

Nessa altura, o comandante do Bope tinha aparecido, à paisana, e explicava que a presença das tropas era indispensável à segurança do vice-governador. Caio não aceitava o argumento, garantia que nada ali ameaçava a integridade de ninguém e, tragicômico, chegou a dizer que se atiraria na frente de Nilo Batista, salvando-lhe a vida, no caso de um hipotético atentado.

Ficava evidente que aquela ostentação de força e desobediência não era movida por razões de segurança. Havia um subtexto para quem soubesse ler: quem mandava ali não era o vice-governador, mas a Polícia Militar. A autonomia dos escalões inferiores naquele espaço era inquestionável. De obediência à autoridade civil, só havia a mímica.

A desforra da "sociedade civil" veio na hora dos discursos. Caio Ferraz exibiu em grande estilo a mesma dose de coragem e inconveniência. Disse da PM o que nenhum oficial aceitaria ouvir em outras circunstâncias. Usou palavras como "insubordinados", "corruptos", "assassinos", "covardes".

Foi o mais aplaudido pelos que, não muitos, teimavam em permanecer em pé, enfrentando o sol e a probabilidade de um tumulto. Mas o constrangimento era visível. A sorte é que havia dois Caios no palanque: o baixinho tinha de destemperado o que o outro, o pastor, tinha de habilidade política.

No seu discurso, o religioso empolgou a plateia com sua mensagem de paz e fraternidade. Misturando música, humor e palavras de ordem, ele fez na verdade um show alegre e interativo. A assistência participou o tempo todo. Ouvindo-o, ninguém se surpreende com o crescimento constante dos jovens entre suas imensas fileiras de fiéis.

Mas isso ele está acostumado a fazer. O que houve de novo naquele dia foi a agilidade com que conseguiu distender o clima pesado criado pela PM e agravado pelo discurso de Caio Ferraz. Com uma impressionante facilidade verbal, ele arranjou um jeito de liberar do constrangimento o secretário Nilo Batista que estava à sua direita, acompanhado da mulher e assessora Vera Malaguti.

"Essas tropas da PM não estão aqui para proteger o secretário Nilo Batista e nem para ameaçar Vigário Geral", disse ele, fazendo suspense. "Estão aqui na verdade para proteger a comunidade, para protegê-la contra a PM, contra os criminosos infiltrados na PM."

Os demorados aplausos desfizeram todo o mal-estar anterior. Mas, por via das dúvidas, o pastor, que era também o apresentador do espetáculo, "esqueceu" de chamar o nome seguinte que constava de sua lista de oradores: Nilo Batista. Preferiu uma solenidade sem orador oficial ao constrangimento de um secretário de estado falando sob vaia.

Muito tempo depois, Caio Ferraz ainda considerava aquele dia como o mais feliz de sua vida. A Casa da Paz ainda não estava pronta — faltavam o telhado, o piso, os equipamentos: enfim, aquela inauguração era apenas simbólica —, mas já não era apenas um sonho.

Terminada a solenidade, a festa se transferiu para a quadra, onde a bateria da Balanço de Lucas, com Ari da Ilha à frente, fez uma exibição especial para apresentar o samba em homenagem ao Viva Rio feito por um dos compositores da escola.

A atração internacional veio diretamente de Baden Baden: Renato e Olga, que apresentaram o seu show circense. Vestidos de palhaços, eles fizeram rir e prenderam a atenção da criançada com números de equilibrismo em cima de uma enorme bicicleta de uma roda só.

No fim da tarde, Caio voltou à Casa da Paz com sua mulher Cláudia e assistiu a uma cena inesperada. Parado na porta, um traficante admirava a construção.

"Era Ninja, o mais ríspido, sério e calado dos traficantes", informou depois Caio. "Ele tinha os olhos cheios de lágrimas."

— Posso dar uma olhada? — pediu. — Pode ficar tranquilo porque estou assim — disse, suspendendo a camisa para mostrar que estava desarmado. Nem precisava, porque sua companhia mais frequente era sempre uma ostensiva metralhadora, e não a pistola.

"Que quadro lindo!", exclamou diante da pintura quase abstrata de Madruga: um menino sangrando em frente à bandeira nacional, com o título *Zezinho no país dos mauricinhos.*

Depois de lembrar que por causa da chacina teve vontade de "matar um monte de gente", Ninja terminou seu tour cultural pela Casa da Paz dizendo: "Agora, tou aliviado". Em seguida, prometeu nunca mais passar ali armado e fez um pedido:

— Posso estudar aqui?

O diretor da Casa disse que sim, que todo mundo poderia estudar ali. "Isso é uma casa de cidadania", explicou.

Caio estava tão feliz aquele dia que perdeu suas resistências críticas: comoveu-se com aquelas emoções baratas e, pior, acreditou candidamente no milagre da conversão do mal pela arte.

A Casa da Paz foi inaugurada, ou melhor, "entregue", mas as obras se arrastavam. Pelo visto, não ficariam prontas antes do Carnaval. Caio, que já gosta de reclamar, dessa vez estava cheio de razão: o engenheiro quase não aparece, os operários saem cedo e a Caixa parece ter largado de lado o projeto.

Damos uma volta pela favela naquele segundo domingo de 1994 e vamos encontrando os conhecidos. Valmir, de bicicleta nova, Penha, Nem e três moças que tinham trabalhado na entrega das cestas: Rose, Ângela e Leia. As três sozinhas entregaram mil cestas. Contam com orgulho a façanha. Armazenaram os volumes na casa de um amigo e foram distribuindo.

Peço para ver a casa e, enquanto caminhamos para lá, vamos conversando pela rua. Elas fazem parte do Grupo de Teatro Grande Otelo. Ângela talvez seja a menina mais bonita que vi na favela. Eu a estava reconhecendo da festa da Casa da Paz, quando fiquei insistindo com o irmão de Caio, Rogério, a meu lado, para que a namorasse.

Não acredito quando ela diz que tem só catorze anos, com aquela altura toda, os cabelos longos e indisciplinados, um rosto cheio de mistério. Seus olhos são muito expressivos e ela quase não faz uso de um sorriso que, no entanto, é bonito. Quando resolve abrir a boca, não para sorrir mas para falar, o que também é raro, vê-se que é mesmo uma menina.

Já Rose, que não exibe uma beleza tão exuberante, é mais atraente. Tem vinte anos, uma filha de dois ("Sou mãe solteira, como está na moda") e algumas ideias sensatas sobre teatro popular. Digo-lhe que assisti meses antes à peça do Teatro do Oprimido, mas achei que o pouco interesse da plateia se deveu ao tema: a falta d'água. Ela concorda: "A gente já vive isso todo dia!".

Dali a alguns dias, o grupo ia discutir o novo espetáculo e ela introduziria uma discussão temática. "Tem que ter mais fantasia", ela diz e a revelação me surpreende, com essa nossa tendência de achar que valores como prazer, sonho, fantasia são signos exclusivos de classe.

É curioso como, nas comunidades pobres, o nosso etnocentrismo e preconceito se manifestam mais frequentemente quando encontramos não o feio, mas o belo. A sensação é sempre de inadequação. É como se fosse uma impropriedade. "Como é que pode! Uma menina tão bonita e inteligente aqui nessa miséria!", pensamos sem dizer.

Aos poucos vai se formando um grupo que parece um arrastão: Caio, Nem, Valmir, Penha e as três meninas. Como Caio tem que ir a Parada de Lucas conversar com seu Ari da Ilha, resolvemos ir todos, passeando pelo meio da rua, numa alegre caravana.

O movimento em Lucas é intenso. As ruas estão cheias. Parece que todo mundo saiu de casa. De repente, não acredito. Alguém me dá uma cutucada e avisa baixinho: "Olha à esquerda". Sobre uma cadeira, numa esquina da rua principal, o saco.

Já o tinha visto com espanto às nove da noite. Mas, agora,

olho o relógio, é quase hora do almoço, são onze e meia. Em pé, ao lado da cadeira, um homem prende muitas notas entre os dedos. O saco está pela metade. Há uma fila de umas quatro pessoas, esperando disciplinadamente a vez. É estranho, mas ninguém tem cara de Zona Sul. Talvez, como me explicam, sejam revendedores.

A casa de seu Ari virou um ateliê. Há alegorias por todos os lados, penduradas nas paredes. Sobre as mesas, penas e paetês. A vida de Mário Lago, o enredo da Escola, está sendo tecida ali. Seu Ari faz festa quando nos vê.

Caio lhe passa um formulário para ser preenchido pelos funkeiros que queiram frequentar um curso profissionalizante promovido pela prefeitura com as bênçãos de Manoel Ribeiro. A ideia deu muita dor de cabeça a Caio, por causa de um mal-entendido entre seu Ari e os emissários da prefeitura.

Um dia, eles apareceram e apresentaram o plano ao diretor da Escola de Samba. O prefeito César Maia queria implantar uma experiência inédita em várias comunidades: cursos de dança, de DJs, de coreografia para funkeiros. Por interferência de Manoel, Vigário Geral e Parada de Lucas foram incluídos no projeto. Ari da Ilha não fora avisado antes, e, quando os três homens da prefeitura lhe explicaram o plano, ele disse:

— Tá bom, vou consultar o *Homem* e depois dou a resposta.

Por inabilidade ou desinformação, os funcionários públicos se impacientaram:

— Que homem!? O prefeito já autorizou o plano.

Seu Ari olhou para os três, e dessa vez falou pausado, ele que fala aos trambolhões:

— O prefeito de vocês é um; o meu é outro.

Acostumado a desfazer mal-entendidos, Caio já pacificara as relações e agora estava tudo certo. Era só distribuir os formulários para os funkeiros.

Quando saíamos, vinha chegando uma repórter de *O Globo*.

O carro, com o logotipo, estava estacionado mais à frente, perto da rua principal. Achei que aquela presença poderia desfazer a fila do saco e inibir os fregueses.

Pelo contrário. A fila agora tinha aumentado.

Voltamos a Vigário Geral e essa seria mais uma visita, sem nada de extraordinário, se já na saída não tivéssemos encontrado Flávio Negão, passando, já desaparecendo numa esquina. Caio chamou-o e, quando ele se aproximou, eu disse à queima-roupa, sem preâmbulos:

— Preciso fazer uma longa entrevista com você para o livro.

Eu esperava uma certa resistência, uma ou outra condição, pelo menos algum *doce*. A resposta foi tão direta quanto a solicitação:

— Só não pode ser amanhã, porque tenho uma *parada* pra resolver. Pro senhor tá bom na terça, às dez da manhã?

Tava bom.

17. Do fundo das trevas

Quando entramos na favela naquela terça-feira chuvosa e fria em pleno verão, eram dez e meia e aconteceu o que eu temia: Flávio Negão não estava à vista. Simplesmente sumira. Às nove alguém o vira, e depois nada. A entrevista estava marcada para as dez. Às nove e meia eu apanhara Caio no lugar de sempre, entre os dois viadutos, na avenida Brasil, em frente à churrascaria Porcão, a quinze minutos dali.

Daria tempo de sobra se, na última hora, já estacionando, não surgisse um problema: dos dois gravadores que, por via das dúvidas, eu estava levando, um não era de confiança e o outro, de comprovada eficiência, empacara misteriosamente. A infeliz ideia de ir a Caxias procurar socorro técnico nos atrasara meia hora, o tempo suficiente para que o traficante, certamente irritado, sumisse.

Djalma, o irmão, que faria o contato, também sumira. Teve que ir à cidade. Estávamos parados no meio da rua e da chuva, quando um provável emissário aproximou-se, disse que sabia quem procurávamos e ofereceu-se para nos levar até o esconderijo. A esperança, porém, durou pouco: a dona da casa garantiu que o *Homem* não estava ali.

Voltamos então ao lugar de origem e nos encostamos numa tendinha cuja pequena marquise, se não protegia os pés dos respingos, pelo menos impedia que a chuva caísse diretamente sobre nossas cabeças. São dois janelões sobre um balcão, dando diretamente para a rua, de tal maneira que se pode ficar ali em pé, do lado de fora, já que não tem porta, bebendo alguma coisa ou simplesmente olhando os passantes. Está situado quase em frente à boca de fumo e é uma mistura de mercearia com armarinho, em tamanho pequeno.

Caio deixa a pasta em cima do balcão e sai decidido a promover sua própria busca. Um jovem passa e faz um sinal que pode significar uma porção de coisas, mas o mais provável é querer dizer que ele também está na pista. Vejo tanta coisa na prateleira da tendinha que resolvo perguntar, sem muita chance, se ali tem pilhas para gravador. Tem. "Mas só das pequenas", informa o dono, sem saber que é justamente dessas que eu preciso. Me ponho a trocar as pilhas novas colocadas de noite por pilhas novas compradas de manhã. Não há muito sentido nessa operação tautológica, mas também não há nada de mais interessante a fazer, enquanto se espera. E no entanto o milagre se dá: o pequeno GE começa a funcionar com as pilhas da tendinha.

Com chuva e frio, aquele parece outro lugar, muito diferente dos fins de semana, quando há um footing permanente naquela rua. O chão batido não deixa formar lama grossa, mas em compensação o terreno fica escorregadio e cheio de poças d'água. É difícil caminhar sem molhar os pés.

Caio volta sem novidades e é parado por mais um que anuncia: "Acho que sei onde ele está. Espera um instante".

Encostado ali no balcão, tinha uma sensação inédita. Era a primeira vez que ficava assim ocioso, sem ter nada que fazer a não ser esperar e ver a chuva cair. E ela caía forte, encharcando os meus pés. A marquise da tendinha, com pouco mais de um metro, decididamente não estava preparada para suportar aquele mau tempo.

Não há gente, mas há carros. O da Comlurb, que vai ali uma vez por semana, já passou carregado. Antes tinha passado o da Souza Cruz. Agora o que passa é um pequeno caminhão de mudança. Sobre os móveis, na carroceria, uma família inteira se esconde debaixo de uma lona. "Para cada três famílias que saem, chegam cinco", informa o dono da birosca, puxando conversa. "Isso aqui é muito bom", ele diz, informando que há 32 anos é um "orgulhoso" morador da favela. "É só ficar na sua, não se meter com ninguém", diz, enigmático, e fica-se sem saber se aquilo é um conselho.

Apesar dos poucos passantes, havia sempre alguém parando e dizendo: "Como vai o senhor? Tá sumido. Que chuva, hein".

Um rádio está ligado a todo volume no Mercadinho, tocando rap e funk, signos planetários da "nova ordem" cultural. Armas, drogas, funk, rap, toda a secreção do capitalismo multinacional já tinha chegado àquele recanto do capitalismo tardio. O prédio, inacabado, é onde Flávio Negão gosta de "receber" com fartos churrascos. Embaixo funciona uma das mais legítimas bocas de fumo da região.

Beá e Lula encostam no balcão para conversarmos um pouco. Os dois estão desempregados há mais de seis meses. Aceitam qualquer trabalho. Eles e mais uns três, do outro lado, à direita, fazem parte do "grupo da UERJ", a turma que me iniciou em Vigário. Gilberto, o Boca, aparece, sempre brincando, conversa um pouco e não esconde: "Vou ali dar um tapinha naquela maconha". Só agora reparo que na rodinha dos *desocupados* passa de mão em mão um enorme charo.

Não se sabe o que impede esses rapazes, sem emprego e sem

renda, de caírem no tráfico. Em matéria de juventude pobre, até a pergunta está errada. Não é "por que tantos jovens estão no tráfico?", mas "por que tantos ainda não estão?". Ainda não estão talvez por falta de vagas. Do balcão da tendinha dá para ver um bom pedaço do Rio e do Brasil. Quase em frente, à direita, está um grupo que resiste, mas que a cada dia é empurrado para a marginalidade.

A menos de cem metros, à esquerda, está o plantão da Boca, todos *ocupados* e bem pagos. Vivem aquela glória de que falava Itamar Silva na Comissão dos Cidadãos — "a glória que pode tornar épica uma vida medíocre". São três *soldados*: um, alto, com uma japona verde-oliva, carrega uma metralhadora a tiracolo. Os outros dois portam pistolas.

Há um quarto traficante que fica fazendo a ronda. Já tinha passado no meio da rua, em frente a mim, carregando uma preciosidade prateada, que brilha mais com a água da chuva. É uma arma quase toda cromada, diferente de tudo o que eu já tinha visto. Pela primeira vez tive vontade de pegar e olhar uma arma.

Mas nem pensar. O homem que a carrega não tem cara de bons amigos. Não cumprimenta quando passa — ao contrário de outros *soldados* que fazem questão de parecer gentis — e ostenta um legítimo figurino *destroyer*. É o próprio desconstrutivismo belga que está ali. Na cabeça, um gorro ninja. Na cara, uma barba desarrumada. Uma jaqueta de plástico imitando couro cobre pela metade uma camisa estampada com a fralda por cima da bermuda. O tênis, sem cordão, está enlameado. Não é uma moda pura, mas *malhada*. Mais expropriação do que apropriação. Ela vai buscar inspiração entre os excluídos — os sem-teto, os miseráveis e os bandidos — e acaba sendo usada por eles. Trata-se de um dinâmico intercâmbio comercial: o asfalto consome a cocaína da favela e esta, à sua maneira, a moda do asfalto.

Os olhos puxados desse modelo de moda marginal poderiam confundi-lo com um oriental, se não fosse tão escuro.

Numa dessas circuladas, para se desviar da poça d'água, ele passa bem rente a mim. Mirei na poça e fiquei parado como uma câmera fixa. Quando ele passasse, a arma estaria ao alcance da vista. Poderia olhar sem dar bandeira de excessiva curiosidade. Quando a peça prateada entrou no meu campo de visão, pude reparar: era igualzinha a uma filmadora. Tem até um punho, também cromado, para se segurar. O corpo dela resplandece, mas o cano, mais fino do que se poderia supor, é escuro. Levo um susto quando percebo que há um encantamento maldito nesse meu exercício de voyeurismo.

(Meses depois, quando soube de sua morte num tiroteio com a polícia, lembrei-me dessa imagem grunge e de quanto seu nome era inadequado à sua vida e obra. Ele se chamava Sócrates.)

Percebendo o interesse, Caio me informa disfarçadamente que é uma submetralhadora.

O rádio continua berrando um funk, e o mulato alto de serviço resolve acompanhar o ritmo batucando na sua metralhadora. Para isso, desafivela um pouco o talabarte, desce a arma até a cintura e faz dela uma guitarra de brincadeira.

Acho um absurdo e temo um acidente. Tenho vontade de chamar-lhe a atenção, principalmente porque de vez em quando, ao balançar o corpo, o cano daquela guitarra mortífera aponta por acaso para mim.

Já estou ali parado há quase duas horas, e a chuva, a impaciência, o mau humor me exasperam a sensibilidade e provocam um impulso que toma a forma de desejo ou delírio.

Me imagino chegando pro rapaz e dizendo: "Para de bater nessa porra, cara, num tá vendo que ela pode disparar!". E ele olhando para o colega e me encarando com espanto: "Num entendi, tio". E eu repetindo e os dois explodindo numa gargalhada horrorosa de escárnio, enquanto o cano da metralhadora é encostada no meu ventre: "Nos culhões ou no joelho?", pergunta um deles. "Nos dois, porra", decide o outro.

Já passam uns quinze minutos do meio-dia, quando Caio, de volta de uma das buscas, vem me "salvar" trazendo-me de novo à realidade. Está todo molhado, coitado, e caminha ao lado de uma loura que deve ser uma conhecida. Não para desde que chegou. Vai e volta, fala baixo com um, recebe um sinal de olhos de outro, me pede paciência.

O prestígio de Caio na comunidade só não é maior do que o respeito imposto por Negão — uma mistura de medo e consideração. Um mistério continua me intrigando: como se explica que um mesmo ambiente social, idênticas condições econômicas e culturais, uma mesma situação grupal tenham produzido, numa geração, Caio Ferraz e Flávio Negão?

É uma questão que desafia um mutirão interdisciplinar. Será preciso mais do que a sociologia — será preciso recorrer à biologia, à antropologia, à psicanálise.

Todo mundo deve saber o que estou fazendo ali, que estou à espera de Flávio Negão. Mas ninguém toca no assunto, nem mesmo para puxar conversa. Falam da chuva, "que não vai parar tão cedo", e aceitam como se fosse a coisa mais natural eu ficar ali parado sem ao menos beber. Só agora, quando chega Rose, a atriz do Teatro do Oprimido, aceito tomar uma Coca. Ela veio atrás de Caio e Penha para confirmar a reunião das duas horas no Ciep que vai tratar da Casa da Paz. Tinha ido ao dentista. Sensual, com o cabelo escorrido pela chuva, não sei o que faz ali. Veio do dentista, mas parece ter saído de um clipe de "Que maravilha", de Jorge Ben Jor.

Faltavam quinze para uma, quando Caio reaparece. Já de longe, pela cara, vejo que conseguiu o que os três ou quatro "emissários" não conseguiram. "Sem exagero", ele diz no meu ouvido, "corri umas oito casas pra encontrar ele."

Negão havia nos esperado até dez e pouco. Como não aparecíamos e apareceu uma gatinha de quinze anos, ele levou-a para dar uma trepada — deu e dormiu. Quem entregou o esconderijo foi aquela outra mulher, uma das oito, que passara antes com Caio. Se já soubesse que ele perdera metade de um pulmão, saberia também como ele estava gastando o que sobrou.

— Como é que vocês aceitam essa situação? — Caio havia perguntado antes para a loura. — Vocês não brigam?

— Que que a gente pode fazer? Ele não gosta que a gente briga — ela lhe respondera.

Logo depois surge Flávio Negão no começo da rua. Pela primeira vez o vejo de jeans e de tênis. Abandonara finalmente a sandália havaiana de cor laranja. Vem com uma camiseta malhada, escura, que parece uma dessas roupas de camuflagem do Exército. De perto vê-se que não. Do Exército mesmo só a inseparável pochete verde-oliva de onde sai uma pequena antena, com certeza de um aparelho transmissor. A tiracolo, o indefectível AR-15.

Pede que a gente acompanhe sua cunhada, Socorro, mulher de Djalma, e promete ir logo em seguida. Tem que dar umas ordens ao pessoal de serviço na boca.

Quando chegamos à casa de Djalma, ali pertinho, a televisão estava ligada no *Jornal Hoje* da Globo. Socorro oferece café e vai contando a história daquela casa. Só agora voltaram. Construíram e se mudaram para lá logo depois do casamento. Ela estava grávida de um mês quando aconteceu a tragédia. Uma madrugada, apareceram uns dez PMs, invadiram a casa e quase mataram os dois. Ficaram das cinco às oito torturando o casal.

Segundo ela, Djalma ficou em petição de miséria. Arrebentaram-lhe os dentes, bateram com sua cabeça na pia e tentaram enforcá-lo com uma toalha molhada. Nela, o mínimo que fizeram foi tentar estrangulá-la. "Apertavam, apertavam e depois soltavam. Fiquei com o pescoço em carne viva", ela recorda quase chorando. O pretexto era descobrir onde estava Flávio Negão, mas Socorro diz que, na verdade, os policiais queriam *mineirar*. Quando, por causa das agressões, ela perdeu o filho, decidiram abandonar a casa.

Negão chega, deixa o tênis enlameado na varanda e entra descalço. Só aí percebo que deveria ter feito o mesmo, com muito mais razão por apresentar os sapatos muito mais sujos. Peço desculpas à dona da casa pela falta de educação de quem está acostumado a só andar no asfalto.

Ele quer ver alguma coisa no telejornal, mas o *RJ-TV* já está acabando. Desliga a TV, coloca a arma em cima de uma cadeira e se senta no sofá ao meu lado. Caio está à esquerda, na poltrona. Ainda bem que Laine Kathly está no colo da mãe e não no chão, e assim não coloca em risco nenhum de nós ao querer brincar com aquela arma atrás de mim, que — como eu viria a saber depois — pode cuspir até noventa tiros por minuto.

Me senti na obrigação de dizer a Flávio Negão que aquela conversa gravada não seria um interrogatório e sim uma entrevista — o que ele dissesse não teria valor jurídico.

— Você pode ser franco que nada pode lhe ocorrer por causa dessa gravação.

Eu temia, como já havia confessado a Caio, que ele fosse posar de bom moço: "Não matei ninguém, não sou traficante, não sou bandido", essas coisas. Para isso, para desvendar suas opiniões e não as minhas, eu estava disposto a não polemizar com ele e muito menos a contestar suas ações, pelo menos durante a entrevista.

Como se verá pelas respostas, ele foi mais franco do que eu jamais poderia imaginar.

— *Você nasceu aqui?*

— Nascido e criado aqui dentro.

— *Estudou também aqui?*

— Não, estudar era lá fora, sempre lá fora.

— *Seus pais são daqui ou vieram de algum lugar?*

— Vieram de Lucas.

— *Eles são cariocas?*

— São. Os dois.

— *Como foi sua infância?*

— Era crente, lá em casa todo mundo seguia a igreja. Até uns quinze anos (rindo) minha família empurrava a gente pra dentro da igreja.

— *Qual era a igreja?*

— Testemunha de Jeová. Até hoje ela não larga.

— *Logo Testemunha de Jeová, que é a mais rigorosa?*

— É, é isso mesmo. Não pode nada. É um pobrema.

— *Foi uma infância feliz?*

— A infância da gente foi legal. Ficava à vontade, curtia pra caramba. Na época da gente não é como hoje.

— *Quando você começou a trabalhar?*

— Desde os onze anos eu já trabalhava. Aqui dentro eu vendia verdura. A gente trabalhava na tendinha, tinha um comércio. Minha mãe nunca deixava a gente à toa. Tinha cinco. Um ia estudar, outro ia pro Senai. Tinha eu e a garota que tomava conta da tendinha. A gente pegava verdura e rodava dentro da favela pra vender. Fomos indo. Com onze, doze anos, a gente fomo trabalhar na oficina de meu tio. Fiquei até uns quinze anos. Depois dediquei mais à escola. Lá pruns dezessete anos, consegui arrumar um emprego numa fábrica de fazer livro. Trabalhei quase uns dois anos nessa fábrica. Depois fui mandado embora. Depois meu pai conseguiu uma lanchonete e me botou junto com ele.

— *Fora daqui?*

— Lá na cidade, na Rio Branco. Fiquei uns nove meses trabalhando com ele. Mas depois a loja faliu e aí não consegui mais emprego. Fiquei pelejando, pelejando e nada. Aí foi onde que eu entrei pra essa vida.

— *Que idade você tinha?*

— Eu entrei nessa vida em 88, com dezenove anos.

Caio: — *Mas você já tinha um irmão…*

— Tinha um irmão primeiro do que eu. Ele tinha trabalhado na lanchonete, saiu e rodou em 88, quando eu entrei.

Caio: — *Estava roubando?*

— É. Foi roubar uma fábrica, aí virou.

— *Ele foi preso ou foi morto?*

— Foi preso. Ele tava precisando das coisas, pagar advogado, tava passando necessidade. Ele lá e a gente aqui afora tentando comprar as coisas. Meu pai, né, só ajudava ali na despesa por mês. Minha mãe era crente, mas nunca abandonou a gente. Até um passarinho na época eu vendi pra comprar coisas pra eles, meu pai quase me matou. Um passarinho! Pô, falou pra caramba. Fui me revoltando, vi que tava precisando, aí fui invadindo a vida.

— *Como é que foi sua entrada nessa vida?*

— Os cara vai levando a gente pra roubar um carro, depois rouba uma loteria, uma padaria, rouba uma farmácia, posto de gasolina. Eu nunca roubei foi ônibus, porque eu não queria roubar trabalhador. Ônibus só tem trabalhador. Daí pra frente, banco, banco, banco. E aí vai pegando fama. Um amigo meu que tá preso e que tinha uma boca de fumo me ajudou muito.

— *Você tomou o poder logo?*

— Não. Aí eu fui indo. Vamos dizer: a boca aqui era do Chiquinho Rambo, mas lá fora a gente tinha a da gente. Era eu e o Adão lá fora. Não tinha envolvimento com ele aqui dentro.

— *Você teve um tempo fora daqui, não foi?*

— Foi. Mas a gente tinha uma amizade perante a malandragem daqui. Eu era cria daqui. Mas os cara daqui ficava dependendo só da boca. O que entrasse ali pra eles tava bom. A gente já não pensava assim: a gente não vai ficar esperando entrar dinheirinho em boca de fumo. A gente corria atrás também, entendeu? Uns ficavam bolados porque a gente chegava com muito dinheiro, entrava aqui pra favela com malote carregado. “Pô, e não me leva nada?”, eles reclamavam. Por que não foram? Se tá sabendo que tem um assalto, tinha que tá ali cedinho.

Caio: — *Por isso eles não participavam da divisa?*

— Não participava não. A não ser o Mica. Pro Mica a gente tirava.

— *O Mica era o quê?*

— Mica é o meu sócio agora. Na época ele era dono sozinho. Quando botou os outros dois, um que tava foragido e o outro que morreu, foi onde que berimbolou tudo. Ele recebendo o bagulho sozinho até que tava maneiro, mas depois que passou a botar os outros dois, aí berimbolou.

— *Aí você se mandou?*

— Aí a gente saímo da favela.

— *Isso quando, em 90?*

— Isso foi em 93. Não, foi em 92.

Caio: — *Amigavelmente*?

— Não. Saímo um grilado com o outro. A gente saímo cabrero. Tinha um amigo da gente que eles queria matar. O cara era gerente da gente. Foi aí que começou tudo. Eles matando o cara, a gente tinha que tomar uma atitude, porque o cara trabalhava pra gente, o cara era gerente da gente. Antes de qualquer coisa, eles tinha que dar uma ideia à gente. Mas eles mataram o cara e não falaram nada pra gente. Usando o meu nome e o nome do Criolo (Adão), que tá preso, eles mandaram chamar o cara, que chegou e perguntou: “Cadê o Negão e o Adão?”. Aí eles falaram: “Negão e o Adão nada, rapaz, quem tá aqui sou eu”.

— *Liquidaram com ele?*

— Acabaram com o cara. Só ficou uns pedaços espalhados, na linha do trem.

— *Vocês foram expulsos pelo bando de Macaquinho, mas depois voltaram, não foi?*

— A gente sofremo um bom pedaço.

— *Mas acabaram invadindo a favela?*

— A gente ficamo cinco meses ali fora. Se a gente continua mais um mês, todo mundo morria. Polícia cercava de uma tal maneira que a gente não tinha mais pra onde correr. Que morador já tava com tanto medo que fechava as portas, a gente não tinha nem pra onde mais correr.

— *Como é que foi essa retomada?*

— Essa retomada foi num belo dia de Carnaval, numa sexta-feira. Eles sempre mandava recado, eles era abusado. A gente só ficava quieto, a gente não é de ficar mandando recado. Em vez de mandar recado, é melhor ir logo. Eles fazia o contrário: "Que o Adão virou Eva e o Negão virou neguinho", eles falava. Eu dizia: "Fala cum eles que a gente não vai entrar na favela, não". E, pelo Criolo, a gente não entrava mesmo. Mas eu, pô, eu tinha família aqui dentro. Eles chegava perto da família e dizia: "Nós vamo pegar ele e cortar a cabeça dele". Eu já não guentava mais. Mexer com família aí fica um bagulho chato.

— *Aí, nessa sexta-feira, você resolveu?*

— O Criolo viajava muito. Quando ele chegou de viagem numa terça-feira, na semana de Carnaval, eu falei: "Se tu não entrar quarta-feira, nem que eu entre pra mim morrer, mas eu vou entrar lá dentro". Aí os cara que tava comigo também falou: "Eu entro também". Aí o Criolo falou: "Quarta-feira eu não entro não, mas sexta-feira a gente vai entrar". Eu falei: "Vou esperar até sexta-feira. Se tu não entrar, a gente vai entrar". Quando foi na sexta-feira a gente entramo.

— *De noite?*

— Duas horas da manhã. Eles não tava nem esperando. Mas a gente tinha como apanhar eles. Porque tudo que acontece aqui, a gente sabe de tudo. A gente só não descobre o X-9, mas o resto a gente sabe de tudo.

— *Entraram quantos homens?*

— Eles falaram que tinha cem homens, mas só tinha 23 cabeças.

— *Falou-se na época que vocês liquidaram cinquenta.*

— É, falaram (rindo), mas a gente só matamo uma certa quantidade que tinha envolvimento no crime. A gente não matamo pessoa inocente não. A gente tinha as cabeças certas escrito no papel: quem ia morrer e quem não ia morrer. Tinha gente que não tinha nada a ver, que tão aí comigo.

— *Gente da turma dele?*

— É, que tá comigo hoje. E tá melhor do que tava na época deles.

— *Você escolheu alguns?*

— Eu escolhi o que eu aproveitava, que eu sabia que hoje não ia me criar pobrema.

Caio: — *Mica foi um deles, né?*

— Tem Mica, tem Galileu, Cimar, Loro, tem muita gente.

— *O chefão fugiu?*

— Foi embora. Um a gente pegamo, o outro conseguiu sair fora.

— *Vocês mataram quantos, afinal?*

— A gente matou sete pessoas.

— *Falaram em trinta!*

— Trinta não, foi sete. O resto ficou ca gente. Teve uns dez que foi embora. Teve Biludo, Macaquinho, Mumu, Marquinho.

Caio: — *Aí o João, irmão do Biludo, veio pro lugar dele, né?*

— Isso. O Biludo saiu e o irmão dele, João, trabalha comigo hoje, é gerente.

— *Esse Biludo sumiu*?

— Esse Biludo era um dos gerentes também daqui. Se ele fica na dele, ele tava ca gente até hoje. Mas ele foi na onda do outro. Inclusive o João, já falou que se pegar ele aqui vai cortar a cabeça dele. E é irmão, hein!

Caio: — *Todo mundo disse que o Comando Vermelho teve participação. Dessas 23 cabeças, veio alguém de outros lugares?*

— Nessa guerra a gente não queria envolver ninguém. O único que veio de fora foi o Gordinho, que é lá da Providência. Mas a gente tem amigo em Manguinhos, Borel, Varginha, Zinco. A gente tem muito contato. Se a gente mandar um toque — "pô, tô precisando de dez cabeças" — vem logo. Mas no caso a gente não queria envolver ninguém.

— *Tem gente que diz que o Comando Vermelho não existe, só dentro das cadeias.*

— Existe, existe sim. Fora e dentro da cadeia.

— *Você é ligado ao Comando*?

— Eu sou ligado a tudo. Se tiver algum pobrema, vamo dizer, fulano de tal área tá vacilando, o cara não tá agindo certo, a gente vamo lá. Que a gente tem que corresponder com os que tá lá dentro. Porque os que manda mesmo, eles tão lá presos. Então eles precisa da gente aqui fora. Então se precisar de alguma coisa, se eles pedir a gente tem que fazer. No caso, o Adão, ele representa a gente aqui. Ele é boa pessoa, qualquer coisa que ele pedir a gente faz pra ele.

— *Mas o Adão é porque é seu amigo, não é porque é Comando Vermelho, não?*

— É porque é meu amigo. Não tem nada de Comando, é porque é amigo da gente. Mas tem o lado do Comando Vermelho também.

Caio: — *O Comando é uma espécie de compadrio, né, funciona para manter uma estrutura de assistência aos amigos, é isso?*

— É. Tem que existir. Aí do lado (Parada de Lucas) é Terceiro Comando, aqui é Comando Vermelho. Tem que ter a facção. Se falar que aqui não é nada, eles vêm pra tomar.

— *O crime organizado então não passa de relações de amizade, é isso?*

— Isso. De amigos. Tem que ter uma amizade já antiga.

— *Não é uma organização que dá ordens e coisa assim?*

— Não, não. O que vale é a amizade. Se a gente puder fazer pela aquela pessoa que já fez pela gente, a gente vai fazer.

Caio: — *Quantas pessoas estão envolvidas com o tráfico no Rio?*

— Ah, tem muitas. Se botar na ponta do lápis! É um quartel, mané. É muita gente.

— *E todos muito bem armados, né*?

— E bem armados!

Caio: — *Uma vez eu li que o tráfico no Rio envolvia 150 mil pessoas, direta ou indiretamente. Chega a esse número?*

— (Rindo) Deve passar. Se juntar no geral, ih!, tem muito vagabundo, tem muita gente.

Caio: — *Qual é o critério pra ser Comando Vermelho ou Terceiro Comando*?

— A diferença, vamo dizer, um tem rixa do outro. A gente trata eles de *alemão*. Eles tem a facção deles e a gente tem a nossa. Mas não tem mais guerra. Isso aqui dia de domingo era o fim do mundo, né não, Caio?

— *Vocês fizeram a paz depois da chacina*?

— Depois da chacina, isso mesmo. Os policiais já tava botando que foi ele, o vizinho aí do lado, que fez isso aqui. Então ele reuniu os morador, pediu pra vir pra reinar a paz de novo.

— *Você teve algum encontro com ele?*

— Não, não tive. Eu tive assim recado, papel. Contato com ele pessoalmente eu não tenho.

— *É difícil?*

— Ah, é. Se eu tenho contato com ele, aí berimbola. Eu posso até ir lá, não tem nada, mas pra mim, pelo outro lado, vão dizer: "Foi lá conversar com o cara!". Aí vai ter vazação de papo, conversa fiada.

— *A polícia disse na época que você era uma pessoa fundamental pra esclarecer a chacina, porque no dia anterior, na praça Catolé do Rocha, você e seu grupo assassinaram os quatro PMs que teriam vindo* mineirar. *A chacina teria sido uma vingança.*

— Não foi não. Isso aí foi parada deles mesmo. Eles é que fizeram. Foi parada de acerto de pó. Ia chegar mercadoria pra cá e eles tavam esperando.

— *Essa mercadoria era pra você?*

— Era pra cá. Mas sendo que tinha mais gente envolvida, mais policiais envolvidos. Sendo que uns vieram na frente dos outros. Eles sabiam o horário, sabiam tudo. Eles vieram na frente pra apanhar, à paisana.

Caio: — *Pra dar um bote nos outros*?

— Não, pra dar um bote na mercadoria. Os quatro que tavam aí fora, tavam na frente dos outros. Uns dez tavam sabendo que vai chegar. Uns quatro sabia que é no horário de nove horas, mas os outros tavam comendo bola, pensando que é onze horas. Os caras de nove horas saíram e ficaram esperando. Quando os outros chegaram, viram logo: "Vocês vieram pegar o bagulho na nossa frente". Foi onde berimbolou.

Caio: — *Mas quem quebrou os quatro, foram vocês*?

— Não, foi os policiais mesmo — os que descobriu que os quatro vieram pra dar o bote na mercadoria.

Caio: — *Mas vocês estavam na praça, não*?

— Não, esse dia a gente não tinha saído não.

Caio: — *Você, não, mas tinha gente daqui lá.*

— Tinha, isso tinha.

Caio: — *Deve ter sido por isso que rolou o papo que…*

— … que a gente tava envolvido. Tinha gente, mas ligado mesmo na morte não tava não.

— E a mercadoria, vocês conseguiram recuperar?

— A mercadoria veio (rindo muito), mas veio por outro caminho. Eles ficaram bolado. Eles tava esperando, tava esperando e nada. Eles ficaram naquele clima: "Cadê a mercadoria?". "Já passou?" "Não chegou?"

— O que aconteceu afinal?

— Aconteceu que a gente mudou a rota. A gente fala no telefone pra eles ouvir: "Traz pela rua da praça, que é tranquilo". Mas aí já tem outro trajeto pra vir.

— Você fala de propósito para a polícia ouvir?

— Isso, porque telefone é tudo grampeado, não tem jeito: mesmo os celular.

Caio: *— Na verdade, esses policiais já estavam acostumados a dar bote?*

— Isso aí, cara! Essa semana mesmo tem uns cinco presos nossos lá que eles apanharam, mas sendo que dois veio embora e três ficou. Por cabeça eles cobra 100 mil e, se for um gerente, eles apanha 300 mil.

— 300 mil o quê, dólares?

— Não, 300 mil cruzeiros.* Eles dizem: "Manda vir trezentos que a gente solta". A gente manda e eles soltam.

— Você, se for preso, vale quanto, 1 milhão?

— Pô, se eles me pegarem eu não valho nada, eles vão me quebrar, porque eu já tou cheio de fama. Eu já avisei pro meu pessoal: "Não manda nada não, que eles pegam o dinheiro e me quebra". Eles tão revoltado comigo porque eu não dou oportunidade pra eles não. Se bater de cara, barulha eles ou barulha eu. Tem que ficar alguém. A gente nunca teve oportunidade de bater de cara

* Cerca de 5 920 reais, em 2024. (N. E.)

assim; já teve, mas ninguém ficou ferido, da gente nem deles. Só osso quebrado, mas ninguém ficou baleado.

— *Quando*?

— Vira e mexe a gente esbarra com eles.

Caio: — *Uma das vezes foi naquele baile do dia 30 de outubro, no sábado?*

— Foi. Teve o tiroteio, mas aí eles se mandaram.

— *E essa história de que você libertou o bandido Inseto numa delegacia?*

— Isso é conversa fiada.

— *Você conhece ele?*

— Quem, esse tal de Inseto? Conheço nada. Isso eles bota mais pra queimar. Eles tão querendo um meio pra entrar na favela. Depois que eles fizeram aquele bagulho, eles quer entrar. Mas eles só vai entrar se o Nilo Batista liberar. Aquele bagulho abalou, aquela chacina.

— *Como é que foi a chacina*?

— Foi no domingo, assim que acabou o baile. Ao meio-dia, o safado do Cláudio Russão ligou pra cá e teve um gerente meu que atendeu o telefone: "Pode avisar que meia-noite eu vou entrar". Eu soube e disse: "Se entrar, a gente barulha eles também". Aí a gente ficamos esperando: o baile acabou, o pessoal veio vindo. Mas eles já vieram da praça Dois arrebentando: matou até um moleque lá.

Caio: — *Vocês já estavam vendo eles?*

— Não, mas alguém avisou: "Tem um grupo lá na praça Dois, tão quebrando tudo, tudo polícia". Eu disse: "Mané, esses caras vão entrar". Daí a pouco eles vieram, mas não vieram por aqui não, que aqui a gente tava esperando, eles vieram lá pelo final da Brasília, lá pela Linha Vermelha. Aí começou: pá, pá, pá. Eu falei: "Ó, já tão entrando. Espalha todo mundo". Aí todo mundo ficou espalhado e ficamos um bom tempo trocando tiro com eles. O que tinha com a gente foi tudo neles. Depois que acabou tudo eles começaram. Se eu soubesse que eles iam fazer aquilo, a chacina, eu tinha matado uns dez deles. Eles tavam de um lado do muro e eu tava do outro. Eu não tinha bala, não tinha mais nada, só tinha bomba.

— *Bomba é granada?*

— É, eu tava cheio de bomba. Se eu soubesse que eles tinham feito isso com os morador, eu tinha matado pelo menos uma meia dúzia.

Caio: — *Quanto tempo durou o tiroteio, uma hora?*

— Ih, mais de uma hora. Um troca-troca danado. Nisso até escutei o grito do finado Amarildo e do Clodoaldo, eles tavam ali. Aí eu falei, mané, vai embora pra casa, não fica aqui. Se eles pegarem, eles vai matar. Amarildo disse: "Não, vou até ali no meu pai". "Não vai não, mané, eles já tão cercando a gente."

Caio: — *Por que você resistiu a jogar uma granada?*

— Porque eu achei que eles tava só batendo, espancando.

Caio: — *Você viu a cara de algum deles?*

— Eu vi todos eles, mas eles não me viram. Eu podia ter matado assim uns seis. Eu podia até jogar as bombas e morrer, mas eu ia levar uma boa quantidade deles. Eu tava do lado do muro e eles do outro, conversando. "Vamo embora, Janete", um falou. Era inclusive uma mulher lora. Tava cum capuz, mas eu vi o cabelo dela, era grande, cabelo loro.

— *Uma coisa não ficou muito clara: por que vocês não defenderam a comunidade?*

— Não, a gente lutamo sim. Achamos que a finalidade deles era só a gente. Era lá e cá.

— *Quando eles se juntaram na quadra, você diz que dava pra pegar eles. Não pegaram por quê?*

— Dava. Mas eu não sabia que eles tinha feito aquilo com os morador. Se eu jogo a bomba, eu não ia jogar uma só. Eu tava na bolsa com cinco. Eu podia jogar uma atrás da outra. Da onde eu tava (excitado), eu tava num basculante assim, de cima, e eles tudo embaixo, pra mais de trinta. O pessoal que tava comigo não tinha perna pra subir na cama e abrir o basculante. Eu abri na moral, eles tudo assim. Tinha como dar a volta, pelo quintal, eles não ia me ver que tava muito escuro. As bomba já tava só ca trava. Era só ir apanhando e jogando. Ia acabar cum eles, mas depois a gente ia ganhar a fama que foi a gente que matou os policiais. E se eles não tivesse feito aquilo com os morador? A gente é que ia ganhar a culpa. Iam dizer que a gente matamo policiais dentro da favela. "Tá vendo? Traficante faz isso, isso e isso, mata policiais, joga bomba e tudo!" Só depois é que a gente vimo o resultado.

Caio: — *Depois que eles saíram?*

— Depois que eles saíram.

Caio: — *Qual foi a lógica da chacina, se vocês dizem que não mataram os policiais?*

— A bronca é essa. O pobrema todo taí. Porque todo mundo tava pensando que foi a gente. Toda matéria falava: "A quadrilha de Flávio Negão matou quatro PM, fez isso e aquilo". E não foi a gente.

— *Mas eles sabiam que não tinha sido vocês. Que que eles queriam, um pretexto?*

— Um pretexto pra entrar na favela, vamo dizer, pra acabar com todo mundo. Eles tava com raiva porque a quantidade de pó era muita, valia muito dinheiro.

— *Os jornais disseram na época que eram 87 quilos, da pura, é isso mesmo*?

— Não. Era 67 quilos. Pra quatro! Os outros ia ficar voando.

Caio: — *Rolou um papo na época que eles poderiam ter vindo para desestabilizar o governo do estado.*

— Eles tem uma bronca danada mesmo. Eu tenho aquele radinho de escuta e ouço eles xingar muito. O Nilo Batista sofre. Nilo Batista, Brizola. Eles pensa que o Brizola apoia a bandidagem. E o caso é que não apoia. É tudo pra queimar o Nilo Batista. Eles são safado. Polícia é uma praga. Quando eles vai fazer a greve deles, eles diz que só tem revólver podre, enferrujado. É mentira. Os vagabundo chega aqui tudo de fuzil AR-15. Eles tem arma tudo pesada, que nem a nossa.

— *Por falar nisso, que arma é essa aí atrás, AR-15?*

— É, AR-15.

— *É a melhor arma que tem?*

— É, uma das melhor.

— *É a que você mais gosta?*

Caio: — *Quantos tiros ela dá?*

— Tem pente até de noventa.

— *Noventa tiros por minuto?*

— Por minuto. Num minuto sai tudo.

— *Você já atirou muito com essa aí?*

— Essa aí eu tenho uma confiança nela danada (rindo com carinho). Eu não largo por nada. Só quero do meu lado.

Caio: — *Ela fura uma parede?*

— Rebenta.

— *Você já atirou muito com ela?*

— Já. Essa aí, eu já dei muito tiro com ela.

— *É de estimação?*

— Ah, é. Essa é antiga. Dois anos que eu tenho ela.

— *Quanto é que custa um AR-15?*

— Quatro mil dólares. Se a gente fosse comprar lá, é 2 mil dólares. A pessoa que vai apanhar lá, já chega aqui e vende pra gente por 4, 5 mil dólares. Já ganha 2 mil ou 3 mil dólares em cima de uma peça.

— *É a mais cara que tem?*

— É a mais cara que tem.

— *A Uzi é mais barata?*

— É. Dois mil dólares.

— *Uzi é metralhadora?*

— É metralhadora, aquela pequenininha.

Caio: — *Qual a diferença entre o AR-18 e o AR-15?*

— Não tem AR-18 não. Tem M-16, AR-15, M-14, só.

— *Esse M-16 é aquele do Exército americano, não?*

— É. Fuzil também. Mesmo calibre daquele ali (apontando para o AR-15 que está na cadeira). Só que a fabricação é outra. Aquele ali é AR-15, mas é o mesmo calibre da M-16. A bala é a mesma coisa. O que muda é o modelo da arma, onde foi fabricada a arma.

— *Pistola você não usa?*

— Tem vez que eu ando.

— *Qual é a pistola?*

— Nove milímetros.

— *É a sua preferida?*

— É, nove milímetros é a melhor.

— *Essa arma (AR-15) é pesada, não? Quantos quilos deve pesar?*

— (Rindo) Sei lá, pesa uns oito quilos e tanto, eu já tou até acostumado que nem sinto mais ela. Boto nas costas e vou.

— *Você tem boa pontaria?*

— (Rindo) A gente costuma acertar.

— *Vocês treinam onde?*

— A gente jogamo uma lata dentro do mangue, ela vai descendo e a gente atirando. Não erramo uma.

Caio: — *Em Lucas eu não vejo as pessoas tão armadas. Em alguns morros do Terceiro Comando, também. Há uma orientação do Comando Vermelho para andarem ostensivamente armados?*

— Não. A gente anda mesmo porque, vamo dizer assim, necessita de andar armado. Eu não posso largar aquilo ali não. Eles querem me segurar. Mas eu não vou dar essa chance pra eles. Vamos dizer, se eu dormir aqui e eles entrar, pode ter duzentos homes, até mil, não adianta. Se eu puder matar eles, eu vou matar. Botar algema em mim, não vou deixar. Porque esses crimes que aconteceu — quatro no Jardim América e esses quatro aqui — vão querer jogar em cima de mim.

Caio: — *Vai dizer que não tiveram nada com o crime do Jardim América?*

— Nada, nada. O negócio é que teve um que veio minerar aqui dentro. Um não, veio dois. O Rosivaldo trabalhava pra gente, tava com um fuzil como aquele ali (AR-15), deu de cara com eles. Aí, pum!, pegou um, matou. Sendo que na frente deu com os outros policiais e nesse troca-troca ele também ficou baleado. Depois os policiais encontrou ele e matou ele. Que que eles fizeram? Pegaram o policial aqui de dentro e botou lá fora, dizendo que a gente arrastamo o cara de dentro do ônibus e matamo dentro da favela. Brincadeira. Eles entraram pra minerar e deram essa falta de sorte. Nesse dia esse policial que morreu não tava de serviço. Eles foram na casa do cara e falaram pra mulher: "Chama fulano aí que vai ter um trabalho e ele vai ter que participar". A mulher do cara depois soltou os bicho: "Vocês foram apanhar meu marido em casa pra morrer". Eles explicam lá no batalhão assim: "Os traficantes sequestraram ele dentro do ônibus e levaram pra dentro da favela".

— *Você se sente seguro?*

— A gente tem gente do lado da gente caguetando a gente. Tem até telefone celular, o vagabundo, o X-9. A gente entramo aqui agora, entendeu, e a gente não sabe. Tem gente que viu a gente entrar aqui. Se eu quiser almoçar, uma coisa assim, tem que ser questão rápida, entendeu, bagulho rápido. A gente não pode demorar. Se eu for na casa de uma tia minha, na casa de minha mãe, eu tenho que ver ela rápido, no mesmo pé entrar e sair. Porque não pode demorar.

— *Como é viver assim tão perto da morte? Você sabe que não vai morrer de velhice, não é?*

— É. A gente não sabe daqui pra mais tarde como vai ser. A gente não sabe se vai amanhecer.

— *Você tem medo de morrer?*

— Medo eu não tenho não. Não tenho medo de morrer não.

— *É uma coisa que você encara com naturalidade?*

— Tenho medo é de covardia. Se me matar logo, pra mim tá bom. Pior se ficar torturando a pessoa. Porque, no caso aqui, se a gente for matar, a gente mata. Mas chegar ali com uma faca e ficar, eu já não gosto desse tipo de coisa. É pra matar? De qualquer forma a pessoa vai morrer, não vai? Então chega e mata logo. À bala e joga fora.

Caio: — *Você resolve tudo aqui dentro?*

— Tudo é a gente que resolve. Qualquer coisa que robar, até um passarinho, vem dar queixa. Mesmo que a gente não descobre, fica sabendo.

— *Como é a história daquela moça que roubou o bujão?*

— Ela não conseguia carregar o bujão, porque tem pobrema de pulmão, aí o cara pessoalmente foi lá e pegou o bujão. O pessoal aqui do *movimento* tomou uma atitude errada, porque não escutou o cara falar. Tinha que deixar o cara falar. Mas tudo cheirado — na hora não tinha ninguém —, aí espancaram o cara. Ele tinha comprado o bujão, não tinha robado, e foi apanhar. A gente pagamo a despesa todinha do cara. Um médico que vem sempre aqui dentro, trabalha na farmácia, mandou os remédio. Compramo todos os medicamentos e demo pro cara. Ele tá bem, tá na favela. Mas ficou um bagulho chato porque o cara é morador e nunca aconteceu isso com ele. Aconteceu agora e aí ele se sente magoado. Depois fomo lá, conversamo com ele, mas mesmo assim não adianta. Apanhou, não tem como retornar. Depois, eles pegaram a garota, bateram nela, furaram a mão dela e mandaram pro hospital também.

— *Mas teve um outro, de vocês, que também foi ferido e levou tiros.*

Caio: — *Foi o Mamão, que saiu correndo pela escada.*

— Ah, o Mamão. Esse aí, coitado, não tinha nada a ver, também, é outro.

Caio: — *E por causa disso eu quase levei um tiro.*

— Os meus cara pensou que ele tinha derramado. Aí trouxeram ele e iam levando pra cachanga (esconderijo), quando Deus salvou ele. Foi Deus que viu que o cara não tinha nada a ver. O outro, que é quem tinha robado, tava lá, passando batidão. E o cara aqui na mão da gente: "Não cheiro, não faço nada". "Mas cumé que tu derramou, cara?" Não soube explicar, de tão nervoso que tava. Aí teve uma crente que passou na hora. Dia de domingo, as crente vem com um papelzinho, dando uns folhetos, Jesus te salva, Jesus não sei o quê. Aí deu um na mão dele. Isso na rua, indo pra cachanga. Daqui a pouco o cara sai voando, com o folheto na mão, correndo no meio de uns quinze, vinte vagabundo. Pegou a rua, despinguelou e vagabundo pou-pou-pou pro alto e pou-pou. O cara subiu a ponte e nego dando tiro. Aí desceram de carro e foram até na Brasil atrás do cara, mas ele conseguiu ir embora. Passou duas semana, o cara que tinha robado começou a vacilar. E derramou também. Aí chamamo ele. Morador daqui, cria daqui, escuta bem: "Cadê as carga?". Contou uma história, levaram ele, apertaram: "Cadê as carga?". "Ah, eu cherei tudo, gastei ca minha mulher, fui pro hotel." E o pau tá comendo. Ele já não tava aguentando mais. Aqui dentro, pra bater! Os caras gosta de bater.

— *Bate com quê?*

— Pau, ferro, pé, chute na cara, mete a porrada mesmo, o pau come. Aí o cara falou: "Realmente foi eu que robei a carga do Mamão". Eu falei: que safado, mané! Imagina se a gente tivesse matado o cara. Graças a Deus que ele foi embora! Tá vivo. Até mandei um toque pra ele vir aqui. Enquanto isso, o pessoal tá espancando o cara que robou: "Vamo matar, vamo matar!". E a família chorando na esquina, já sabendo que ele tá amarrado na cachanga pra cair. Tá a filha, tá a mulher, tá a mãe, tudo chorando. "Vamo matar, vamo botar logo no carro e vamo levar." Eu falei: "Não, não é assim também. O cara é cria da favela. Tá certo que o cara derramou — errou! —, mas a família do cara tá ali: mãe, filho, mulher, tudo ali chorando na esquina".

Chamei todo mundo: "Olha lá o pessoal tudo chorando". Porque a gente é bandido, a gente leva essa vida, mas também percebe as coisa. Tem o momento de ser ruim, mas é só uma criança pedir pra gente não fazer, a gente não faz. Se eu falar: "Não vai fazer", ninguém também não faz. Eu olhei assim, falei: "Sabe duma coisa: quanto foi o prejuízo?". "Duzentos e tal", disseram. "Então, não mata o cara não. Eu que tou pedindo pra não matar. Deixa o cara vivo. Eu dou até o dinheiro pra não matar." E eles: "Pô, depois que já tá tudo pronto!".

— *E como terminou?*

— Ele tava todo espancado, até hoje tá arriado dentro de casa. Ficou todo quebrado, mas tava vivo. Olhei assim: "Pode deixar comigo. Desamarra ele". Desamarrou, tiraram o bagulho da boca dele. Aí falei pra ele: "Tá vendo que que tu arruma? Pra entrar nessa vida não é assim não. Tu vai embora, mas vou te falar. Tu não vai se envolver mais com boca de fumo. Tu vai trabalhar, tu vai ter que mostrar tua carteira assinada pra mim". Tava com a roupa toda rasgada, mandei apanhar uma roupa na casa dele. Foi assim que eu livrei a cara dele.

— *E depois ele mostrou a carteira?*

— (Rindo) Mostrou. Não é bem carteira, porque tá em período de experiência. Ele mostrou contrato e o contracheque. Morador vê um bagulho desse, passa a ver que tem recuperação.

— *Esse é um caso que você impediu. Agora, lembra de um caso em que você decidiu a execução ou executou.*

— Deve ter uns dois mês: foi o caso de uma mulher que rodou lá na boca e foi pra 39ª DP. Chegou lá e disse pro delegado que sabia onde um moleque tinha escondido uma metralhadora. E levou os homes onde tava a arma. Eu tive que dar 400 mil pra soltar o moleque. Ela morava aqui na favela, caguetava e ficava aí mesmo. O moleque pegou, não matou não. Deu um socão por dentro da cara dela e ela veio com o olho roxão aqui pra dentro. Foi um dia de domingo, eu tava bem ali, ela chegou com os papel na mão e com a bolsa com a roupa dentro. "Ah, que eu vim aqui dar queixa do Zé do Maranhão e do fulano e do bertano, porque rebentaram a minha cara." Aí eu olhei pra cara dela e falei bem assim: "Vem cá. Não foi a senhora que foi na 39?". "É, realmente eu fui lá na 39." "E o que que a senhora falou com os policiais lá?" Aí, não foi eu só que escutei. A malandragem toda tava ali. Foi no miolo da boca. "Fui lá porque o delegado mandou me chamar, pra mim reconhecer o Zoio de Gato, eu falei que era o Zoio de Gato, inclusive eu levei os policiais lá." Ela tava se passando como maluca. "Ah, é?, então vamo embora conversar." Levei lá na cachanga, peguei uma folha dela e tinha uns telefones da DRE, do delegado e dos policiais da DRE. Até cartão de muita gente. Eu falei: "Não precisa falar mais nada não". Levei prum canto e quebrei ela logo.

— *Quando você diz quebrou quer dizer que você matou?!*

— Eu matei, é. No caso, eu matei.

— *Você nunca sente remorso?*

— A gente fica sentido, né? Mas também tirar a vida da pessoa, vamo dizer, sem ter fundamento nenhum, eu não tiro. Tiro sim, quando tou sabendo o que tou fazendo.

Caio: — *As penas são sempre a morte?*

— Estuprador, ladrão de bujão de gás, eu não mato não. Mas eu furo a mão, furo o pé, boto pra ir pro hospital, pra não deixar acontecer. Porque se deixar acontecer, vai acontecer sempre. Tem aquele ladrãozinho de favela: aí roba um balde, roba uma roupa no varal, roba uma pá, uma ferramenta de obra, um tênis de marca. Se a gente descobrir quem é, a gente fugueta logo. Porque se a gente deixar acontecer, aí vai robar uma televisão. O morador vê que a gente tá fazendo um negócio certo.

— *A população apoia?*

— Ah, sim, porque se deixar acontecer, daqui uns dias tão robando o deles. Ah, é ladrão? Tem morador que até bate também. O quê? O pau come. Bota na mão de morador e morador bate.

— *Quando houve aquelas brigas de funkeiros nas praias, dizem que você reuniu os meninos. É verdade?*

— Chamei, pra mais de quinhentos funkeiros.

— *E aí, que que você disse?*

— Eu não falei que ia matar, que ia fazer. Falei que não queria que eles me enxergasse como bandido. Queria que eles me enxergasse como um amigo deles. Tinha uns quinhentos! Mulher, homem. Aí eu dei uma ideia a eles que eu acho que valeu a pena. Até hoje eu acho que não houve mais nada. Parou. Esses moleques, a maioria é engraxate. Fica tudo lá pra baixo. Participa de baile, diz que é CV, é não sei o quê. Mas não é nada disso.

— *Não tem nada a ver com vocês?*

— Não tem nada a ver ca gente, com nossa quadrilha aqui. Fala que é de Vigário e queima mais ainda. Eu não bati em ninguém, não fiz nada com ninguém. Eu dei só uma ideia pra não acontecer mais. Eu falei que se acontecesse, eu ia logo dar um exemplo a eles. Vamo dizer, o primeiro que acontecesse eu ia matar. Eu falei que não ia livrar a cara de mulher e nem de homem. O primeiro que viesse com briga aqui na favela ou lá embaixo, em Copacabana, eu ia matar. Então, de lá pra cá não houve mais.

— *E essa reunião você fez onde?*

— Eu fiz lá em cima no Mercadinho. Muita gente! E não foi só daqui não. Veio gente lá de fora, veio do Dique.

Caio: — *Só no papo?*

— Só na ideia. Não foi nada de terror, não. O pessoal que tá pegando ônibus é trabalhador. Senão, pegava um táxi, não ia de ônibus, ou comprava um carro novo. Eles pegaram uma mulher e jogaram fora do ônibus, não sei se o senhor soube, saiu na matéria. O senhor soube que jogaram uma mulher?

— *Não, eu não soube não.*

— Inclusive a polícia parou e quebrou todo mundo na porrada. Teve duas minas que chegou aqui com os dentes quebrados. Aí eu perguntei a elas: "Vem cá, por que que os policiais quebraram teus dentes? Tu tem que mentir é pra eles, pra mim não". Ela falou: "Realmente eu tava robando. Eu robei mesmo, por isso que eles me quebraram". Eu falei: "Se você tivesse sentada no seu cantinho, eles não ia lá te bater não. Você tava robando relógio. Quanto vale o relógio?". Ela falou que vendeu o relógio por 1300 cruzeiros. Eu falei: "E quanto vale os seus dentes agora? Não vai nem pagar os seus dentes". Quando eu perguntei quem é que tava na praia, eu acho que uns duzentos, todo mundo levantou o braço. Falei: "Vocês acha bonito o que vocês fizeram? Viu a matéria que saiu na televisão, falando que é de Vigário?".

Caio: — *Você viu que eles fizeram "CV" com o dedo?*

— Vi. Aí eles disseram: "Realmente a gente erramo, mas a gente não vai fazer mais". Da parte daqui, eu creio que não vai ter mais isso.

— *Você sai pouco, né?*

— Não. Eu ando tudo.

— *Vai pra Zona Sul, vai namorar?*

— Vou, pra hotel…

Caio: — *Pra baile?*

— Não. Baile eu não vou não. Já fui a muitos, mas na fase que tá, que tão me queimando mesmo, aí eu não posso ficar dando mole. Eu vou aqui no baile do União.

— *Você é um homem rico?*

— Rico, não sou não.

— *Você reinveste o dinheiro?*

— Meu dinheiro, vamos dizer que eu não esbanje, que eu não faço farra.

— *Você gasta mais em quê?*

— Mais em despesa. Eu invisto alguma coisa: no comércio, na equipe, na comunidade. Estou fazendo uma quadra lá atrás também. Eu quero ter orgulho de ver montada. Eu não sei se vou ter oportunidade de ver montada. Se eu puder ir gastando o mais rápido possível, pra mim é melhor. Tem a lanchonete também que eu estou fazendo.

Caio: — *Conta em banco, investimento assim, você não faz?*

— Não faço não. Uma vez eu perdi um dinheiro assim. Eu investi uma vez num negócio do meu irmão, espremeram tudo, perdi tudo, não fiquei com nada.

Caio: — *O Adão tinha investimentos em apartamento.*

— Mas isso eu tenho: casa, táxi, caminhão, eu boto em alguma coisa que amanhã ou depois eu sei, se eu precisar, onde retornar. Pode até demorar, mas sei que o bagulho meu tá garantido.

Caio: — *Você sabe qual é o seu movimento por mês?*

— Não, isso aí eu não creio não. Tudo que eu faço é pra minha família. Eu não apanho nada. Eu tenho táxi, mas eu não apanho o dinheiro do táxi. Eu dou pra minha filha, pro meu filho, pra minha mulher. Eu quero é que não desfaz. Escangalhou? Tem que reformar, consertar, botar pronto. Você vê que meu irmão trabalha. Se ele fosse outro, ele tava do meu lado, segurando uma arma. Ele não, tá todo sujo de graxa.

Caio: — *Mas quando ele precisa tu dá uma injeção.*

— É, eu ajudo ele, porque eu sei que o dinheiro dele não dá.

— *O movimento daqui é importante no esquema do Rio? Tem gente que fala em milhares de dólares por semana.*

— Não, não é isso não.

— *Se a gente falar em 500 mil dólares, é um absurdo?*

— É um absurdo, é muito dinheiro, não entra isso não.

— *Duzentos mil?*

— Aqui, por semana, retorna em torno de 2 milhões de cruzeiros.

— *Dá o quê, só 5 mil dólares?*

— E isso a gente tem que dividir entre três. E ainda tem que pagar a mercadoria. A gente não sabe fazer. Se soubesse fazer (rindo), ficava diferente. Aí ia arrebentar mesmo. Mas eu não sei fazer. Então a gente apanha de fora.

— *Tem gente lá na Zona Sul que ganha mais do que vocês com essas paradas aí?*

— Ganha. A comunidade é pobre.

— *Não, o que eu quero dizer é o seguinte: tem uma outra ponta nesse esquema, além de você, fora daqui, que ganha com isso e que não aparece?*

— Tem, tem, tem.

— *O Flávio Negão não é a última ponta dessa fieira?*

— Tem mais gente, lá fora.

— *Quem é essa gente? Quem manda em Flávio Negão?*

— Isso eu não posso dizer.

— *Mas é gente importante?*

— Ah, é, muito importante. Tudo colarinho branco.

Caio: — *Empresários, políticos?*

— Tem de tudo.

Caio: — *Tem um livro sobre o Comando Vermelho, não sei se você leu, que diz que o Adão é um dos grandes fornecedores de armas do CV.*

— Não é não. A gente tem o contato, o *matuto*. A gente tem o contato com aquela pessoa. Ele só chega aqui e entrega à gente: é tantos dólares, se a gente quiser; se não quiser, ele leva de volta.

— *Quer dizer, vocês não saem para buscar arma?*

— Não, a gente não sai pra apanhar nada lá fora não. Pro Estados Unidos, vamo dizer, como é que a gente vai atravessar? Aquilo ali passa por aeroporto.

— *Você já fez alguma viagem internacional?*

— Não. Já fui lá pro lado de Mato Grosso. Pra fora não.

— *Que cicatriz é essa no peito?*

— Foi tiro. Me roeram o dinheiro na época. Vai fazer dois anos. Pegou no pulmão. Eles pegaram, me extorquiram o dinheiro. Se eu não desse eu ia pra dura. Então eu tinha que dar pra vir embora. Quando é assim a gente dá mesmo. Eu fiquei sete mês parado, fiquei arrasado, sem nada.

— *A polícia toma mesmo dinheiro assim? É geral?*

— Apanha. Até delegado. Eles tudo é uma cachorrada só. Delegado e policial. Vamo dizer, eles me apanham pra me levar pra delegacia. Eles não vai ficar andando comigo, porque fica com medo dos caras sair pra me resgatar. Eles pegam, me botam dentro de uma casa ou me bota dentro de uma delegacia e deixa escondido lá pra dentro.

— *Você hoje é um dos bandidos mais procurados, não?*

— Mais procurados.

Caio: — *Como é que você se sente?*

— Porra, eu fico assim meio… (ri)

Caio: — *Você dorme tranquilo?*

— Não durmo tranquilo não. Não dá pra dormir não. Policial já chega aqui dentro: "Cadê aquele fulano?". Se entrar trezentos policiais aqui revirando, isso aí abala a gente. É melhor a gente dar um tiro na cabeça, pra acabar logo.

— *Você gosta dessa vida?*

— A vida que a gente leva é barro duro. É uma vida sofrida mesmo. A gente pula a maior fogueira, não dorme de noite. Eu gostaria de sair dessa vida, entendeu?

Caio: — *Você acha possível?*

— Eu creio que dá pra mim sair. Sair não, sair assim de vez não dá. Mas eu posso sair. Eu posso ir pra fora daqui do Rio, pra qualquer lugar.

Caio: — *Suponhamos que você fosse para Mato Grosso. Seria difícil te encontrar?*

— Eles não me acham não, Caio. Se eu sair, eles não me acham não.

Caio: — *Soube que teve um cara de vocês que saiu.*

— Saiu e ele tem pobrema na Justiça. Mas eles não acham ele não. Onde tá, tá bem. Tá só curtindo a dele.

— *Quantas condenações você tem?*

— Não tenho condenação nenhuma não. Inquérito mesmo que eu tive, muito tempo atrás, foi negócio do meu irmão, que a juíza falou que eu tava ameaçando os pessoal e eu não tava ameaçando ninguém. Aí a juíza mandou me prender. Fiquei nove dias preso. Aí depois ela mandou me soltar. Em 89, eu rodei também metendo um negócio do carro-forte, dentro da Kelson. Mas com um mês e 23 dias o advogado me botou na rua.

— *Já era carro-forte? Então foi um dos primeiros, antes de virar moda, não?*

— Em 89 a gente já barulhava. Agora, ganhou fama: é o grupo caipira, grupo não sei o quê.

— *Você sabe tudo o que acontece aqui dentro?*

— Ah, sim.

— *Quando eu entrei aqui a primeira vez, você soube que eu estava entrando?*

— Soube. Aqui, quando entra, é porque entra acompanhado. No caso, o senhor entrou com o Caio. Sozinho, o senhor não ia entrar. Se entrasse sozinho, o senhor já tá sendo olhado desde lá na frente. Ninguém vai parar o senhor, mas todo mundo já tá olhando. O senhor vai ter que contar uma história na saída. Se o senhor entrou, é que tá procurando alguém. Se o senhor entrar, rodar, sair, não falar com ninguém, o senhor pode tá até em cima da ponte, mas a gente vai lá e busca o senhor. "O coroa lá tá andando, deu a volta por ali, voltou, retornou de novo, saiu pela Vila Nova, vai passar lá na frente agora, não sei o que ele tá procurando." Mas antes de dar uma dura, eu mando uma pessoa: "Vem cá, o senhor tá procurando quem?". Mas em geral a pessoa já vai direto no *movimento*: "Eu tou procurando fulano, há muito tempo que eu não venho aqui". Se eu tiver ali na hora, eu digo: "Leva lá na casa de fulano, que é parente dele. Pra não ficar rodando".

— *Outra coisa: eu deixo meu carro lá fora. No primeiro dia, esqueci o carro aberto e saí à meia-noite. Aí me disseram: "Fica tranquilo que aqui ninguém rouba".*

— Ninguém mexe não. Da localidade, ninguém mexe. E de fora também não. Porque eles sabe como é que a gente é. Tem umas duas semanas, robaram da minha Kombi. Mas quem que foi? Foi polícia que robou, o vigia viu. Quebraram o vidro e apanharam o rádio. O pobrema é a polícia.

— *Você tem três filhos e um quarto a caminho, né?*

— É, tá a caminho já.

— *Qual a idade?*

— Um tem dois anos, Flávio Júnior; o outro é o Jeferson, que tem um ano e pouco; e tem um que é o Jarbas, tá agora com sete meses.

— *O que está a caminho deve nascer quando?*

— Acho que outubro. Outubro não, antes disso.

— *São várias mulheres, né? O Caio andou umas oito casas pra descobrir você.*

Caio: — *Não dá briga dessas garotas não?*

— (Rindo muito, satisfeito) Ih, dá uma brigalhada danada. Cê não viu a lora ali atrás de mim? Uma praga!

Caio: — *Eu brinquei com ela: "Vem cá, o cara dá no couro legal?". Ela riu.*

— (Dando gargalhada) Tem que ser um pouco pra cada uma.

Caio: — *Eu nem sabia que você estava com a Angélica. Ela tem quinze anos!*

— Angélica tem quinze anos e já é mãe do Jarbas.

— *Você gostaria que seus filhos seguissem a sua vida?*

— De jeito nenhum.

— *Que que você quer que eles sejam?*

— Quero que eles estude. Vou deixar bastante pra eles pra isso.

— *Por que o apelido de Negão?*

— É de infância.

— *Eu achava que você era um negro enorme. Você mede de quanto?*

— Um metro e pouco, um metro e sessenta, por aí.

— *O Caio mede 1,59 m. Você deve ser a mesma coisa. E pesa quanto?*

— Uns quarenta e pouco, 47.

Caio: — *Não foi pelas marcas de queimadura também?*

— Não, isso foi de infância mesmo. Eu tenho uma irmã que é morena também. Os outros tudo branco: Djalma, Lúcia e Jarbas era branco pra caramba. Eu e ela saímo moreno, puxamo a minha mãe. Então um vizinho: "Ah, o Negão e a Nega". De lá pra cá danou.

— *E essa cicatriz aí na testa?*

— Bati com o carro. Fui levar uma pedra pro cemitério e quase que eu vou junto também pra lá.

Caio: — *Você uma vez caiu também de uma laje, não?*

— Foi lá de cima da associação. Quase que eu perdi essa perna aqui, a esquerda. Tava soltando pipa, no tempo de moleque, não medi a laje e fui lá embaixo. A telha cortou. Tomei trinta e tal ponto.

— *Na perna foi queimadura?*

— Foi.

— *Você tem problema de saúde?*

— Tenho, tenho. Pobrema de pulmão. A bala atingiu, eu perdi 50% do pulmão esquerdo, onde foi atingido. Mas eu me sinto bem assim.

— *Mas você também tem uma vida saudável: dizem que você não bebe, não fuma, não cheira.*

— Fumar a gente fuma, vamo dizer, pra dar uma fome. A gente não sente fome. Se a gente fumar uma maconha, dá fome. Mas não é todo dia não.

Caio: — *Mas tem muitos dos seus que fumam.*

— Tem gente que já acorda com um bagulho na boca.

— *Você não cheira porque, como chefe, não deve cheirar ou porque você não tem vontade?*

— Não, eu não tenho vontade. Não fumo, não cheiro, não bebo. Já é de mim mesmo, de próprio de mim mesmo.

— *Mas um chefão como você, se cheirasse, não perderia a moral?*

— Não, não perde não.

— *Mas o seu pessoal cheira?*

— Eles fuma, cheira, fica naquele pânico. É vício deles mesmo. Quando eles cheira, eles fica tudo envenenado. Eu já não gosto nem de ficar perto. O Chico Rambo, quando ele cheirava, ele danava a matar morador. Num plantão de noite, que nem hoje de manhã, tinha uns caras cheirados. A gente fica vigiando, que tem morador que tem medo. Vai comprar um pão na padaria: "Ih, fulano tá chapado". Chega uma certa hora que é preciso mudar de plantão. Tal hora você recolhe um e bota logo outro. Por causa que o morador tem medo deles ficar com aquela arma na mão e cismar contigo. Se eles cismar com aquele buraquinho da fechadura ali, ele vai ficar aqui olhando direto para aquele negócio ali, já apontando assim. A pessoa toma medo. Eu mesmo não gosto nem de ficar perto. "Vai lá, rapaz, vai dormir, vai descansar!" Aí eles se manda. Mas também tem pessoa comigo que não cheira, não fuma.

— *Você não tem medo de um cara desses se rebelar contra você?*

— Não tenho não. Não tenho porque eu conheço eles.

— *Como é a hierarquia aqui: você lá em cima e abaixo de você tem o quê, os gerentes?*

— Tem gerente, tem vapor.

— *Soldados quem são?*

— Soldado é os que fica vigiando, fica andando, rodando de bicicleta.

Caio: — *Não tem fogueteiro?*

— Tem, mas não precisa mais não. Os fogos agora é eletrônicos.

— *Eletrônicos?*

— É. Depois o senhor vai lá dar uma olhada. É só apertar, detona na hora. Porque antigamente tinha um montão de fogueteiros. Os policiais entrava e os fogueteiros *chapado* não sabia se acendia ou se corria. Isso aí atrasava a gente. Agora não: "Os home deixou a passarela, os home tá entrando", aí eles já vai no botão e detona na hora.

Caio: — *Isso existe em outro lugar?*

— Não, isso foi a gente que inventamo.

Caio: — *Como são suas relações com Nahildo?*

— A bandidagem não se mete com seu Nahildo, não. Tem uma eleição, como ia ter agora, a gente não tem envolvimento com nada. Quem ganhar leva. Mas tem que fazer pela favela. O seu Nahildo já fez muito. Eu chego e digo: "Ô, seu Nahildo, será que não tem condições de botar água na Brasília?". Uma ideia, mas ele é que decide. Calor de quarenta graus, o pessoal sem água. Ele instalou a água. A gente dá só uma ideia.

— *Lá em Lucas, o seu Ari da Ilha disse que o Robertinho fez mil coisas, asfaltou. Parece que fez mais do que você aqui.*

— Fez, fez sim.

— *Por quê, porque ele tem mais dinheiro?*

— Não, porque ele tem conhecimento. A gente não tem conhecimento com deputado, com vereador, que possa fazer pela favela. Mas Lucas já é asfaltada há muito tempo, não é de agora não. Já veio de gerações. Ele já pegou o bagulho todo pronto.

— *No dia da inauguração da Casa da Paz, a coisa esteve feia, né?*

— Imagina se sai um bangue-bangue ali. Ia queimar nosso filme. Eles iam dizer: fomo recebido à bala. Graças a Deus que não aconteceu nada. Jogou todo mundo recuado. A gente não tem como impedir a polícia de vir, porque a obrigação deles é vir. Se eles tem um mandado pra vir, vai ter que vir mesmo. O que não pode é, sem mandado nenhum, ficar aí perturbando. Se vem me procurar, aí tá certo. Entra, vasculha a favela toda, aí certo. Mas vir com mineirada, chegar na casa dos outros e levar televisão, dinheiro, tudo, aí não. Mineirada não. Aí a gente manda bala neles mesmo.

— *Você tem muitos inimigos no mundo do crime?*

— Tenho não. (Rindo) O inimigo que eu tenho saiu daqui corrido.

— *Mas não tem o risco dele querer voltar um dia?*

— Pelo que conheço dele, o bicho é ruim mesmo. A gente não vai confiar que ele não vai vir. De repente ele vem. Mas também a gente tá preparado. Por isso o jeito que a gente anda. A gente tá esperando qualquer coisa: é polícia, é uma traição desse cara aí do lado. Eles não exibe arma, mas tem tudo guardado. De repente tem uma reviravolta aí e a guerra começa de novo.

— *Você tem medo de ser preso?*

— Eu nem penso em ser preso. Eu não vou dar esse gosto a

eles não. O que eles quer é me pegar vivo, mas eu não vou dar esse gosto a eles não.

Às três da tarde, deixamos a casa de Djalma em direção ao Ciep, onde já devia estar havendo a reunião marcada para as duas.

No caminho, andando depressa por causa do atraso e da chuva, Caio e eu quase não trocamos palavras. Estávamos com muita fome, mas sobretudo com a sensação de que havíamos assistido a um espetáculo de monstruosidade, a uma sessão de teratologia.

Desviando de algumas poças, mas pisando em outras inevitáveis, escorregando na lama, íamos em silêncio e, de vez em quando, um olhava para o outro, não conseguindo dizer mais do que "que coisa!". Não eram o cansaço e a fome que embotavam o raciocínio. Era o que tinha sido ouvido. Nenhum sentimento envolvido, nem mesmo o ódio. Nenhum esforço para conquistar indulgência ou absolvição. O culto do mal tinha a *naturalidade* do culto do bem.

"O mal é uma forma de energia superior que alimenta a vida social", havia dito o sociólogo Jean Baudrillard quando esteve no Rio. As declarações atraíram para ele a acusação de fazer a apologia do mal, de trabalhar contra a sua erradicação.

Baudrillard respondeu condenando a "idealização". "Dizer que o mal pode ser exorcizado, erradicado, significa acreditar numa racionalidade absoluta, é insistir numa perspectiva religiosa de salvação."

Quando chegamos à sala do Ciep, umas oito pessoas estavam em torno da mesa. Madruga, o artista plástico, ia apresentando. Havia um pastor, uma bailarina, o seu marido, uma poetisa. Eles estavam ali para ouvir de Caio o seu plano para a Casa da Paz.

Eram voluntários e queriam fazer um trabalho na comunidade. A ação era fruto dessa velha moda que Betinho havia relançado: a da solidariedade. Cada vez mais surgiam pessoas de classe média se oferecendo para colaborar.

A reunião foi demorada, parece que interessante, mas escutei pouco do que ali se falou. Os sons entravam, a cabeça latejava e eu não conseguia me livrar da entrevista.

18. O frenético ritmo da paz

O Baile da União, que celebraria a problemática paz entre as galeras de Vigário Geral e Parada de Lucas, não podia dar errado. O risco era tanto e a importância tão grande que seu Nahildo resolveu ele mesmo se aventurar no ex-território inimigo, como fizera cinco meses antes, logo depois da chacina. Botou o filho no carro, convidou Manoel Ribeiro, o organizador do baile, e lá fomos em direção a Parada de Lucas. A chuva da tarde deixara muitas poças d'água pelo caminho.

Seu Nahildo dirige mal, e aquele velho Chevette salta mais do que corre por cima dos buracos. Com o cano de descarga furado, faz mais barulho do que avanço. Mesmo assim, quando entra na rua principal de Lucas, temo um acidente. Vai tirando fina nos transeuntes, que só se afastam quando o carro chega em cima. Poucas ruas no Rio têm um vaivém igual. Procuro uma imagem adequada para descrever o movimento e só me ocorre o clichê do *formigueiro humano*.

O que eu vira de soslaio, nas vezes anteriores, vejo agora diretamente. Apesar da advertência do motorista — "aqui não se olha para o lado, só pra frente" —, era possível observar, mais demoradamente, o *saco* e sua fila. Talvez porque fossem mais de dez da noite de uma sexta-feira com um feriado na véspera, o fato é que o movimento de compra era muito grande. Muitos não conseguem adiar o prazer e iniciam o consumo ali mesmo, guardando às pressas o troco no bolso para ficarem com as mãos livres. Vão andando, enquanto tapam uma narina com o polegar e aspiram o pó com a outra.

Paramos numa esquina onde está um mulato alto que seu Nahildo chama e pede para comunicar a Ari da Ilha a nossa chegada ao bairro. É uma precaução — ele não quer ir entrando assim, sem aviso. Mas o homem pede desculpas e diz que não pode abandonar o posto: "Estou de serviço". O homem é o "segundo" de Robertinho de Lucas. Acabamos estacionando ali mesmo e indo a pé.

Entra-se na casa de Ari da Ilha pela garagem, onde várias mulheres, com panos, máquinas e tesouras, continuam costurando a vida de Mário Lago. Falta menos de um mês para que o ator seja apresentado na avenida em forma de enredo.

Seu Nahildo pede uma cadeira antes de subir os dois lances de escada que levam ao primeiro andar. Não é uma casa para quem fez hoje a terceira hemodiálise da semana. Além dos dois lances de quatro degraus cada, há em cima mais seis degraus — três que levam para a direita e três que descem para a esquerda. Nem o arquiteto Manoel Ribeiro saberia decifrar a lógica arquitetônica desse labirinto vertical.

As quatro cadeiras se acomodam mal no topo de uma daquelas escadas, inclusive porque há ainda um tanque, uma geladeira grande e uma média, só para fazer gelo. Antes mesmo de começar oficialmente o encontro, seu Ari dá ordens em direção à cozinha, que fica em frente, num plano mais baixo, para que seja preparado um refresco. Seu Nahildo adverte que só pode beber um pouco de água.

Manoel aproveita aquele começo indeciso de conversa para anunciar ao dono da casa que saiu uma verba da Caixa Econômica para saneamento das duas favelas. Parada de Lucas, que não estava incluída no plano, só foi contemplada por imposição do líder de Vigário Geral. "Quando soube que só Vigário iria receber dinheiro", informa Manoel, "Nahildo se recusou a receber a sua parte. 'Só recebo se Lucas receber também', disse ao homem da Caixa."

Ari se emociona e procura algumas palavras para agradecer, mas Nahildo corta, introduzindo o motivo da visita.

— Vim te convidar pra você ir prestigiar o baile dos meninos.

Nem precisava do convite porque a ida já estava programada. Os dois sabem que são o símbolo daquela paz conquistada a duras penas. O papo se anima e as recordações do primeiro encontro — o "encontro histórico" — são inevitáveis. O ex-Partidão dá uma bandeira, usando um clichê dos velhos tempos:

— Nossa união derrotou os fascistas — resumiu, referindo-se à aliança contra os invasores da PM, selada logo após a chacina.

O presidente da Balanço de Lucas está muito honrado porque à tarde uma equipe da BBC de Londres o procurou para uma entrevista. Ele acha que foi por causa da homenagem que sua escola vai prestar aos mortos de Vigário Geral. Uma ala de 21 baianas vai sair de luto, ao som de um surdo em ritmo fúnebre.

Manoel aproveita a deixa para uma sugestão que lhe ocorre na hora:

— Por que você não introduz também uma ala só de funkeiros?

Ari não responde logo, mas algo em seu olhar parece indicar que ficou tocado pela ideia. Cobra da cozinha o refresco, grita "Cláudia!", "Janaína!", e à primeira que aparece manda colocar um disco na eletrola. "E me chama esses dois moleques aí", ordena.

A música é um rap cujo refrão diz de forma sincopada:

"Pa-ra-da de Lu-cas não quer con-fu-são!". Os "dois moleques" são Neto, de 25 anos, e Agnaldo, de dezessete, dois dançarinos da Ilha do Governador.

— Dá pra dançar funk com batida de samba? — pergunta aos dois funkeiros.

— É mole — responde Neto, oferecendo logo a seguir uma demonstração. Com a boca faz o ritmo de samba e começa a dançar como se tivesse retirado do corpo todos os ossos. Só um invertebrado pode fazer aquelas ondulações.

Chega finalmente o refresco — uma limonada tão gelada que até seu Nahildo aceita um gole para participar do brinde.

Já na rua, fico achando que seu Nahildo não vai aguentar voltar a pé até o carro. Está mais ofegante e seu andar mais arrastado. Três anos apenas me separam dele e pareço ter dez a menos. Atribuo o seu cansaço ao esforço e à emoção do encontro, mas ele não escamoteia a causa: é a hemodiálise.

— Ainda bem que urino bem — consola-se, dando explicações para a doença que não chego a entender completamente: o seu peso tem que permanecer em noventa quilos, nem mais nem menos. Naquela sexta-feira, houve a perda de um quilo.

Na volta, vou fazendo com Manoel o que já fizeram comigo: "Disfarça e olha à direita", sugiro, vaidoso, me sentindo dono de Lucas, como se fosse vantagem conhecer aquele mundo mais do que meu companheiro de viagem. Entre as imagens que finjo serem corriqueiras para mim, uma em especial chama a atenção. Dentro do carro, estamos ajudando seu Nahildo a fazer o retorno — "espera um pouco!", "para", "cuidado com a criança!" — quando ele tem que se deter por alguns segundos. Na frente, à sua esquerda, um homem se posta distraidamente e obriga o carro a parar.

Vemos tudo sem esforço. Ele segura o canudinho na mão direita e esvazia o papelote que está na esquerda. É um senhor com a barriga bem razoável e o cabelo tão branco quanto o de Nahildo. Um respeitável coroa. "Está com o flagrante na mão", como se diz por aqui, mas não tem a menor preocupação com o carro e as pessoas que estão dentro. Dá uma última aspirada — quantos gramas teria ali? — e sua disposição parece a de quem vai esvaziar um deserto. Só então se desvia para o carro passar.

Seu Nahildo dá um muxoxo, mas evidentemente não quer comentário sobre o ocorrido, já que começa logo a falar de outra coisa:

— Olha o que esses filhos da puta fazem com as nossas comunidades — diz ao passar sobre um buraco coberto de água.

Faço uma provocação ao pedetista:

— É verdade que Brizola não veio aqui nem depois da chacina?

Com má vontade, faz um gesto de concordância e acrescenta:

— Mas, em compensação, não ganha mais eleição aqui.

De volta ao Ciep, seu Nahildo permanece no carro descansando à espera de Ari da Ilha, que prometeu vir em seguida, em menos de uma hora. O baile ainda não começou e as rodinhas se formam do lado de fora da quadra. Me aproximo de uma onde estão Caio, Valmir, Luiza, Penha e Tim Lopes, repórter de *O Dia*, que prepara uma grande reportagem sobre o movimento funk.

Boi chega vestido de "artista". É o retrato da capitulação ao *sistema*. Depois da entrevista que deu à TV Bandeirantes, está se sentindo uma estrela, inclusive na reclamação:

— Falei muito mais do que saiu. Não sei por que cortaram.

— Quer dizer que arrastão agora nem pensar? — provoco

— Que que é isso? — se surpreende, fingindo nunca ter ouvido a palavra.

Alguém pergunta se ele vai deixar de ser engraxate. Boi acredita que não, porque ganha muito bem "com a graxa". Pelos cálculos feitos rapidamente, cerca de quinhentos dólares por mês.

— Só se receber um bom convite — responde com ar gozador.

A mãe Teresa, ao lado, é como a mãe de todo artista.

— Você não viu ele na televisão?! — e já ia dizendo aquilo que diz toda mãe — "não é porque é meu filho não, mas ele é muito inteligente, ele é..." — quando saí de perto, descobrindo que a expressão "mãe judia" é um pleonasmo, presente em outras casas, não só na nossa. Não havia mãe mais judia do que a mulata Teresa de Vigário Geral.

Se continuar trazendo televisão aqui para dentro, Manoel vai acabar com o exército de reserva de Flávio Negão. Boi é uma ilustração para a tese do antropólogo Luiz Eduardo Soares, que acha inútil querer embarcar esses meninos no trabalho embrutecedor ou na disciplina castradora da Primeira ou da Segunda Revolução Industrial. Eles preferem a sedução da revolução pós-moderna. Luiz Eduardo observou que eles acham "mais encantadores os caminhos estéticos, esportivos, da alta tecnologia, da informática avançada, da televisão e do show business". É isso ou "a glória fugaz da marginalidade". Não adianta chamar a Polícia; é melhor chamar o *Fantástico*.

Quando menos se espera, Rose aparece de lábios pintados de vermelho, num short colante, curtinho, desses que ressaltam contornos. Faz o maior sucesso na roda. O papo está animado quando surge João e me chama de lado.

— O *Home* quer te ver — comunica, me tratando por "tu" e pegando no braço.

João tinha sido meu batismo de fogo. Não podia esquecer a imagem dele com a arma na cintura junto à minha cabeça, hostil, balançando os braços e só abrandando sua arrogância quando Raul Seixas foi introduzido na conversa. Agora estava cheio de intimidades não concedidas. Vivia atrapalhando meu esforço de distanciamento. Era um dos poucos a me chamar de tu e me fazia cobranças em voz alta, no meio da rua: "Cumé que é, cadê o meu livro? Tu prometeu doce a criança, cara!".

Mais do que abuso, porém, era puro exibicionismo. Como me julgava importante, queria anunciar para seus pares que ele tinha prestígio ao me cobrar o livro e botar o braço sobre meu ombro.

Tem 22 anos e uma cabeça de quinze. Um dia me arrastou para ver seu filho de um mês e pouco — Jonatas, o tal que para de chorar ouvindo músicas de Raul Seixas. Eu não quis entrar por razões óbvias, mas também porque a casa, que dá direto para a rua, se resume a um quarto onde estão a cama de casal, um fogão, a televisão. A mãe está trocando a fralda do menino e o orgulho de João não era o de um pai, mas o de um macho se afirmando, quase me dizendo: "Fui eu quem fiz!".

Mais tarde, ao saber que ele jurara matar e cortar a cabeça do irmão por ser de outra quadrilha, tive um choque. Como é que aquele menino visivelmente carente, à procura de um pai, seria capaz de tanta crueldade? Ou será que a explicação estava aí?

Se já é difícil avançar interpretações sociológicas por essas bandas — Caio que o diga —, quanto mais as psicológicas.

Me lembrei de Valmir fazendo aquela gozação quando nos conhecemos: "Diferente da geração de 68, né?". João faz parte de uma tribo da "outra cidade" sobre a qual se sabe muito pouco. Essa geração está mais distante de nós do que os 25 anos que nos separam de 1968.

Enquanto caminhamos para atender ao chamado, João abre um pouco a camisa para mostrar que por baixo há uma camiseta com a cara do ídolo Raul Seixas.

Negão está num canto escuro, com alguns membros de sua quadrilha.

— O senhor pode ficar tranquilo que vai correr tudo bem — diz, tomando-me por um dos organizadores do baile. E, com a certeza de um imperador, acrescenta:

— Num vai ter briga, num vai ter nenhum tiro.

Olho para o volume da pistola, debaixo da camisa, e não preciso dizer nada.

— Eu não, mas meus home tá tudo desarmado. Eu, o senhor sabe... — e não completou. Não sabia nada, mas fiz cara de quem, imagina, claro que sabia.

Caio ia se aproximando e Negão comenta irritado:

— Tu vê o Torrão, tu conhece! Nunca foi de pegar em arma e tava aqui com uma Uzi, só pra se mostrar. Dei-lhe um esporro!

Pergunto-lhe como pode garantir o "outro lado" e ele confessa que no dia anterior mandou um recado para Robertinho de Lucas e recebeu outro.

— A gente não conversamos pessoalmente, mas tem uma pessoa que faz o contato. Ele garante o lado dele e eu o meu.

Ari da Ilha chega com uma bata de cetim branca, acompanhado da mulher e da filha Paulinha Furacão, compositora de rap. Tem que esperar um pouco por Nahildo, que ainda está no carro. Manoel quer que os dois entrem juntos na quadra. Vai levá-los para o palco. Só não previu o quanto seria difícil essa operação. Foi preciso arranjar uma escada às pressas, mas a escada resistiria ao peso de Ari? ("Cento e porrada", como ele diz, na verdade, 180 quilos.) E Nahildo conseguiria subi-la? Esse seria o primeiro momento de tensão nessa noite cheia delas.

Finalmente, os dois subiram e fizeram discursos emocionados sobre aquele "baile histórico". A paz, claro, foi a tônica. Nahildo lembrou a chacina, as dificuldades daquela reaproximação e conclamou os jovens a darem um exemplo. Ari lembrou a entrevista da BBC, deixando que um súbito acesso de megalomania lhe subisse à cabeça: "O mundo está com os olhos voltados para nós", garantiu.

Tudo correu em absoluta normalidade até meia-noite e meia. Marlboro havia levado as galeras ao delírio com sua espetacular exibição de mixagem. Com as mãos, os pés, o joelho, o nariz, de costas, foi capaz de manipular o disco, obtendo os mais estranhos efeitos sonoros. Sabe tudo do métier.

Depois desse show, ele teve que ir embora, porque dois outros bailes esperavam por sua animação.

Foi nesse momento que Rose subiu ao palco correndo para dizer que Marlboro, antes de sair, mandara um recado urgente para Manoel. Ele achava que o baile estava perigando. "Estão querendo armar o *corredor*."

De fato, bastava olhar de cima. Era um problema de física. Havia ali uns 2 mil jovens num espaço onde provavelmente caberiam uns 1500. Uma bola de gude jogada para o alto não teria a menor possibilidade de cair no chão. Eram milhares de cabeças num corpo só, compacto, gigantesco. Se esses corpos permanecessem imóveis, mesmo assim já seria difícil mantê-los sem tumulto. Mas aquela massa não parava de pular. Se pulasse ao mesmo tempo, vá lá.

O problema é que algumas galeras começaram a se descolar para uma brincadeira absolutamente infernal: o *trenzinho*. Com as mãos uns nos ombros dos outros, grupos saem em filas correndo e pulando pelo salão. Às vezes, o *trenzinho* vira *mulão*: vai engrossando a cabeça e daí a pouco é um pelotão de três e até quatro filas. Se esses *vagões* corressem no mesmo sentido, talvez fosse possível evitar o pior, porque o choque só se daria se o trem da frente parasse de repente.

Mas não. Os *trenzinhos* só têm graça porque correm em sentido contrário, trombando ou raspando um no outro.

A agitação está no auge. A massa pula, sacode os braços para cima e para o lado e canta. Para os meus ouvidos, a música é sempre a mesma. Mas não deve ser, porque os refrãos mudam a todo instante. Só consigo distinguir um, que termina com um ensurdecedor "pra fuder!".

Isso não pode acabar bem. Eu pensava naquele domingo de cão, quando essas mesmas galeras se enfrentaram nas praias da Zona Sul. Procurei Boi no meio da massa, ele que havia liderado a colossal briga de outubro, mas me lembrei logo de que o "artista" ia apresentar o seu rap dali a pouco. Não queria mais confusão. Agora sonhava com a glória do showbiz.

Eu não cessava de pensar: "Se as praias de Copacabana e Ipanema tinham sido pequenas para a fúria dessas galeras, o que dizer dessa quadra?".

Nas últimas semanas, uns três jovens haviam sido mortos em saída de bailes funks. Os jornais publicavam editoriais pedindo providências à polícia e comparando os funkeiros a arruaceiros.

Um conflito ali seria incontrolável. Sem policiamento e com aquele precário sistema de "segurança", uma briga acabaria em tragédia. Nem o pessoal do tráfico daria jeito. Um tiro, mesmo que para o alto, provocaria correria e pânico.

Estranhamente, o salão começou a apresentar alguns espaços vazios. As pessoas que estavam ali para dançar se afastavam para um canto. Rose, Gordo e mais dois colegas eram os únicos "seguranças" do baile. Manoel havia mandado um ofício ao 9º Batalhão dispensando o policiamento. Caio achava que a turma de Vigário manteria a ordem. Rose andava pelo meio do salão emitindo sinais que davam a tendência do clima lá de baixo, ora levantando e ora abaixando o polegar.

De repente, ela fez um sinal com os dois polegares para baixo e saiu correndo em direção ao palco. Chegou esbaforida: "Os caras de Lucas estão dizendo que, se a galera de Vigário passar por lá, eles vão cair de porrada".

Quando olhei para trás, vi Negão conversando com um rapaz. Me aproximei e pude ouvir o final. Ele dizia para o interlocutor: "Se tiver briga, a gente num vamos poder parar. Tu segura o teu pessoal que eu seguro o meu". O jovem, um *soldado* de Robertinho, saiu do encontro com a disposição de segurar seus radicais.

Manoel continuava tranquilo e eu quase em pânico. A meu lado, no palco, ele se extasiava com o espetáculo. "É tudo sempre no limite", comentava satisfeito. "Será que ele não percebe a loucura que armou?", eu me perguntava. Foi quando resolvi aterrorizá-lo, dramatizando o recado recebido. "Marlboro saiu em pânico. Mandou dizer que o baile vai explodir."

Sem perder a calma, Manoel resolveu finalmente intervir Pegou o microfone, mandou baixar o som e disse com energia:

— Nesse mesmo ginásio, eu firmei um compromisso de homem com vocês. Exijo respeito. Vocês vão ter que mostrar para a cidade que aqui tem homem. Vagner, vem cá.

Em seguida, mandou o DJ acender a luz, botar um ritmo *charme*, e desceu do palco em direção à zona de litígio, acompanhado de Rose e de Vagner, líder da galera de Parada de Lucas.

Lá, duas galeras se estranhavam. O pessoal de Lucas alegava que um grupo de Cidade Alta, convidado de Vigário, estava "esculachando". Um pouco antes, Rose tivera que se postar como barreira para evitar que os dois lados formassem o *corredor*, transformando o baile num baile de embate.

De trás do palco, Negão mandara chamá-la: "Se alguém do Comando Vermelho ameaçar brigar, tu manda ele pra mim logo". Ela respondeu que sim, mas estava decidida a não fazer isso. Sabia o que significava. Voltou e recomeçou a parlamentar com as duas partes, procurando a pacificação. "Isso é um baile de união, não tem lógica separar!", tentou convencer.

Mas não adiantou muito. A ameaça de confusão permanecia quando Manoel se aproximou gritando com a galera de Lucas:

— Vocês querem me fuder, querem melar o baile? Não interessa quem está provocando. Ninguém vai responder à provocação!

Vagner, ao lado, apoiou:

— É isso aí.

Enquanto esta cena se desenrolava no fundo do salão, eis que surge Ari da Ilha, que eu já julgava em Lucas há muito tempo. Falou qualquer coisa com Negão atrás do palco e pediu que armassem de novo a escada. Dessa vez, a impressão é de que subiu mais rápido — mesmo porque todo mundo o empurrou para cima. Pegou o microfone, mandou parar o som e começou a falar. O discurso a princípio foi todo de persuasão.

— Nós estamos aqui para nos divertir. É um baile de paz. Vocês têm que dar um bom exemplo. Esse baile não pode ter tumulto.

Como um pai enérgico daqueles 2 mil jovens, foi aos poucos engrossando a mensagem, mas mantendo o bom humor.

— Vocês conhecem o nosso regulamento, não conhecem? Quem fizer coisa errada leva palmada na bunda.

Ficou claro até para mim que ele estava usando um eufemismo. Sem dúvida, palmada queria dizer *palmatória*, um castigo muito usado em Lucas e que pode até quebrar mãos.

A ordem definitiva veio no final da fala:

— E vamos acabar com esse negócio de *trenzinho*. Isso dá confusão.

Quando o baile recomeçou, os *trenzinhos* não acabaram, como eu esperava. Mas a ameaça de confusão parecia ter desaparecido. Talvez Manoel tivesse razão. Às duas da manhã, quando resolvemos ir embora, ele quis dar uma última volta pelo salão. Saiu tranquilo, pois via confirmada sua teoria de que é com "*bico*, luz e som" que se administra um baile funk, como ele fez: acendendo a luz, mudando o ritmo do som e usando a conversa.

No dia seguinte à uma da tarde, Caio telefonou para dizer que o baile havia acabado às quatro e meia da madrugada, "sem problemas, numa boa".

19. Tempestade em copo de cristal

Betinho chegou de carro, sozinho, para a reunião da qual sairia como réu confesso. O que se conversaria ali iria desencadear "uma tempestade" e detonar "uma bomba atômica", como ele se lembraria mais tarde. Naquele momento, porém, ele tinha do perigo a mesma consciência do boi indo para o matadouro. Identificou-se na guarita do Palácio Guanabara, disse que fora chamado pelo governador e subiu. Ainda não eram cinco da tarde da segunda-feira, 4 de abril de 1994. O ex-secretário de Polícia Civil, Nilo Batista, que acabara de assumir o governo do estado em lugar de Leonel Brizola, o esperava.

Nilo convidara cinco testemunhas para assistir à conversa com Betinho: o procurador-geral da Justiça, Antônio Carlos Biscaia, seu afilhado de casamento; o secretário de Justiça Artur Lavigne, seu compadre; o secretário da PM, coronel Carlos Magno Nazareth Cerqueira, seu amigo; Luís Fernando Freitas Santos, seu advogado e futuro compadre (o filho que vai nascer será batizado por Nilo); e Sílvio Viola, seu chefe de gabinete.

Nilo sentou-se em uma das cabeceiras da mesa e Betinho na

outra. À esquerda do governador ficaram Biscaia e o coronel Cerqueira; à direita, Luís Fernando, Viola e Lavigne.

O clima descontraído e cordial não fazia prever a gravidade do assunto a ser tratado. Durante a conversa inicial, alguém perguntou por que Betinho não se candidatava a um cargo eletivo e ele respondeu que "de maneira nenhuma", usando ainda uma imagem e um gesto. Juntou o polegar da mão direita com o dedo médio e deu um peteleco num copo imaginário na mão esquerda: "Seria como quebrar um cristal", respondeu.

Em seguida, ele fez um rápido balanço de suas campanhas, contra a fome e por geração de empregos, e elogiou os Centros Comunitários de Cidadania, uma iniciativa que Nilo estava implantando em algumas favelas do Rio. Ele achava a experiência tão importante que pleiteava que o governo construísse vinte novos Centros, em vez dos dez programados. Diante do entusiasmo do sociólogo, o governador se sentiu "contagiado" e prometeu tomar providências para que fossem instalados então pelo menos quinze.

Finalmente, depois desses pretextos introdutórios, Nilo Batista anunciou: "Bem, Betinho, vamos então ao motivo da nossa reunião".

Começou dizendo que estavam "entre amigos e irmãos" para uma conversa cujo conteúdo não deveria sair dali. Era um segredo — e todos concordaram logo com aquele *pacto de silêncio* proposto. A nenhum dos sete presentes ocorreu — ou, se ocorreu, ninguém disse nada — dois ensinamentos do general Golbery do Couto e Silva: primeiro, "Segredo só guarda quem não sabe"; segundo, "Cada amigo tem um grande amigo".

Nem mesmo a inesperada notícia trazida por Betinho serviu de advertência para aquele plenário em que todos, com exceção do sociólogo, tinham uma razoável vivência profissional na arte de desconfiar. Um era chefe de polícia e quatro — Nilo, Lavigne, Biscaia e Luís Fernando — tinham longa prática em advocacia criminal.

No momento em que ouviu a recomendação de sigilo feita pelo governador, Betinho interrompeu-o: "Mas já tem repórter do *Globo* me procurando!".

Houve uma certa apreensão, mas que durou pouco. "Ficou um clima um tanto desagradável", contou depois Lavigne. "Ainda que sem os detalhes, o Nilo já nos contara tudo e todos nós sabíamos para o que era aquela reunião. Na hora, eu cheguei a apontar para o telefone e dizer: será que esse assunto não foi conversado aí?"

De fato, naqueles dias, Nilo Batista deu pelo menos dez telefonemas desesperados para seus amigos. Lavigne, que recebeu ligações do amigo até as duas da madrugada, diz que ele não falava em outra coisa. "Estava indignado, inconformado, desolado." Para Betinho, que passara o fim de semana num hotel-fazenda em Itatiaia, ele telefonou umas três vezes, até que conseguiram falar:

— Betinho, não sei se você viu as notícias que estão saindo no jornal.

— Vi.

— Você sabe do que se trata, não sabe?

— Nós sabemos. É o negócio da ABIA, não é?

— É. Não quero que você passe por 10% do que estou passando.

E propôs que Betinho se reunisse com ele e alguns amigos para confirmar a história. Dessa vez ele não precisou dar explicações, como iria fazer nos telefonemas seguintes para os outros amigos. Assim, todos foram para o Palácio sabendo do "negócio da ABIA". Até o *Globo* já sabia (só não sabia da reunião) — no sábado, um editor recebeu de uma fonte misteriosa as primeiras informações sobre o caso.

Estranhamente, porém, apesar daquele indício revelado por Betinho, nenhuma precaução foi tomada. "A certeza de que nada sairia dali era de tal natureza", contou Lavigne mais tarde, "que ninguém sequer cogitou de dizer 'bem, mas vamos admitir a hipótese de que isso possa vazar; se vazar, qual vai ser o nosso comportamento: vamos confirmar, que versão vamos dar?'".

Como se sabe, advogados costumam nessas situações combinar versões, preparar histórias, evitar enfim contradições no futuro. Nada tendo sido feito, o relato de Nilo começou:

— Betinho, você se lembra de quando você e o Herbert Daniel me procuraram pedindo que eu conseguisse uma doação para a ABIA?

A exposição foi entrecortada por pedidos de confirmação como este, em forma de perguntas. Apenas umas poucas vezes e timidamente Betinho, que não tem boa memória para detalhes, opôs dúvidas em relação a datas, números ou iniciativas: "Eu achava que a ideia de procurar os bicheiros era sua, Nilo", disse sem muita convicção. Mas essas interrupções não chegaram a mudar o rumo do relato.

Em meados de 1990 — como Nilo se lembrava, por causa de sua separação, mas Betinho achava ainda sem muita certeza que era em 1991 —, houve uma reunião entre eles. Se havia discordância quanto ao ano, não havia quanto ao conteúdo principal da conversa: o então vice-governador fora procurado pelos dois diretores da Associação Brasileira Interdisciplinar da Aids para ver como ele poderia ajudar financeiramente a entidade. Presidida por Betinho mas dirigida de fato por Daniel, a ABIA estava precisando urgentemente de dinheiro, senão fecharia as portas. Como conselheiro-fundador da associação, quem sabe o próprio Nilo não faria uma doação?

Também em dificuldades financeiras, por causa da separação e de uma reforma do seu escritório de advocacia, ele não estava em condições de colaborar com dinheiro, surgindo então a ideia de se recorrer a um bicheiro — se era dele ou do Betinho a ideia, não importava no momento. O importante é que Nilo se lembrou de que tinha como encaminhar a sugestão. Um jovem colega, ex-estagiário seu, Luís Eduardo Frias de Oliveira, havia estudado com Marcello Petrus, filho de Antônio Petrus, o Turcão, um bicheiro acusado de formação de quadrilha e homicídio. Talvez ele pudesse intermediar as negociações.

Betinho chegou a opor uma passageira resistência. Não havia aquela história de envolvimento do jogo do bicho com o narcotráfico?

Como secretário de Polícia Civil, cargo que acumulava com a vice-governadoria, Nilo podia garantir que não, que não havia nenhuma comprovação dessas ligações. Então, já que era assim, a ideia devia ser tocada para a frente. Nilo entrou em contato com Luís Eduardo para as providências seguintes.

Um chá à tarde na casa de Sônia, de quem Nilo estava se separando, foi a fórmula social que eles encontraram para encaminhar a operação. Seria feita uma solicitação de verba a Teresinha Petrus, que tinha antecedentes em matéria de benemerência. No dia marcado, graças ao convite feito pelo ex-estagiário, a sra. Turcão estava lá em Santa Teresa para, junto com o lanche, receber o pedido de ajuda financeira, feito por Herbert Daniel. "Ela chegou às cinco horas", lembra-se Nilo. "Estava de tailleur branco e foi apresentada a todos nós. A reunião não demorou uma hora."

Como já vinha se mantendo distante da entidade por falta de saúde e de tempo, Betinho achou que não deveria comparecer a esse encontro. Nem a esse nem ao seguinte alguns dias depois, quando foi entregue o dinheiro que nenhum dos dois sabia, no Palácio, precisar quanto era, porque não haviam participado do ato de recebimento da doação. Betinho achava que era algo em torno de 40 mil dólares e tinha quase certeza de que o dinheiro não fora entregue em mãos, mas depositado num banco de Nova York. (Ao explodir como escândalo, a história teve outras versões conflitantes, mas o importante para o sociólogo "era o fato de que o Nilo tinha solicitado dinheiro do jogo do bicho para a ABIA, a meu pedido e do Herbert Daniel, e queria comprovar isso junto a seus amigos".)

Uns quarenta minutos depois, quando o relato chegou ao final, Betinho correu os olhos pelos presentes, indicando que estava se dirigindo a todos, e declarou: "Essa história é rigorosamente verdadeira". Ao que Nilo acrescentou: "Mas fique certo, Betinho, que da minha parte isso jamais vai chegar ao conhecimento público. Eu queria apenas que os meus amigos, que estão impactados com essa notícia do meu nome na lista do bicho, soubessem dessa história".

Cumprida a sua função, Betinho retirou-se; em seguida foi a vez do advogado Luís Fernando. Convidados por Biscaia, os restantes passaram para a mesa redonda no centro da sala. O procurador abriu então uma pasta e tirou um volume de folhas de papel datilografado, sem capa. Era a famosa lista de Castor de Andrade, apreendida numa fortaleza em Bangu.

Nela estavam os nomes dos que supostamente haviam recebido propinas dos bicheiros. Naqueles dias era mais fácil descobrir quem não estava ali. Toda a cúpula da Polícia Civil, por exemplo, estava, inclusive o recém-empossado secretário. Também estava o prefeito. E o ex-prefeito. O superintendente da Polícia Federal no Rio. Cerca de cinquenta políticos: deputados federais, estaduais e vereadores. Diretores de delegacias especializadas. Titulares de DPs. Diretores de divisões. Coronéis, comandantes de batalhões da PM. Jornalistas. Artistas.

Biscaia ia folheando ao acaso e mostrando os nomes. Inexplicavelmente, em nenhum momento apontou o nome do governador. "Nós nem nos preocupamos em perguntar onde estava o nome do Nilo", lembra-se Lavigne. "Na cabeça dele, Nilo, aquele assunto estava explicado. Ele estava desafogado. A única possibilidade de o nome dele aparecer na lista era aquela doação. Por isso, nem ele nem nós procuramos confrontar datas ou valores."

Se tivessem olhado atentamente, no entanto, eles veriam muitas coisas estranhas. As datas não batiam, os números não coincidiam e dificilmente encontrariam registrado ali, na lista do Castor, o que tinha como origem Turcão. Não havia sequer a certeza de que Nilo Batista estivesse na lista. Apareciam um N.L. com a letra L transformada à mão em B; um N.B.; e finalmente Nilo Batista. Em lugar de 40 mil dólares, estavam escritos 29 mil e 58 022, em julho e agosto de 1990, respectivamente.

Lavigne chegou a notar que aquelas centenas de folhas, que se referiam a várias épocas, pareciam datilografadas de uma só vez. "As máquinas pareciam iguais, não havia erros na grafia de nomes, o que é muito comum nesse tipo de lista, e era tudo organizado como se tivesse sido feito de uma só enfiada."

Repleta de incoerências e indícios suspeitos, sem assinatura ou autenticação, a lista que Biscaia passara à opinião pública não tinha o menor valor e não resistiria a um exame contábil ou a uma perícia técnica. Nilo e Betinho haviam perdido noites de sono à toa — e aquela reunião no Palácio não precisava ter acontecido

"Fui entregue e me entreguei por um pseudocrime. Confessei um crime que não tinha cadáver, não tinha corpo, só tinha notícia", me diria mais tarde Betinho.

Quando no final ficou a sós com Lavigne, Nilo disse para o amigo, padrinho de sua filha: "Esse assunto, conforme nós combinamos, não vai sair daqui. Mas eu quero pedir a você para contar a seus filhos o que aconteceu nessa sala. Não quero que restem dúvidas em seus filhos de que eu possa em algum momento ter colocado esse dinheiro no bolso".

(Lavigne usa essa conversa para reafirmar sua convicção de que o vazamento da reunião não partiu de Nilo. "Ele jamais pediria que eu guardasse essa história para contar pra meus filhos sabendo que ia sair nos jornais logo depois.")

Nilo e Betinho terminaram a reunião aliviados. O primeiro, porque achava que estava encerrando um episódio do qual saía "ferido e injustiçado"; o segundo, porque acreditava ter cumprido seu papel. Betinho estava certo de que o pacto de silêncio seria respeitado e, por isso, não confirmaria a história para a imprensa. Se nem com Maria, sua mulher, ele comentara na época a doação, por que haveria de tornar público isso agora?

Também aos colegas do Viva Rio, com os quais almoçaria no dia seguinte na sede do *Globo*, ele não diria nada, se limitaria aos outros assuntos que tratara com o governador — tudo, menos a história da doação.

Betinho não sabia que enquanto participava daquele almoço cordial, festivo, estava se formando, um pouco abaixo, a tal "tempestade" a que se referiu e cuja principal vítima seria ele. Depois de meses sem se reunir, a coordenação do Viva Rio voltava a se encontrar, a convite de João Roberto Marinho, no quinto andar do edifício do *Globo*, numa sala especial de refeições, a três andares da redação.

O almoço estava marcado para meio-dia e meia, mas poucos chegaram na hora. Pela efusão dos abraços, pelas gozações e brincadeiras que uns dirigiam aos outros, parecia o reencontro de uma turma colegial que há muito não se via.

Talvez só João Roberto já soubesse que aquela iria ser uma sessão de triste memória. O seu ar meio sem jeito se devia provavelmente ao incômodo segredo que guardava, não ao fato de ter que desempenhar o papel de anfitrião, como chegou-se a imaginar. "Isso é porque ele não está acostumado a receber", brincou alguém.

O penúltimo a chegar, Ricardo Amaral, quase foi recebido

com uma vaia de mentirinha. O último foi Itamar, mas esse, sempre sério, não dava confiança para brincadeiras. Quando ele se sentou, o time ficou completo.

Eram exatamente onze pessoas em torno de uma mesa retangular, quase quadrada. Em uma das cabeceiras se acomodaram o anfitrião, Ricardo Amaral e Clarice Pechmann. Na outra, Itamar, Kiko e eu. De um lado da mesa, à direita de João Roberto, estavam Walter de Mattos, Betinho, Carla Rodrigues, assessora do Ibase, e Renata, secretária do Viva Rio. Do outro lado, Jairo Coutinho, Sérgio Guilherme de Aguiar, da Associação Comercial, e Rubem César.

Rubem distribuiu a agenda que havia preparado, mas a ansiedade geral de falar, trocar ideias, atropelou a disciplina da reunião. O tema do momento era a lista de Castor de Andrade. As opiniões concordaram em que o momento era grave, mas acima de tudo alvissareiro: a podridão finalmente começara a boiar.

Todos já tinham comido a salada — alface picada e casca de tomate formando uma flor —, frugal como o prato principal — filé de peixe com arroz integral, cenoura e batata cozida —, quando Betinho fez a sua primeira intervenção. O silêncio foi o mesmo de sempre que ele falava. A última palavra costumava ser sua. Mas dessa vez não.

Ele começou informando que havia estado com Nilo Batista na véspera para tratar de alguns problemas do interesse da cidade. O novo governador queria o apoio do Viva Rio para a gestão que começava. Pretendia fazer um expurgo na polícia, reformular o sistema de segurança... e não chegou a terminar. Kiko interrompeu-o:

— Betinho, o Nilo está mortalmente ferido nessa história e não tem condições de implementar nenhuma reforma na polícia.

João Roberto apoiou. Explicou que havia de fato a suspeita de envolvimento de Nilo, assim como de autoridades policiais, e que era prudente aguardar as investigações. Kiko e João Roberto quase ao mesmo tempo recomendavam uma reflexão mais demorada sobre os acontecimentos antes de qualquer decisão.

Betinho desistiu logo daquela espécie de proposta de referendo institucional para a ação na polícia, e outros temas passaram a ser debatidos, entre os quais a necessidade de retomar dois pontos da agenda inicial do Viva Rio: limpeza da cidade e policiamento dos corredores de lazer. Seguiram-se então várias brincadeiras e inconveniências.

— O que a gente devia fazer — sugeriu Kiko — era botar o Betinho acompanhando as investigações do Biscaia. Com essa aura de santo, quem ele condenar, tá condenado. Não precisa fazer investigação.

— E se eu encontrar na lista um nome daqui?

— Aí você tira. Você não é nosso amigo? — alguém respondeu. (Na verdade, como confessou depois, nesse momento ele teve vontade de perguntar: "'E se meu nome estiver na lista?' Sabe aquelas frases que você pensa em falar mas não fala?".)

— Eu então, que faço Carnaval com eles, na certa estou na lista! — interveio Ricardo Amaral, provocando mais risos.

Como era humor de absurdo, as piadas que mais faziam rir eram as que associavam Betinho ao jogo do bicho. Não podia haver disparate maior naquela sala. A mesma piada, envolvendo qualquer outro dos presentes, não produzia tanto efeito.

Entre uma brincadeira e outra, Betinho aproveitou para contar que certa vez havia participado de uma mesa-redonda com Roberto DaMatta e um senhor gordo que ele não sabia quem era, mas a quem eram dirigidas as perguntas sobre jogo do bicho. Lá pelas tantas, ele puxou DaMatta e perguntou baixinho:

— Quem é esse senhor?

— Carlinhos Maracanã.

"Ah, Betinho, essa história está mal contada. Vai dizer que não conhece bicheiro!", brincou alguém.

Terminada a reunião, que Betinho sugeriu que se repetisse ali outras vezes, por causa do elevado quórum e desde que fosse providenciada "mais cerveja", ainda houve outra brincadeira, como as demais, involuntariamente constrangedora. Ele contava que há dias fora parado por um senhor na rua que lhe entregou um envelope com a recomendação: "Faça com isso o que o senhor quiser". Quando chegou em casa e abriu, era uma nota de cem dólares.

— Isso está parecendo álibi — disse Kiko, já rindo. — Amanhã, quando descobrirem que você recebeu dinheiro de bicheiro, você vai dizer que não sabia, que as pessoas te dão dinheiro em envelope, você não abre...

Vendo em retrospecto, é possível que Betinho estivesse mais constrangido do que o clima geral deixava perceber. Kiko mesmo guarda a lembrança de que "ele não parecia ameaçado, mas estava desconfortável, não estava tranquilo, ria sem graça".

No dia seguinte, a "bomba atômica" que caiu sobre a cabeça de Betinho saía impressa na primeira página do *Globo*. Dizia a submanchete: NILO INTERMEDIOU DOAÇÃO DE BICHEIRO PEDIDA POR BETINHO.

"Ainda sem cargo público", dizia o texto, "o hoje governador do Rio, Nilo Batista, intermediou em 1990 um pedido do sociólogo Herbert de Souza, o Betinho, para que bicheiros doassem dinheiro à Associação Brasileira Interdisciplinar da Aids (ABIA)."

A chamada contava todo o episódio e falava do chá e da doação. Era publicado também o desmentido do sociólogo: "Betinho, que não participou do chá, negou ontem que tivesse recebido o dinheiro da contravenção, que poderia justificar a presença do nome de Nilo na lista dos bicheiros". Lá dentro aparecia uma declaração entre aspas: "Nunca pedi ou recebi dinheiro que tivesse como origem a contravenção".

Os estilhaços da bomba pareciam ter ferido também os membros do Viva Rio que participaram do almoço. O mais atingido foi sem dúvida Kiko. Ele se sentia ferido como membro do grupo e como editor assistente do *Jornal do Brasil*.

Naqueles dias, o *Jornal do Brasil* e *O Globo* disputavam a prioridade do noticiário sobre o escândalo do bicho. O primeiro dera como furo o nome do prefeito César Maia na lista do Castor; ao segundo, coube revelar em primeira mão que o governador Nilo Batista também estava.

Enquanto se realizava o almoço, a redação de *O Globo* preparava o desempate daquela peleja com um dos maiores furos do ano e a agravante de que o protagonista da matéria passara quase três horas ali ao nosso lado.

Partindo da certeza de que entre os possíveis defeitos de Betinho não estava o cinismo, os comensais daquele almoço não entenderam o seu comportamento. Carla Rodrigues, sua amiga e assessora, fez-lhe mais tarde a pergunta que todos queriam fazer: "Por que você não confessou tudo ali? Você perdeu a oportunidade de sua vida. Você tinha ali os três jornais!".

Betinho admite ter sofrido um "constrangimento incrível" naquele almoço. "Eu sabia que o João Roberto sabia, e eu ali constrangido." Sua resposta a Carla revela o quanto acreditava naquele acordo e o quanto respeitava a palavra dada: "Não é preciso ser bandido para saber respeitar pacto. Você só rompe um acordo quando tem uma razão superior e eu não via razão superior nenhuma para o rompimento".

Como um pecado que se procura esconder até no confessionário, a história da doação não fora contada para ninguém — "nem para Maria, nem para os meus amigos do Ibase, que são meus irmãos; por isso, não me sentia obrigado a confirmar história nenhuma".

Dificilmente Betinho descobrirá a origem do vazamento daquela reunião do Palácio Guanabara. Evandro Carlos de Andrade, diretor de redação de *O Globo*, não facilita as coisas. "Você está querendo o quê, que eu entregue fonte?", me diz, rindo da hipótese. "Você sabe que é um tabu." Ele não aceita também o "jogo da exclusão". Alega com razão que seria muito fácil chegar a um nome pela negação dos outros. "O que eu posso dizer é que a notícia não chegou ao *Globo* por meu intermédio, simplesmente porque naquele final de semana eu estava viajando", garante.

Havia algumas hipóteses para o vazamento. Uma delas é que o próprio Nilo Batista houvesse passado a notícia para o jornal. "Isso eu posso dizer que não", afirma o diretor de redação.

A outra possibilidade, que parecia fazer mais sentido, era que o advogado Luís Fernando Freitas Santos, marido de Lúcia, filha de Evandro, teria fornecido ao sogro a informação. Luís Fernando participara da reunião do Palácio como advogado e grande amigo de Nilo Batista.

"Se o Luís Fernando tivesse que contar a alguém, contaria a mim", diz Evandro, "mas não contou. Dou minha palavra."

A versão da escuta ou do grampo telefônico não chega a merecer comentário do jornalista, que a considera ridícula. Ele também não entende a surpresa diante do vazamento. "Alguém acha que uma reunião com sete pessoas pode ser mantida em sigilo?"

Comendo um bacalhau à Zé do Telhado no dia seguinte no restaurante Lisboeta, no Centro do Rio, Agostinho Vieira, o "dono do furo", se nega também a revelar a fonte. Alega que não pode expor quem o ajudou a revelar o escândalo sobre enriquecimento ilícito na polícia. Concordava com Evandro que não devia mesmo "abrir a fonte".

Mas Agostinho tem uma certeza: "Estou convencido de que, apesar de não ter sido o Nilo quem passou a informação — nem o Luís Fernando —, ele tinha interesse em que a notícia chegasse à imprensa. Ele estava desesperado por ter aparecido no jornal".

Nilo falava quase diariamente com o editor de cidade de *O Globo*, mas naquela sexta-feira antes da reunião no Palácio ele telefonou três vezes. Estava aflito. O jornal descobrira seu nome na lista do Castor e o procurara. Nos dois primeiros telefonemas, ele insistiu que aquilo era um absurdo, que havia engano e que o próprio Biscaia havia desmentido essa hipótese. "Na última vez, às oito e meia da noite, no pique do fechamento, já convencido de que eu ia dar a matéria, ele pediu para publicar uma nota oficial", conta Agostinho.

No mesmo sábado em que a nota foi publicada com destaque, Agostinho recebeu em casa o telefonema da fonte adiantando que Nilo intermediara uma doação do jogo do bicho a pedido de Betinho.

— *Por que vocês só foram publicar na quarta-feira seguinte?*

— Porque a condição imposta pela fonte é que não publicássemos a matéria. Ela só me contou a história depois que assumi o compromisso de não publicá-la.

— *Por que ele contou então?*

— Acho que essa pessoa estava querendo me convencer e convencer o jornal do não envolvimento do Nilo. Num primeiro momento, não publicamos. Na segunda-feira, com a chegada do Evandro, tivemos uma demorada discussão para saber o que a gente fazia. "Isso pode ser uma grande mentira, podemos dar uma enorme 'barriga'", eu disse. "Além do mais, é Betinho, que está acima do bem e do mal, candidato ao prêmio Nobel da paz." Tudo isso influenciou a gente a segurar a matéria. Mas a fonte era de confiança, nunca falhara antes.

— *Por que não publicaram na terça?*

— Porque nós só ficamos sabendo da reunião do Palácio no final do dia.

— *Mas e a presença do repórter Rodrigo França Taves na porta do Palácio?*

— Ele estava lá atrás do Nilo, nem falou com o Betinho. A assessoria do governador dizia que a reunião era para discutir questões do Viva Rio.

(Rodrigo depois confirmou: "Realmente eu estava no Palácio atrás do Nilo. Não cheguei a ver o Betinho, nem na entrada, nem na saída".)

Agostinho continua:

— Depois é que ficamos sabendo do verdadeiro motivo da reunião, não sei bem por quem. Mas havia muita gente sabendo. Aliás, esse foi o grande argumento em favor da publicação da matéria. Avaliamos uma série de coisas, a figura do Betinho, o próprio Nilo Batista, o envolvimento ou não dele, mas como sete pessoas já sabiam da história, a possibilidade de que outras pessoas viessem a saber era muito grande. Aí resolvemos publicar.

— *Sem avisar a fonte?*

— Eu telefonei para a fonte avisando que, apesar do compromisso, íamos publicar a matéria. Havia gente demais sabendo. Ele alegou que o grupo (dos sete) combinara que nada vazaria, mas naquela altura sabia que não podíamos mais segurar a informação.

— *Vocês ouviram as pessoas na própria terça-feira?*

— Toda a apuração foi na terça. O grosso da história eu tinha desde sábado. Na segunda, houve durante o dia a discussão se a gente publicava ou não por conta de critérios éticos, compromisso com a fonte etc. Na terça-feira é que se tomou mesmo a decisão, numa reunião com Evandro.

— *Depois da decisão, vocês falaram com o Betinho?*

— Tenho certeza de que na terça-feira falamos duas vezes com ele.

— *Antes ou depois do almoço?*

— Depois, de tarde. Na primeira vez ele negou tudo, mas eu não tinha passado para a repórter (Elenilce Bottari) a história da reunião. Quando eu estava redigindo o texto final da matéria, pedi que ela telefonasse de novo revelando o que a gente tinha.

(Naquela terça-feira, *O Globo* havia ligado pelo menos quatro vezes para Betinho. Edgar Arruda falou na parte da manhã. Elenilce telefonou três vezes. Na última vez, à noite, com a história completa e a confirmação de Biscaia e do coronel Cerqueira, ela abriu o jogo: "Pô, Betinho, muda essa versão! Você vai se ferrar! Nós temos tudo. Tudo!". Ele continuou negando. "Me deu tanta pena", ela recorda, "que depois enchi a cara e chorei." Agostinho atribui essa insistência na mentira ao acordo feito na reunião.)

— *Vocês não procuraram o Nilo para confirmar?*

— Ah, sim, mas ele não desmentiu nem confirmou, deu uma resposta evasiva. O que me reafirmou a convicção de que ele tinha interesse em que se publicasse a história.

— *Com quem vocês falaram?*

— Ligamos para o Nilo, o Cerqueira, o Biscaia. Ligamos pra mais gente, mas esses é que foram encontrados. O Biscaia foi reticente, mas admitiu que o Betinho havia confirmado o pedido de dinheiro ao Nilo. O Cerqueira deu mais detalhes.

— *Se o único militar na reunião era o Cerqueira, e se a sua fonte foi a mesma que ajudou na matéria sobre enriquecimento de policiais — alguém, portanto, ligado à polícia —, pode-se concluir que foi o coronel Cerqueira?*

— Não, de maneira nenhuma, não foi o Cerqueira. É claro que, se foi alguém que ajudou na primeira matéria, é alguém que tem conhecimento na área de polícia e obviamente alguém que, por isso, é próximo da Polícia Civil, ao Nilo.

— *É militar ou civil?*

— Civil. Vou dizer claramente que não foi nenhum dos sete.

— *É mulher?*

— Não.

— *É autoridade?*

— Não, não tem cargo.

— *Como é que você se sentiu?*

— Depois da história, eu fiquei com a mesma sensação que o Betinho deve estar hoje: que o Nilo tinha interesse no vazamento. Eu tive vontade de conversar com o Betinho sobre isso.

— *Mas o Nilo pode ter tido interesse, vontade, sem que isso signifique que ele pessoalmente ou através de um enviado tenha dado a notícia.*

— É verdade.

— *Embora seja verdade também você ter dito que a fonte é ligada ao Nilo...*

— Mas em nenhum momento ficou claro que ele estava telefonando a mando do Nilo. Acho que juntava a fome com a vontade de comer. O Nilo sempre foi muito preocupado em que qualquer tipo de irregularidade não resvalasse nele. Quando fizemos a cobertura sobre enriquecimento ilícito na polícia, a reação dele foi mais ou menos esta: "Tudo bem, a cúpula tem problema, eu vou afastar todo mundo, mas eu não tenho nada a ver com isso". O Nilo fala comigo sempre e confia muito em mim.

— *Mas há uma contradição: havia ou não interesse na publicação?*

— O Nilo e a fonte tinham o mesmo interesse: que se conhecesse a história, mas que eles não aparecessem como os responsáveis pelo vazamento. Por que razão o Nilo convocou a reunião no Palácio? Para que seus amigos soubessem do que aconteceu. A fonte também queria que soubéssemos da história, certamente para proteger o Nilo no noticiário. É curioso que a primeira pergunta do Betinho, ao saber da história pela repórter, tenha sido: "Quem contou isso pra você?". A grande preocupação do Betinho era quem tinha vazado a informação.

Tão curioso quanto essa pergunta foi o que ocorreu na quarta-feira, quando saiu a matéria contando a história da doação. *O Globo* tinha uma entrevista marcada há tempos com o novo governador. Nilo se recusou a falar do episódio, mas durante a entrevista atendeu a uns quatro telefonemas. A todas essas pessoas que ligaram, ele perguntou: "Já leu *O Globo* hoje?".

"No *Globo* vinha a versão que livrava a cara dele", concluiu Agostinho, esse jovem editor de 34 anos, esperto como todo bom repórter que começou pela área de polícia. Ele sabe que o que disse não prova nada. Se depender dele, Betinho continuará sem saber quem entregou a reunião do Palácio, ou seja, quem o entregou.

É bem verdade que o primeiro passo na investigação policial é descobrir a quem interessa o crime. Mas para aumentar a confusão nessa história de trapalhadas em que quase ninguém se sai bem, não se pode dizer que alguém se beneficiou desse "crime".

Sentado na mesma mesa da qual comandou a "reunião dos sete" quatro meses antes, Nilo Batista é um homem revoltado. Não consegue falar de outro assunto que não a injustiça de que se julga vítima. A sua indignação se volta sobretudo contra a imprensa, por ter admitido sem maiores investigações a autenticidade de uma lista que o vinculava ao jogo do bicho. Nesse momento, ele move dezenove processos de injúria contra chargistas, articulistas, apresentadores de televisão e todos os que aceitaram aquela versão.

Nilo admite, porém, que ele mesmo acabou contribuindo para legitimar a discutível lista. Como havia de fato intermediado a doação do jogo do bicho para a ABIA, ele aceitou sem questionar e como se se referissem a ele as duas iniciais e o nome — N. L., N. B.

e Nilo Batista — que apareceram datilografados entre o material apreendido na fortaleza de Castor de Andrade.

Ele hoje tem serenidade para apontar as contradições contidas na hipótese do seu envolvimento com a contravenção. Além de se referirem a um período em que ele não ocupava cargos oficiais — "que interesse alguém teria em me corromper?" —, as propinas seriam destinadas justamente a quem contrariou de maneira sistemática os interesses do jogo do bicho no Rio.

Ele discorre longamente sobre as ações que empreendeu contra a contravenção, desde 1986, quando ordenou a apreensão de máquinas de videopôquer e o fechamento de cassinos e lojas onde eram praticados os jogos sob o patrocínio dos bicheiros. Mais recentemente, já em 1993, foi ele quem preparou a operação que prendeu em flagrante o genro do banqueiro de bicho Castor de Andrade.

Mas a iniciativa talvez mais consequente contra o jogo do bicho foi o seu projeto Loto-Zoo on-line, pelo qual a Loterj oferecerá uma loteria quase idêntica ao jogo do bicho, absorvendo a rede de 20 mil "funcionários" clandestinos. "A loteria representará um golpe mortal em sua exploração clandestina", explica Nilo, "solucionando definitivamente um leque de problemas, entre eles o da corrupção policial." Há quem veja nesse projeto a origem de todo o escândalo envolvendo o governador do Rio.

Quanto ao vazamento da reunião com Betinho, Nilo nega que a iniciativa tivesse partido dele ou de alguém próximo. "Se eu quisesse fazer isso, eu chamaria a imprensa. Eu tinha todo o direito, consultando ou não o Betinho — até porque ele jamais desmentiria a verdade. Por que usaria um expediente escuso, se poderia fazer às claras?"

20. Uma rima que é uma solução

Eu achava que Vigário Geral já tinha esgotado todas as surpresas que me reservara, mas nesse sábado ensolarado de maio a favela teria mais uma a oferecer, talvez a mais inesperada. Estávamos numa das esquinas da rua principal, quando se deu o ocorrido. Antes, porém, havíamos passado na Casa da Paz. O grupo, de umas seis pessoas, tinha razões diversas para estar ali.

Manoel Ribeiro levara o seu colega Maurício Roberto para uma visita de observação. Os dois preparavam um projeto urbanístico de intervenção em favelas e, naquela manhã, iriam correr algumas, começando por Vigário.

Eu levara Maria Bourgeois, uma brasileira que vive na Suíça e que veio para lançar no Rio o Comité International pour la Vie para apoiar o projeto Casa da Paz. Ex-manequim de Pierre Cardin, Maria, como era conhecida quando desfilava nas principais passarelas da Europa nos anos 1960/70, estava mobilizando industriais brasileiros e suíços para um projeto parecido ao que já implantara em Fortaleza e que ganhara um prêmio da Unicef.

Sublimando a batalha contra um câncer no seio com a luta

por causas sociais, Maria queria formar na comunidade agentes de saúde, abrir uma creche, criar um centro de nutrição com a Nestlé. Fora a Brasília, a São Paulo, mandara vários fax para a Suíça e estava tentando ajuda financeira da Comunidade Econômica Europeia. Há um mês que não fazia outra coisa. Por isso, tinha sido nomeada por Caio "embaixadora de Vigário Geral" em Genebra.

No carro, ela lera para mim a carta de seu amigo Rubens Ricupero. Ele não poderia comparecer ao lançamento do comitê, mas lhe enviara o texto para ser lido na ocasião. O ministro da Fazenda elogiava o esforço de "restaurar a dignidade de uma comunidade sofrida" e afirmava:

"Como cidadão, solidarizo-me não apenas com o sofrimento humano, mas também com aqueles que se dedicam a atenuá-lo. É o caso do Comité pour la Vie e de todas as pessoas que estão contribuindo para tornar a Casa da Paz uma realidade para os habitantes de Vigário Geral."

Cumprindo as formalidades de praxe em situações como essa, em que um estranho portava máquina fotográfica, Manoel mandara um emissário a Flávio Negão. No meio do caminho, Djalma, o irmão, interrompeu-nos para anunciar o sinal verde. Maria Inês Martins, da prefeitura, que queria fazer uma documentação da arquitetura local, podia trabalhar, desde que "a moça, por favor, corte das fotos gente com arma".

O segundo pedido do irmão de Negão não pôde ser atendido. Ele me convidava para dar uma chegada na festa de aniversário de Laine Kathly, sua filha, que eu conhecera com seis meses e que estava completando um ano naquele dia.

Estávamos indo em direção à Brasília, uma miserável subfavela de Vigário Geral que Maurício Roberto deveria observar, quando, na esquina, Manoel me chamou:

— Olha quem está aqui!

Não reconheci. Vi um adolescente vestido sobriamente: camisa escura de mangas compridas, gravata, calça e sapatos pretos. O cabelo estava cortado rente. Só quando riu, percebi de quem se tratava.

— Que que aconteceu com você? — perguntei, com o espanto de quem estava diante de alguém que sofrera uma operação plástica restauradora.

Era Boi. Levei algum tempo para entender. Aquele não podia ser o menino das trancinhas rastafári, o líder de galera que um dia espalhou o terror pelas praias da Zona Sul cantando o grito de guerra "é o bonde do mal de Vigário Geral". Não podia ser!

— Foi Jesus — ele respondeu. — Jesus me apanhou.

Alguém, acho que o próprio Manoel, já me dissera que ele estava frequentando a igreja evangélica, mas nem isso amenizou o choque. Não era possível. A última vez que o vira, no Baile da União, ele tinha se transformado num "artista". Estava galante e prosa com a entrevista que dera à televisão e tudo indicava que o crime iria perder para o showbiz um potencial *soldado*. Pensei nisso enquanto ele relatava os detalhes de sua conversão.

Era uma história longa, cheia de visões premonitórias e êxtases místico-ascéticos, em que Jesus aparecia a cada episódio, salvando aquele jovem pecador de quedas e mergulhos no "abismo". Um dia ele já estava quase sendo tragado por esse torvelinho abissal, quando Deus apareceu; no outro dia, sem que soubesse disso, sua mãe Teresa, quando costurava, viu o filho debruçado sobre esse mesmo abismo. A solução foi correr para o refúgio da igreja.

Agora encontrara a paz: estava salvo, sem visões, sem ameaças e sem aflições terrenas. Em vez de rap, compunha hinos religiosos. De comum, a extensão das letras e a discutível poesia que Caio e Manoel curtiam tanto, pelo menos quando aplicada ao rap. De minha parte, não sei de que gostava menos, se do "Rap da chacina", que eu fora obrigado a ouvir no aniversário de Flávio Negão, ou se desse hino da conversão que ele estava cantando ali e que começava usando a mesma rima com a qual Carlos Drummond de Andrade construiu uma irônica obra-prima: "Eu era jogado ao mundo/ Não podia imaginar/ Como o mundo era imundo", cantava o novo crente. No caso, era uma rima e uma solução.

— Você continua engraxate? — perguntei, e ele respondeu que não, sem dar maiores detalhes sobre suas novas fontes de renda.

Madruga, o artista plástico também evangélico, foi quem explicou. Ali do lado, sem demonstrar surpresa com aquela conversão, ele informou que provavelmente a igreja estava mantendo o garoto. Isso era comum. O exemplo mais conhecido era de um outro convertido, o assaltante Gregório Gordo, preso em Bangu 1 e cuja família vinha sendo sustentada pela Vinde do pastor Caio Fábio. Mas eram muitos os bandidos convertidos.

Os feitos desse *campeão das conversões* não se limitava aos chefes do Comando Vermelho. Chegava aos palácios. Se seu trabalho de catequese mais espetacular fora atrás das grades, o mais expressivo foi com o governador Nilo Batista. Depois de casá-lo com Vera Malagutti, o pastor convertera-o ao protestantismo, batizando-o e tornando-se seu conselheiro espiritual.

Apesar desse sucesso pastoral, o presbiteriano Caio Fábio se impressionava com a avassaladora expansão da concorrência pentecostal, responsável já por 70% da massa evangélica. Ele procurava interpretar: "O pentecostalismo no Brasil deu ênfase a um Deus forte, que não tem medo de enfrentar espíritos malignos, que cura doentes, que expulsa o mau espírito".

A possibilidade de salvação, num mundo que se julga perdido, era também para Rubem César uma das razões do sucesso pentecostal. Estudioso do fenômeno, ele explicava que esse espírito guerreiro dava aos pentecostais uma "coragem que os faz desafiar a pobreza, o desemprego, a droga, os bandidos e o sexo". Além do mais, são redentores. "Eles levam a sério a mensagem da salvação, que fica ao alcance da mão", interpretava o antropólogo.

Parece que esse Deus intimorato e onipotente era capaz de expulsar os demônios interiores e arrancar qualquer um do fundo do abismo, como fizera com Boi.

Voltamos a caminhar e Manoel confidenciou então que havia uma outra versão para essa história. Mas antes de ouvi-la, fomos ver o local onde seria construído o seu novo projeto: uma quadra de esportes com duas piscinas, espaço para futebol, vôlei etc.

Quem ia bancar a obra era Negão, e Manoel só aceitou desenhar o projeto depois de deixar certas coisas muito claras. Um dia recebeu um misterioso telefonema pedindo que fosse encontrar o chefe do tráfico em Vigário Geral. Apreensivo, sem imaginar de que se tratava, ligou para Caio e pediu que ele o acompanhasse.

Depois de expor seus planos de benfeitorias para a comunidade, em especial uma quadra de esportes para a qual já adquirira o terreno, Negão manifestava o desejo de contratar os serviços profissionais de Manoel, ou seja, queria que ele fizesse o projeto arquitetônico.

— Não me leve a mal, não é nada pessoal — respondeu o arquiteto, cheio de dedos —, mas eu só posso fazer o trabalho se o pedido for da associação dos moradores.

Negão disse que entendia perfeitamente a restrição, que não queria "comprometer ninguém" e que só chamara porque a associação estava sem presidente, querendo dizer que só por isso não usava o canal oficial. Manoel quis saber também se o traficante estava com intenções de tomar a associação.

— De jeito nenhum. Eu só quero que a associação cuide da comunidade — garantiu, anunciando no entanto que ia destinar 5% do faturamento do *movimento* à entidade.

Depois de algum tempo, Manoel recebeu finalmente o pedido do projeto assinado por um representante oficial dos moradores.

Estava ali agora nos mostrando um rascunho do projeto com as indicações de onde construiria a piscina das crianças e a "olímpica", de 25 × 10 metros, onde seria o bar, a quadra, como disporia desse e daquele espaço.

Flávio Negão ficou muito surpreso quando, depois, quis pagar o projeto e Manoel disse que era um presente seu à comunidade. Acostumado a comprar tudo — da polícia a grandes cargas de cocaína —, ele não entendeu a recusa.

Nesse encontro, Manoel levava um pedido de Teresa, a "mãe judia" de Boi. Estava muito preocupada, queria saber o que estava acontecendo com seu filho. Temia que ele estivesse marcado para ser castigado.

Como líder de galera, Boi sofrera uma dura prensa de Flávio Negão, que o estava responsabilizando pelo que acontecera na saída de um baile: os funkeiros, segundo uma denúncia chegada ao chefe do tráfico, haviam *balançado* um ônibus. As joias e relógios caros que a garotada estava ostentando na favela seriam o produto desse roubo. Cabia ao líder pôr ordem nas galeras.

— Se você não der um jeito no seu pessoal, você é que vai pagar — prometeu Negão.

Boi teria entrado em pânico e procurado refúgio na religião. Essa era a outra versão.

Seja como for, venceu o Espírito Santo.

21. Por que não em Zurique?

Clarice não resistiu ao velho clichê:

— Esse mundo é mesmo pequeno — exclamou ao telefone, rindo da expressão e da coincidência.

Do outro lado da linha, na Holanda, estava quem viria a ser seu marido quatro meses depois, mas ela ainda não sabia.

Era novembro de 1993 e Clarice Pechmann e Salo Seibel não se viam desde o começo de julho, quando se conheceram na sede do PNBE, em São Paulo, durante uma reunião. Na saída, Salo lhe deu uma carona até o aeroporto de Congonhas.

O trânsito estava ruim e a viagem demorou uma hora. O sinal de que havia algo de especial naquele encontro é que no trajeto não faltou assunto. Tanto que chegaram, o motorista parou o carro para que a carona saltasse, e os dois continuaram conversando por mais uma hora diante daquela plateia única.

"Estávamos os dois morrendo de pressa, atrasadíssimos para compromissos importantes e continuávamos conversando", ela se lembra.

Apesar de tudo, Clarice e Salo ficaram seis meses sem se encontrar, mas se comunicando por fax e telefonemas. O pretexto era que precisavam agendar uma reunião de trabalho para a eventual contratação dos serviços de consultoria do BEE (Bureau de Estatística e Estratégia, do qual ela era sócia). Como outros diretores deveriam participar do encontro, nunca conseguiam conciliar os horários, o que acabava exigindo mais fax e telefonemas.

Salo Seibel era dono da Formitex, uma fábrica de laminados sediada em São Paulo que havia comprado a congênere Formiplac e suas quatro unidades localizadas em alguns pontos do país, uma das quais no Rio. Estavam todas desativadas e em situação difícil, mas a carioca, por razões de mercado e por seu estado precário, não oferecia condições de reativação. Para agravar, um incêndio quase havia destruído o prédio principal.

Uma das possibilidades era a venda. Situada em Acari, na Zona Norte, a Formiplac tinha a vantagem de ficar relativamente perto do Centro, na beira da avenida Brasil e na porta das principais vias de acesso à cidade. Apresentava, porém, o inconveniente de funcionar numa região extremamente violenta, cercada por dez favelas das mais pobres do município.

Mesmo assim, o conjunto estava avaliado em 12 milhões de dólares, e não faltavam propostas de compra. Afinal, eram 55 mil metros quadrados de terreno, dos quais 45 mil construídos.

Naquele telefonema para Clarice, Salo falara por acaso na possibilidade de ceder a fábrica do Rio a um pastor presbiteriano chamado Caio Fábio. Ao ouvir o nome, ela se lembrou do reverendo no Viva Rio e não pôde deixar de recorrer ao lugar-comum do "mundo pequeno".

— Eu conheço o pastor, é uma bela figura — completou.

Salo tinha como sócios o irmão Hélio e Alípio Gusmão dos Santos. Para completar a rede de coincidências, Alípio era evangélico e amigo de Caio Fábio há oito anos. Por isso, tinha uma sugestão meio esdrúxula para resolver o problema da fábrica. Em lugar da venda, pensava simplesmente em doá-la à Vinde, a entidade presidida pelo pastor, para que lhe fosse dada "uma destinação cristã".

Alípio teve a ideia vendo um programa de televisão em que o pastor mostrava Acari e seus dramáticos problemas sociais, concluindo que esperar pela ação do governo seria tempo perdido. A sociedade civil deveria se organizar, sobretudo as igrejas, para encontrar uma solução.

Mal desligou a TV, Alípio telefonou de São Paulo para o amigo.

— Acabei de ver seu programa e fiquei muito tocado. Temos uma fábrica e não acredito que se vá utilizá-la industrialmente. Estou com muita vontade de doá-la à Vinde. Você não quer ir lá dar uma olhada?

Caio Fábio foi com um grupo da Vinde e ficou assustado com o tamanho do complexo. Só o prédio atingido pelo incêndio tinha seis andares, uma área construída de 7 mil metros quadrados — sem falar nos sete galpões e nos oito armazéns, que ocupavam o resto da área construída.

Embora acostumado a não se surpreender com a generosidade divina, a quem atribuía das grandes às pequenas graças alcançadas, falando de Deus com uma intimidade que dava sempre a impressão de que o personagem citado não tinha mais o que fazer a não ser estar permanentemente a seu lado, Caio Fábio precisou de algum tempo para analisar aquela oferta. "Passei uns quinze dias meditando, orando e conversando com Deus. Aí tomei a decisão de topar."

Ao receber a notícia, Alípio propôs uma reunião com os sócios, com os quais já tinha começado a discutir o assunto. Os Seibel não tinham nenhuma razão especial para aceitar a ideia, ainda mais que se tratava de ceder um patrimônio como aquele não para uma sinagoga, o que teria mais a ver com os dois, mas para um templo evangélico, ou algo parecido, não se sabia ainda bem.

No entanto, eles se mostraram logo receptivos à ideia, desde que ouvissem primeiro os planos do pastor. Nessa altura, Caio Fábio já havia feito um mapeamento social da região, incluindo o levantamento do número de crianças, escolas, hospitais etc. que juntou ao projeto levado para São Paulo com o nome provisório de Cidade de Refúgio.

Era um conceito tirado do Velho Testamento, em que Moisés dizia que em Israel haveria cinco dessas cidades para onde correriam os perseguidos por justiceiros ou vingadores de sangue. Eram lugares de proteção, santuários sociais onde a vida seria garantida. "A população de Acari", dizia o pastor, "que vive entre o fogo cruzado dos traficantes e da polícia terá uma opção de transformação de vida."

O projeto previa a intervenção em vários níveis e atividades — do lazer ao esporte, da cultura à profissionalização, do atendimento médico à assistência jurídica. Um teatro rústico de 4 mil lugares, um "centro de convenções dos pobres", concha acústica, oficinas, pista de atletismo, creche, centro de reintegração, banco de empregos em convênio com a indústria, estúdio de gravação de novelas cristãs, gráfica, clínicas médica e odontológica, centro de defesa da cidadania, agências bancárias, um shopping. Tudo isso comporia o gigantesco complexo sociocultural.

Essas realizações seriam capazes de contemplar dez áreas básicas: educacional, edu-fabril, fabril, saúde, alimentar, comunitária, cultural, esportiva, psicossocial e comercial.

Salo quis saber se o pastor pretendia usar toda a área — e ele disse que sim, que era "condição sine qua non" — e perguntou onde iria arranjar recursos para sustentar aquele delírio.

— Junto aos parceiros — respondeu logo Caio —, e o maior deles é Deus — acrescentou, com a segurança de quem tinha procuração para anunciar o sócio principal. — Se Ele está no negócio, outros parceiros aparecerão — completou.

Seja porque acreditaram no projeto, seja porque confiaram no parceiro todo-poderoso, o fato é que os presentes — Salo, seu irmão Hélio, Alípio e outros diretores da Formitex — ficaram impressionados com a exposição. No dia seguinte, Alípio ligou para comunicar:

— Pastor, a fábrica é da Vinde, pode preparar os papéis. Os meus sócios queriam a entrega total, mas eu disse que você recusou a doação preferindo o comodato por dez anos.

A Formitex se prontificava também a aplicar os quase 3 milhões de dólares do seguro na reconstrução do prédio incendiado e a deixar a "sucata": todos os computadores, 41 linhas de telefone, o ar-condicionado central, a mobília, uma empilhadeira, a carpintaria montada, uma cozinha industrial e a oficina de tornearia mecânica.

No dia 4 de março de 1994, ao assinar o contrato de comodato, Caio Fábio já tinha um novo nome para o projeto, Fábrica de Esperança, e o plano de promover uma revolução social naquele bairro de 200 mil habitantes, marcado, como dizia, "pelo sangue e pela violência".

Quando no dia 2 de maio Salo Seibel veio ao Rio para visitar a sua ex-fábrica, teve uma boa surpresa. O pastor convidara um grupo de trinta membros do Viva Rio para fazer a apresentação do projeto.

Antes, porém, obrigou todo mundo a subir os seis andares de escada, em meio à poeira, ao barulho e à atividade incessante dos operários. Ele queria que seus convidados tivessem a visão de um pedaço do Rio de Janeiro que a maioria ali presente só conhecia de avião e que, no entanto, é maior e mais populoso do que a orla da Zona Sul. São dezenas de bairros e favelas que formam uma cidade à parte.

Lá em cima, Caio Fábio vai dizendo os nomes, divertindo-se ao mostrar o seu vizinho mais próximo, bem em frente: a Robauto, uma tradicional feira de peças roubadas para qualquer marca de carro. Como quase tudo o que é clandestino no Rio, o negócio está ali à vista: a polícia sabe (e colabora), as autoridades não fazem nada e a população aprova.

A escalada deixa a maioria cansada. São muitos andares e uma imensidão de espaço, mas mesmo assim o pastor avisa que já pediu economia: "Dentro de dois anos, esses 45 mil metros quadrados serão pequenos", assegura. Na volta, ele reúne o grupo no refeitório, diante da maquete da Fábrica de Esperança, fala das adesões e parcerias, e promete uma grande festa para a inauguração no Natal de 1994.

Muitas empresas já haviam aderido ao projeto ou estavam em vias de aderir. Ele ia enumerando: a Associação Cristã de Moços vai cuidar da parte esportiva, a Xerox instalará duas oficinas de conserto de equipamentos da empresa e um centro de preparação de pessoal, a World Vision, entidade cristã americana, vai instalar um centro de apadrinhamento de crianças, o Senai, a Federação dos Transportes Coletivos, a Caixa Econômica, o Banerj, a Brahma, o governo do estado, a lista era enorme.

Depois dessa fala, foi a vez de Rubem César anunciar o que andara tramando com seu velho amigo de Niterói: o "Corredor Brasil". Esse projeto, o mais ambicioso do Viva Rio, significaria uma revolucionária intervenção urbana na Zona Norte do Rio. A Fábrica de Esperança não funcionaria isolada. Ela se articularia com outras iniciativas já em andamento para formar um eixo de cultura e cidadania.

O "Corredor" começaria na Casa da Paz, em Vigário Geral, passaria por Parada de Lucas, tinha seu centro na Fábrica de Esperança, em Acari, continuaria em Barros Filho, onde um outro pastor, Odalírio, criou o Ministério do Desafio, uma ação social que abrange dez favelas, e chegaria à Fazenda Botafogo, onde o PNBE já estava desenvolvendo também um projeto social, o SER.

Salo e Clarice foram a esse encontro já como marido e mulher. No final, ele fez um comovido discurso, congratulando-se consigo mesmo e com seus sócios pela decisão que haviam tomado. "Esse projeto dará certo porque está baseado no binômio educação e saúde, de que não só o Rio, mas o país, precisa", disse.

Enquanto o pastor Caio Fábio preparava o projeto da Fábrica de Esperança, Clarice e Salo continuavam se comunicando por fax e telefone, mas sem conseguir conciliar seus horários. Quando finalmente chegaram a um acordo, ele veio para mudar a vida dos dois. Já era dezembro quando Clarice disse a Salo que estava com vontade de aproveitar uma viagem de negócios à Europa para uma estação de esqui em Saint Moritz. O esporte era uma paixão comum, como haviam descoberto naquela interminável conversa no carro, falando de tudo, inclusive de gostos e preferências. Quem sabe eles não poderiam se encontrar lá?

Salo achou interessante a ideia. Já que não conseguiam mesmo arranjar um jeito de se reunirem no Brasil, por que não em Zurique, onde ele estaria participando de um seminário?

Zurique era a cidade de onde sairia o trem para Saint Moritz. O problema consistia em saber se o seminário acabaria a tempo, se ela se desincumbiria dos seus compromissos, enfim: o problema continuava o mesmo para aquele superocupado casal de negócios.

Finalmente, depois de algumas peripécias, de um procurando o outro pelos vagões, os dois acabaram se encontrando na primeira classe não fumante do trem que, às duas da tarde em ponto de um sábado de janeiro de 1994, partiu rumo à estação felicidade.

Quando Salo e Clarice se encontraram, tendo ao fundo a paisagem gelada dos Alpes suíços, eles falaram de negócio, reclamaram prazerosamente do frio e conversaram e conversaram, muito mais do que quando havia um motorista escutando. O romantismo da paisagem se encarregou do resto.

22. Montesquieu, Canudos e o canudinho

Em meados de maio de 1994, o secretário de Justiça do Rio de Janeiro, advogado Artur Lavigne, convocou alguns membros do Viva Rio para apresentar-lhes um plano de desarmamento das favelas que estava sendo elaborado pelos órgãos de segurança do estado.

Diante do domínio absoluto das quadrilhas de traficantes e da desmoralização das forças policiais regulares, diante enfim da cobrança da sociedade, a Polícia Militar e a Polícia Civil haviam decidido programar uma reação.

Lavigne tinha algumas dúvidas. Achava que alguma coisa devia ser feita e, por isso, vinha estudando táticas, estratégias, logísticas, planos e consultando especialistas. Pensara inclusive nas Forças Armadas, embora fosse contrário a uma intervenção militar federal.

Militante dos direitos humanos durante a ditadura, quando foi perseguido e chegou a ser preso e encapuzado, Lavigne não queria deixar que esses traumas dos tempos heroicos da resistência se transformassem agora em preconceito contra os seus antigos "inimigos". Se aumentava o clamor por uma intervenção do Exército nas favelas, por que não estudar a possibilidade?

Uma de suas primeiras providências foi analisar o plano posto em prática pelas Forças Armadas durante a Eco 92. Não havia um carioca que não guardasse uma memória mítica daqueles quinze dias de paz edênica. Por que não reeditar o paraíso?

A hipótese de invasão das favelas deixava-o apreensivo. Não queria carregar em sua biografia a responsabilidade de uma eventual chacina, mas também não se conformava com a omissão.

O plano da PM e da Polícia Civil apresentava uma novidade. Ao contrário das batidas convencionais, em que a polícia invadia favelas, atirava, prendia, traumatizava a comunidade para deixar soltos os chefes de quadrilha, a nova estratégia previa a "invasão", mas também a "ocupação" e uma "permanência pacífica". O plano estava dividido em fases, falava dos "índices alarmantes" de contrabando de armas e reconhecia que a população clamava "por um basta".

A fase denominada "Missão" tentaria "erradicar e prender todo meliante envolvido com tráfico de tóxico e/ou outros tipos de ilícitos". Além da prisão, haveria a tomada de pontos estratégicos e a coleta de informações. A fase mais problemática — "Manter a ocupação" — compreendia sete mandamentos, que em resumo procurariam consolidar a presença das forças militares. A invasão seria acompanhada por representantes de instituições civis, como OAB, defensoria pública e órgãos de defesa da cidadania.

Após um encontro informal e outro para receber críticas e sugestões do Viva Rio, o secretário de Justiça reuniu alguns membros do movimento em seu apartamento na noite de 27 de maio, com a presença do coronel da PM Jorge da Silva.

O Viva Rio, através de um texto escrito por Rubem César, considerava o plano arriscado: qualquer erro seria um "desastre". A operação não deveria ser pensada como "invasão" ou "ocupação", nada que conotasse intenções bélicas, teria que ser anunciada com antecedência e acompanhada pela imprensa e por entidades de defesa dos direitos civis. Seria uma ação de cidadania, incorporadora das favelas ao espaço da cidade, capaz de levar para os morros as regras e leis vigentes no asfalto.

Quando acabou de ler o texto de Rubem César, Lavigne ficou em silêncio alguns segundos e disse: "Muda tudo, mas é isso o que eu quero". O coronel Jorge, que ele levara a sua casa para discutir as restrições do Viva Rio, era também favorável "às providências que evitassem a violência desnecessária".

Além disso, ele queria que as autoridades federais cumprissem a sua parte, já que o tráfico de tóxicos e o contrabando de armas não eram questões apenas estaduais ou municipais. "O Exército não quer exercer funções de polícia nas fronteiras; a Marinha não quer fazer o mesmo nas costas marítimas; e a Aeronáutica não está preocupada com o contrabando de armas e drogas", reclamou.

Em relação ao plano da Eco 92, ninguém melhor do que o coronel Jorge da Silva para opinar. Nos dois anos anteriores à conferência, ele fora incumbido de sua elaboração. "Nós já estávamos com esse planejamento bem desenvolvido quando, em cima da hora, houve a decisão de que as Forças Armadas também participariam."

A operação contou assim com a participação de todas as forças militares: PM, Polícia Civil, Exército, Aeronáutica e Marinha. O Exército usou 4 mil homens, trezentas viaturas, vinte carros de combate, dez tanques, cinco helicópteros camuflados, um lança-foguetes, fuzis de guerra, metralhadoras e uniforme camuflado.

A Marinha utilizou oitocentos fuzileiros navais, e a Aeronáutica trezentos homens, todos baseados no Centro. A área geográfica ocupada compreendeu o trajeto que vai do aeroporto internacional, passando pela Linha Vermelha, orla marítima e pelo caminho que leva ao Riocentro.

"A PM policiou a Conferência com 15 mil homens", informa o coronel. "Mas o que ficou para a população? 'Que maravilha um policiamento como o do Exército!', era o que diziam."

Mais surpreendentes são os dados sobre vítimas de assaltos nesse período: "Entre os visitantes estrangeiros, 72 registraram ocorrência na Zona Sul, quinze no Centro, um na Zona Norte e um na Zona Oeste". Isso sem falar em pequenos furtos como o ocorrido quando Fidel Castro e George Bush compareceram à Conferência. Nesse dia, o mais policiado da Eco 92, um membro da delegação britânica teve sua carteira batida lá dentro.

Jorge da Silva defende a sua corporação e mostra como ela é também vítima da violência. "É improvável que em algum lugar do mundo morram tantos policiais assassinados, que existam tantos policiais paraplégicos, tantos ex-policiais expulsos ou presos, tantos órfãos e viúvas de policiais."

Mais do que os números, a história pessoal de sua família é a melhor comprovação. Ele perdeu três irmãos, todos da PM, assassinados em confronto com marginais. Esse soldado, que tinha tudo para defender a repressão, aposta no direito e na lei. Ele teme uma tendência da sociedade a propor o confronto: "Há quem queira enfrentar a violência com a lógica da *violência legítima*. Quando se sinaliza para os policiais que a política dos direitos humanos só aproveita aos bandidos, está-se incentivando a lei de talião".

Ele não acredita que se possa enfrentar o problema das drogas sem considerar sua dimensão econômica: "As regras da economia funcionam aí também. Aumentando a demanda, a oferta tem que se estruturar para atendê-la. E de nada adiantará culpar os traficantes pelo aliciamento de consumidores. É um atentado à lógica do consumo e da economia querer 'salvar' os consumidores pela contenção da oferta".

Jorge da Silva não é contra a subida aos morros — "nós já fazemos isso quase diariamente!" —, mas acha que se a apreensão de armas e de cocaína resolvesse o problema, "o Rio há muito seria uma ilha de tranquilidade". A PM desempenha no caso o papel que ele chama de "enxugador de gelo".

Negro e pobre, nascido há cinquenta anos em Ramos, "na contraencosta do morro do Adeus", Jorge da Silva está se reformando, mas até há pouco era subsecretário e chefe do estado-maior da PM. É autor de várias monografias sobre violência urbana e de dois livros: *Controle da criminalidade e segurança pública na nova ordem constitucional* e *Direitos civis e relações raciais no Brasil.*

Humanista, ele sofre a influência cética e iluminista do autor que admira, Montesquieu, à luz do qual faz uma análise das favelas cariocas. A noite já vai alta e o uísque JB doze anos continua generoso, o que anima a conversa. A presença de um antropólogo ao lado, Luiz Eduardo Soares, colega de Renato Lessa, professor de Jorge da Silva no mestrado em ciência política, estimula as sofisticadas analogias desse coronel que é também advogado e mestre em letras (literatura inglesa).

Segundo ele, das três formas básicas de governo estudadas pelo filósofo francês — monarquia, república e despotismo, a que correspondem a honra, a virtude e o medo —, só a última havia chegado às favelas. "Os favelados sabem que a *república*, quando chega, sai logo. O despotismo volta a tomar conta."

Depois de quase cinco horas de discussão sobre violência, deixamos o apartamento de Artur Lavigne — o coronel Jorge, Rubem César, Luiz Eduardo e eu (Miguel saíra antes) — e desembarcamos numa cidade do interior. Às duas horas de uma madrugada de outono, banhada por uma luz quase excessiva — dos holofotes da praia, dos postes do calçadão e de uma lua cheia como se fosse estourar —, o Leme dorme em paz.

Em volta do prédio cercado de grades, não há guardas, apesar de ser residência de uma autoridade. Até há pouco havia. Quando morava no nono andar o *capo* do jogo do bicho, Castor de Andrade, vários PMs se revezavam 24 horas por dia, dentro e fora do prédio. Lavigne, que de vez em quando encontrava com um no elevador, faz uma piada: "Isso aqui era uma tranquilidade".

A segurança do local, onde no morro mora a deputada Benedita da Silva e no asfalto o secretário de Justiça, é feita agora pelo tráfico. Não há muito tempo, Lavigne assistiu da janela dos fundos a uma cena bem carioca: um garoto que praticava pequenos roubos na redondeza foi morto pelas costas com vários tiros. Após o crime, segurando o revólver, o assassino andou em direção à avenida Atlântica gritando desnecessariamente, já que ninguém duvidava do que ele dizia: "Quem manda aqui sou eu. Quem roubar aqui morre".

Era, claro, o chefe do tráfico local.

Naquele mesmo dia à tarde, Rubem César fora ao Ministério do Exército conversar com uma autoridade militar sobre a possibilidade de intervenção das Forças Armadas nas favelas. Dentro do Viva Rio, como de resto em toda a sociedade, havia quem defendesse a ideia e pensasse em reeditar o plano da Eco 92. Embora sendo contra, ele queria conhecer a posição dos militares.

O coronel que o recebeu era surpreendentemente cordial para quem não exercia a função de relações-públicas, e sim de responsável por tarefas como planejamento e segurança de uma região explosiva. Eles conversaram quase duas horas, e Rubem deixou o Ministério com a certeza de que alguma coisa havia mudado no país. Nos anos 1960/70, quando era subversivo, se entrasse naquele prédio de arquitetura fascista e história pouco democrática, não sairia tão facilmente.

A questão da intervenção era polêmica também dentro das próprias Forças Armadas. Por várias vezes o coronel repetiu, como se quisesse convencer o interlocutor, que o Exército não tinha como atribuição constitucional "cumprir função de polícia".

"O Exército não foi preparado para isso", explicou. "Treinamos um recruta de dezoito anos para combater, para fazer a guerra, para matar, não para se relacionar com a população. Espero, se Deus quiser, que essa guerra não venha, mas devemos estar preparados para ela."

O plano da Eco 92, tema principal do encontro, mereceu do coronel algumas observações de ordem técnica que não recomendavam sua aplicação em outro contexto que não aquele de junho de 1992. "Se a Conferência durasse mais tempo, nem nós aguentaríamos", revelou.

Pelo que se via, os problemas sociais estavam merecendo do Exército medidas assistenciais em vez de ações bélicas. Dois grandes programas já estavam em andamento e um deles, Rio, Criança-Cidadã, se dedicava aos meninos de rua. Era nada menos que uma ONG — uma ONG militar. (Ao ouvir a informação, Rubem César fingiu naturalidade, não manifestou surpresa e aproveitou para solicitar a essa ONG um dentista para a Casa da Paz e foi atendido.)

O coronel terminou sua análise da situação do Rio recorrendo a uma curiosa imagem. Para ele, diante de peixes bravos dentro de um aquário, há três alternativas: mergulhar no aquário, desde que se saiba nadar tão bem quanto os peixes; tirar os peixes do seu habitat, isto é, do aquário, deixando-os sem oxigênio; retirar a água do aquário com canudinho, acabando aos poucos com o oxigênio.

Demonstrando que realmente os tempos mudaram, o coronel declarou sua preferência pela última alternativa. "É preciso acabar com o oxigênio para os peixes bravos e oferecer cidadania para a população", disse a seu interlocutor surpreso. "Como vocês estão fazendo com o Viva Rio."

Os dois acabaram rindo porque Rubem César completou: "O problema, coronel, é que, enquanto a gente vai tirando com o canudinho, a água vai entrando aos baldes".

Esses dois coronéis, o da PM e o do Exército, não parecem querer alimentar a tentação que ronda o Rio de Janeiro nesse fim de século: o de uma intervenção militar mágica para resolver o problema das favelas cariocas.

Ironicamente, pensa-se no Exército para resolver o que ele começou. Os fatos são conhecidos. Em 1897, depois de um ano de guerra em Canudos, os *retornados* pobres, militares de baixa hierarquia, tiveram que ir morar no morro da Providência, no Centro da Capital, dando-lhe o nome "Favela", que haviam trazido no meio de outras tristes recordações.

Como se fosse uma maldição de Antônio Conselheiro, essa favela iria se multiplicar em mais de quinhentas no fim do século seguinte.

Morro da Favela foi de onde um também coronel, o famoso Moreira César, achando que venceria facilmente os jagunços do Conselheiro, iniciou as manobras que o levariam à derrota e à morte.

"Vamos tomar o arraial sem disparar mais um tiro, à baioneta!", gritou Moreira César para seus expedicionários, que eram mais de mil, com 15 milhões de cartuchos. Depois, ele resolveu descer em pessoa, montado a cavalo: "Vou dar um brio àquela gente". Ferido com um tiro no ventre, disse sem descer do cavalo: "Não foi nada, um ferimento leve". Antes havia prometido: "Vamos almoçar em Canudos". No caminho, após um ataque de epilepsia, ele já se irritara com o médico que atribuíra o surto ao estado de nervos do oficial: "Doutor, fique sabendo que eu não tenho nervos, e tanto assim que jamais senti sensação de dor nem de prazer. Não tenho medo de morrer e não hei de morrer sem ir a Canudos". Na madrugada seguinte, agonizante, Moreira César ainda deu uma desesperada ordem: "Ataquem de novo amanhã. E Canudos será tomada".

O Exército perdia assim um bravo guerreiro, cheio de heroísmo inútil e patético. (E com ele, nessa expedição, mais dois coronéis, três capitães, oito alferes, 53 praças do Exército e cinquenta da polícia.)

A quarta expedição, enviada em seguida com 10 mil homens, finalmente exterminou os sertanejos de Antônio Conselheiro, arrasando o arraial e pondo fim à campanha de Canudos, que nem isso foi, no dizer de Euclides da Cunha: "Degolava-se; estripava-se. Aquilo não era uma campanha, era uma charqueada".

Quem ganhou a guerra de Canudos?, pergunta-se ainda um século depois. Os vencedores ou os vencidos? Terá valido a pena? Terá sido para imortalizar um mito popular, o Conselheiro, e para ajudar a escrever uma obra-prima literária, *Os sertões*, que o Exército brasileiro perdeu tantos soldados?

Para acabar com os problemas que geraram o arraial de Canudos é que não foi. Quando começou a guerra, em 1896, o *Jornal do Commercio*, do Rio, escreveu, referindo-se àquele fim de século de tantos conflitos e tensões sociais que parecia o atual: "É preciso que o governo se lembre de que a fome é cega e suas terríveis consequências poderão ir até o desconhecido".

Agora, ao estudar propostas de invasão de favelas do Rio, o Exército terá que considerar essas e outras questões da campanha de Canudos, principalmente aquela que foi o seu maior inimigo na guerra: o desconhecimento. Desconhecimento não só da "tirania da topografia", um conceito ainda atual, ou da "terra ignota", de que falava Euclides da Cunha, ou de táticas pioneiras de guerrilha, mas das condições sociais, econômicas, culturais, psicológicas, enfim, o desconhecimento do inimigo — 25 mil "fanáticos", como a elite da época reduzia a heroica resistência de 25 mil excluídos em busca de uma utopia.

A "charqueada" de Canudos não seria a última guerra suja em que o Exército se meteria. Nos anos 1960/70, ele se envolveu com outra, contra a subversão. Além do desgaste de ver sua imagem vinculada à tortura, o Exército acabou fornecendo ao inimigo dois reforços: o capitão Lamarca e o capitão Guimarães. O primeiro foi para a história da guerrilha urbana como herói. Virou um ótimo filme. O segundo foi para a história da contravenção como líder. Tornou-se um dos chefões do jogo do bicho.

23. Mulas sem cabeça

No dia 5 de junho de 1994, Caio Ferraz pegou o canudinho e começou a esvaziar o seu aquário: botou a Casa da Paz para funcionar. Houve festa, exposição de fotos, oficina de reciclagem, show e peça de teatro. E um momento de emoção, quando foi descerrada uma placa com a relação dos 21 mortos da chacina. O primeiro nome era de Adalberto, filho de seu Nahildo. O pai teve então uma forte crise de choro e foi amparado por Caio Ferraz. "Fica tranquilo, Nahildo, que a morte dele não será em vão. O seu Bakunin aqui não vai te decepcionar", disse Caio, fingindo assumir o anarquismo tão criticado pelo velho comunista.

Os pais de Caio também estavam emocionados. Quando um de seus onze filhos, envolvido com drogas, foi assassinado pela polícia, a mãe entrou em desespero: "Será que todos vão morrer assim?" (um outro havia desaparecido misteriosamente). Foi quando Caio, cancelando a inscrição no vestibular de engenharia, resolveu ser sociólogo e lutar contra a violência.

Dias depois, com uma pasta, já vestido de *empresário cultural*, ele esteve em minha casa, reclamando, para variar. As negociações com o Instituto C&A de Desenvolvimento, que prometeu bancar o funcionamento da Casa, estavam demorando, Maria Bourgeois, na Suíça, não dava notícias sobre os contatos com a Comunidade Europeia e já havia noventa inscritos no laboratório de teatro, noventa nas oficinas de arte e estamparia, e 220 candidatos para o curso de informática.

O problema é que ainda não conseguira os oito computadores, as verbas prometidas não haviam sido liberadas, a comunidade o estava pressionando, o dinheiro era insuficiente etc. etc. Era quase certo que o Exército forneceria o dentista, o Instituto Nestlé de Cultura daria os 2 mil livros e a C&A certamente iria assumir o projeto: estava procurando meios de tornar a Casa autossustentável. Nada disso, porém, tranquilizava o baixinho.

Liguei então para Rubem César, repassando as reclamações, e ele tinha pelo menos uma boa notícia: naquela manhã, o cônsul da Suíça, Rudolf Hilbert, recrutado para o Viva Rio por Maria, concordara em que os 10 mil dólares doados por ele para a construção de uma cozinha industrial fossem "desviados" para pôr em funcionamento a Casa da Paz.

"É, mas ainda fica faltando a creche comunitária, a cozinha industrial, os computadores...", Caio continuou reclamando. Não adianta. Para ele, a vida sem queixas não tem graça.

No mesmo telefonema, Rubem César lembrava a reunião do dia seguinte com Humberto Motta, a do outro dia com o pessoal dos hotéis, o encontro com o coronel Cerqueira, a ida ao Palácio... a lista não terminava. "O representante de todas as religiões" se transformara no para-choque do Viva Rio. Para ele convergiam todas as reivindicações, queixas e pedidos de providências. A ele recorriam hoteleiros, autoridades civis e militares, policiais e judiciárias, secretários, empresários, simples cidadãos. Em 1994 ele se transformara no próprio movimento. Era consultado sobre possibilidade de invasão de favelas pela PM, comparecia ao Comando Militar do Leste para debater segurança pública, reunia-se com a associação dos hotéis, conversava com líderes sindicais sobre indústria naval, fazia propostas contra o esvaziamento econômico da cidade, era ouvido por empresários, articulava encontros, preparava a pauta para apresentar aos candidatos ao governo e promovia ações de cidadania.

Se houve um *poder oculto* no Rio nesses meses — consultivo e moderador — ele teve o nome desse antropólogo de cinquenta anos cuja origem protestante e formação marxista, temperadas por onze anos de exílio, dos quais quatro na Polônia, onde atuou no movimento Solidariedade, criaram um modelo original de militante político dos anos 1990 — apartidário, não governamental, pós-comunista, a-ideológico, capaz de fazer política sem ingressar em partidos e sem disputar o poder, junto à sociedade.

Não se sabe qual será o futuro do Viva Rio, um movimento que tentou unir representações sociais heterogêneas, contraditórias e às vezes antagônicas: líderes empresariais e sindicais, jornais concorrentes, religiosos de várias crenças, executivos, operários. Muitas vezes o movimento foi acusado de romantismo por tentar essa união e, através dela, promover a difícil organização da sociedade para lutar contra a violência.

No fim do primeiro semestre, quando este livro chegava ao fim, a sociedade estava amedrontada mas não mobilizada e muito menos organizada. Se 1993 foi tido como um ano-marco — o ano das chacinas —, 1994 parecia ser o ano do medo generalizado. Uma onda de violência voltara a mergulhar a cidade na depressão e no pânico.

As ações criminosas aumentaram de frequência e de intensidade, diversificando-se, e começavam a lembrar Medellín e Cáli. Se não ocorriam represálias aleatórias, como atentados terroristas em escolas e hospitais ou execuções de autoridades, o novo surto já apresentava sintomas alarmantes: fechamento de túneis para assaltos, guerras de quadrilhas chegando cada vez mais perto do asfalto, balas perdidas caindo em escolas ou atingindo transeuntes e motoristas, resgates de bandidos em delegacias e hospitais, e até assaltos a policiais. A polícia, por um lado, se associara ao crime e, por outro, capitulara diante dele. Espalhava-se a sensação de que o Rio não tinha jeito.

Um dos poucos a acreditar no contrário era Rubem César. Aparentemente não tinha muitas razões para isso. Várias das propostas do Viva Rio ou haviam fracassado ou não avançavam. O policiamento ostensivo proposto pelo movimento para as zonas de maior visibilidade da cidade esbarrara numa divergência boba entre o governador e o prefeito. Aprovado solenemente em fevereiro, o plano não fora implantado porque Nilo Batista e César Maia não chegaram a um acordo em relação ao design das cabines policiais. Também por razões burocráticas, a nova política de segurança para as favelas não fora adotada.

Ainda deprimido em consequência do escândalo do jogo do bicho e ressentido com o tratamento que lhe deu a imprensa, Nilo Batista isolou-se evitando contato inclusive com os membros do Viva Rio. Escudado em estatísticas que demonstravam a estabilização aritmética da violência, ele estava convencido de que grande parte do pânico em que a população vivia era fomentada pela mídia, representada no movimento pelos três maiores jornais. Reclamava também da falta de cooperação da Polícia Federal e das Forças Armadas no combate ao tráfico de drogas e ao contrabando de armas.

Em meio a esse impasse, em que as responsabilidades não eram assumidas, mas repassadas, Rubem César iniciou o que talvez tenha sido o seu trabalho político mais importante de 1994: tentar unir todas as forças do Rio contra a violência. Unir sobretudo os governos federal, estadual e municipal em torno de um plano emergencial prescrevendo ações preventivas e repressivas — enérgicas mas não indiscriminadas, ostensivas e sob o controle da lei.

Um abaixo-assinado nesse sentido foi redigido e uma demorada negociação foi desenvolvida para que o documento alcançasse consenso e obtivesse um número expressivo de assinaturas.

Na tarde de 3 de agosto de 1994, Rubem César e outros membros do Viva Rio desembarcavam no Palácio do Planalto levando o texto, assinado por oitenta associações e entidades empresariais, sindicais, lideranças religiosas e civis, intelectuais e órgãos de imprensa. O mesmo texto fora entregue no dia anterior ao secretário Artur Lavigne e no dia seguinte seria apresentado também ao prefeito César Maia, contemplando assim todas as suscetibilidades.

Enquanto esperávamos para ser recebidos pelo presidente Itamar Franco, a assessora Denise Paiva se aproximou de Rubem César e informou que havia uma condição para que aquele encontro se realizasse:

— O presidente só concorda com a audiência se vocês se comprometerem a retirar os meninos de rua das ruas do Rio de Janeiro — ela disse.

Desde março, Rubem César e Miguel Darcy vinham participando de grupos de trabalho sobre uma operação nesse sentido junto com a secretária de Desenvolvimento Social do município, Vanda Hengel. Como o ambicioso plano ficara pronto naquela semana, a rapidez da resposta surpreendeu a assessora:

— Isso vai acontecer mais rápido do que o presidente espera — garantiu Rubem César.

De posse dessa promessa, Denise Paiva conduziu a delegação até o salão onde, de pé, sem pompa ou liturgia, nos esperava o presidente Itamar Franco. Pouco antes, na recepção, vivêramos uma situação parecida com a de 26 anos atrás. O líder favelado de

Santa Marta, Itamar Silva, membro da comitiva, estava em mangas de camisa — mangas curtas e uma berrante camisa de cor laranja. O porteiro, negro como Itamar, fez um comentário antes de telefonar para alguém: "Ele está querendo chamar a atenção", disse baixo para um colega.

Em 1968, naquela mesma recepção, a "Comissão dos 100 mil" fora barrada porque dois dos seis integrantes — dois estudantes — estavam vestidos com blusa de lã. O demorado impasse protocolar quase gerou uma crise político-militar. Ao contrário dos tempos do marechal Costa e Silva, o cerimonial de Itamar Franco levou apenas alguns segundos para autorizar a subida do líder favelado em mangas de camisa.

Depois de ser apresentado a cada um dos membros da delegação, o presidente pediu que todos se sentassem em volta de uma enorme mesa redonda: Rubem César, Walter de Mattos Júnior, Humberto Motta, Arthur João Donato, Carlos Manuel, Álvaro Bezerra de Melo, Itamar da Silva, Vera Lúcia Alves. Itamar Franco levara para a reunião o ministro da Justiça Alexandre Dupeyrat. Parecia mais uma reunião de trabalho do que uma audiência presidencial.

Rubem César falou durante quinze minutos. Descreveu o estado de insegurança da cidade, a descrença da população, e desfez as possíveis resistências presidenciais informando que o governo do estado tomara conhecimento do documento através do secretário de Justiça. O primeiro pedido do coordenador do Viva Rio foi que o contingente da Polícia Federal no Rio recebesse um reforço extra de duzentos homens. Dias antes, ele se reunira com os presidentes dos sindicatos das várias corporações policiais e obtivera a informação de que aquele era um número satisfatório, desde que se deslocasse também parte do efetivo existente para o trabalho de policiamento. Dos seiscentos policiais, a metade se dedicava a trabalhos burocráticos. O reforço seria em caráter emergencial, por um período, quem sabe, de uns seis meses, durante os quais os policiais deslocados ficariam hospedados de graça em bons hotéis cariocas — uma gentileza que ele conseguira dos representantes do setor, um dos quais, Álvaro Bezerra de Melo, estava ali presente.

O item 2 do documento — "que as Forças Armadas apoiem a Polícia Federal no controle das fronteiras" — era o mais delicado porque não podia ser confundido com um pedido de intervenção federal, não só porque não era o pretendido, como também porque se sabia de antemão a resposta do presidente. Constitucionalmente, não era ele a instância para decidir a questão. Apesar do cuidado com que a reivindicação foi apresentada, Itamar achou que deveria reiterar as restrições constitucionais que lhe eram impostas, o que não o impedia de cooperar nesse esforço conjunto. "Tenho carinho especial pelo Rio. Sempre que posso eu vou lá", disse.

Em seguida passou a palavra ao ministro da Justiça, que expôs as limitações orçamentárias e as dificuldades financeiras que uma operação como essa envolvia. Disse também que o governador Nilo Batista havia telefonado para ele de manhã para agendarem um encontro na semana seguinte. Isso vinha a calhar e, sem perder tempo, Rubem César propôs que fosse então realizada a seguir uma outra reunião, aberta, entre o ministro da Justiça, os representantes da sociedade civil e os comandantes de todas as forças de segurança da região. Aí seriam discutidas as formas de cooperação em níveis federal, estadual e municipal. Itamar não só aceitou a sugestão, como disse que faria a convocação dos comandantes militares. Com a adesão do presidente ao plano, seria finalmente possível "unir todas as forças" para o ataque de emergência à violência no Rio.

Rubem César não pôde comemorar a vitória ali na hora, mas no avião de volta ao Rio pediu uma dose dupla de uísque e misturou com gelo todas as tensões de quase um ano de luta.

Uma nova fase começava para o Viva Rio. O movimento pode não ter mudado a cidade, mas mudou a vida de alguns de seus principais integrantes.

Ele mesmo, Rubem César, passou de "representante de todas as religiões" a ombudsman da cidade.

Caio Ferraz conseguiu realizar seus dois sonhos: agora era pai de Maíra e coordenador da Casa da Paz, embora sabendo que o mais difícil está por vir: exercer o poder civil em Vigário Geral, deixando de ser um agitador cultural para ser um empresário social.

O pastor Caio Fábio, depois de converter a cúpula do Comando Vermelho e o governador do estado, passou a realizar sua mais fantástica conversão: transformar 55 mil metros de uma fábrica desativada numa usina de esperança.

Clarice Pechmann, sem deixar o mercado de capitais, passou a se envolver cada vez mais com os problemas sociais. Tornou-se uma espécie de madrinha da fábrica de Acari.

Os "três donos de jornais", como dizia Betinho, conseguiram encontrar a mesa comum em torno da qual sentar: o futuro do Rio. Walter de Mattos Júnior, João Roberto Marinho e Manoel Francisco (Kiko) Brito firmaram, para além da concorrência, um pacto cívico com a cidade.

Os líderes empresariais Humberto Motta e Artur João Donato, de um lado, e o líder da CUT Carlos Manoel, de outro — "o capital e o trabalho", como os chamava Rubem César —, continuavam uma parceria impossível tempos atrás.

Manoel Ribeiro, desde que assistiu àquelas brigas de galeras nas praias da Zona Sul, virou o mais procurado especialista em funk da cidade. Passou a ser encontrado com facilidade entre Vigário Geral e Parada de Lucas, promovendo cursos profissionalizantes, organizando bailes, oficinas de teatro, fazendo filme sobre educação sexual para jovens favelados, quando não está na prancheta desenhando projetos para favelas. Espera montar em breve uma ópera-funk, transportando a história de Romeu e Julieta para as favelas de Vigário Geral e Parada de Lucas. "O espetáculo se desenvolve em duas ações simultâneas pelas ruelas e largos de cada comunidade. O público, dividido em dois grupos, segue as ações conduzido por rapeiros, que comentam os acontecimentos", explica a sinopse do espetáculo.

Para um de seus integrantes, porém, o Viva Rio trouxe embaraços. Itamar Silva, o mais sereno, o mais sensato, o mais discreto participante do movimento — e o de maior vivência social —, estava enfrentando riscos pessoais. Talvez fosse obrigado a interromper seu trabalho comunitário e a se mudar da favela.

Com o livro praticamente pronto, fui com Caio Ferraz ter uma conversa com Flávio Negão. Pelas indiscrições quanto a seus hábitos e à sua segurança, o trabalho poderia desagradá-lo, e não se sabia qual seria a reação de um traficante com a vaidade ferida. Aquela cabeça deveria transformar facilmente desejos e fantasias em expectativas.

Não me esqueci do dia já distante em que ele chamou Caio para pedir uma explicação. O *Jornal do Brasil* publicara uma nota em março de 1994 que o desagradara. "Vestidos de mulher, os donos das bocas de fumo das favelas de Vigário Geral e Parada de Lucas fugiram antes da chegada dos 120 homens do Batalhão de Operações Especiais (Bope) e do Batalhão de Choque da PM", escreveu o jornal, referindo-se a Flávio Negão e Robertinho de Lucas.

— Isso foi coisa do coroa? — ele perguntou a Caio.

Caio respondeu que não, e riram muito, pois não havia a menor possibilidade de isso acontecer. A notícia era falsa, provavelmente um boato da polícia para desmoralizá-los. Por machismo, os dois traficantes preferiam morrer a se vestirem de mulher. Eu nunca soube, porém, o que aconteceria se a resposta de Caio fosse positiva.

Agora, nessa noite em que fora me despedir da favela, Flávio Negão usava três relógios (dois no pulso direito), cinco anéis e um incontável número de cordões de ouro com a medalha, o crucifixo e a figa que carregava sempre. Vestia uma camisa de seda azul da seleção de futebol. Na cabeça, um boné de jóquei com duas abas de crochê tapando as orelhas e quase o rosto todo, que já é mínimo. Talvez fosse por causa do frio excessivo dessa noite, mas talvez fosse só bossa.

— Por que esse luxo todo? — perguntei enquanto ele puxava cadeiras para a gente se sentar. — O Caio me disse que tem mina nova na parada, é verdade?

— Ah, tem, mas num é só por isso não. Se eu não usar aqui, onde é que vou usar? Lá fora num dá — respondeu sem fazer ironia, referindo-se ao risco de assalto.

Informei-lhe então que depois de dez meses frequentando Vigário Geral, chegara ao fim do trabalho. Embora não contivesse nada do que a polícia já não soubesse, o livro relatava tudo o que eu tinha visto ali, incluindo o tráfico de drogas que ele chefiava. Flávio Negão não pareceu preocupado.

— Cada um faz o seu trabalho. Eu respeito até polícia honesta. Só não respeito quando vem aqui *mineirar*, invadir barraco pra roubar. O senhor fez o trabalho do senhor, né?

— É, mas se esse livro chegar a ser lido no seu meio ou no meio da polícia — acrescentei —, você vai ganhar mais fama e isso vai aumentar a inveja dos bandidos rivais e, claro, a vontade policial de prendê-lo. Você sabe que está marcado pra morrer...

— Eu num esquento não — disse, me interrompendo.

— Mas alguém pode me responsabilizar por isso.

— Num tem pobrema.

— Tem, porque se você dançar e eu for responsabilizado, quem vai se responsabilizar pelo que me acontecer?

— (Rindo) O senhor pode ficar tranquilo. Pelo menos aqui dentro eu garanto.

Para mostrar como estava preparado "para o que der e vier", ele foi buscar a sua última aquisição de 5 mil dólares: um novo modelo de fuzil AR-15 lançador de granadas. É uma máquina de aspecto aterrador pelo conteúdo e pela forma, mostrada como se fosse um brinquedo. Segundo ele, pesa cerca de dez quilos, sem a bolsa com a munição. No meio há o que chama de "marmita", um cilindro de plástico parecido com um carrossel de slides que, ao girar, vai desprendendo as noventa balas que carrega. Pelo outro cano grosso saem as granadas.

Flávio Negão explica que é uma adaptação feita na própria fábrica americana do modelo de fuzil militar. Conhece tudo da arma e fala de sua necessidade e características. Com a enorme máquina no colo, o boné engolindo quase todo o rosto, aquela figurinha daria vontade de rir se, junto com o ridículo, a imagem não encarnasse também o terror.

— Dispara bala e granada — ele diz com orgulho.

— Com essa arma aí dá pra derrubar um helicóptero da polícia, não dá não? — pergunto.

— Se dá! Nem precisa dessa. Eu só não derrubo porque no dia seguinte isso aqui tava tudo azul ou verde (ri da referência às cores da PM e do Exército). E quem ia pagar era a comunidade.

— Há muitos desses lança-granadas no Rio?

— Eu só sei de um, além desse.

— Como é que isso chega aqui?

— Ah, é fácil, é só encomendar.

Aproveito a deixa para tentar uma informação que sei de antemão ser praticamente impossível obter. Onde estará a cabeça dessa cobra de que só se vê o rabo? Nesses dez meses tive a quase certeza de que o verdadeiro controle do tráfico de drogas no Rio não estava nas mãos desses moleques que vivem em processo autofágico, se entredevorando, comprando armas para se defenderem uns dos outros, em uma alta rotatividade que raramente os deixa chegar aos trinta anos. São semianalfabetos, a maioria nunca saiu do Rio, muitos não saem nem da favela, se forem jogados dentro de um aeroporto internacional se perderão, e, apesar de lidarem com um dos negócios mais rentáveis do mundo, têm um patrimônio que se limita a bens e propriedades como os de Flávio Negão: alguns táxis, uma carreta, uns apartamentos no subúrbio.

Que crime organizado é esse sem comando centralizado, sem sucessão dinástica, sem rígida hierarquia, sem cartel, sem consumo conspícuo e sem acumulação de riqueza, ao contrário da máfia ou mesmo do jogo do bicho?

Por isso resolvi voltar ao tema:

— Na entrevista que me deu, você disse que há gente acima de você no circuito do tráfico. Quem são essas pessoas?

— Ah, isso eu já disse que num posso dizer pro senhor. É gente muito importante.

— Mas essas pessoas vêm aqui?

— Que vem nada! Eu nunca vi a cara delas aqui.

— E elas ficam com a maior parte dos lucros?

— É claro que ficam, eu não fabrico o bagulho! (Rindo) Se eu fabricasse, aí sim. Mas se eu fabricasse, eu nem tava aqui.

— Só os intermediários vem aqui então?

— É, os *mulas*.

— Quer dizer que vocês são os fichinhas, os varejistas?

— A gente só revende.

— E esses *mulas* vendem para o Comando Vermelho, Terceiro Comando...

— Num tem isso não. Vende pra quem quiser comprar.

— Quer dizer que eles é que são o verdadeiro crime organizado?

— Ah, são, eles são muito organizados.

Agradecimentos e pequena bibliografia

Este livro teve uma madrinha e três padrinhos. A madrinha, Katy de Almeida Braga, foi quem me convenceu a enfrentar o projeto, muito seu também. Ao primeiro padrinho, Manoel Francisco (Kiko), devo apoio e sugestões. A Dacio Malta vou ficar devendo a cobertura e a confiança, além de uma contribuição crítica permanente. Merval Pereira fica com o crédito de me ter induzido a adotar a estrutura usada na narrativa.

Alguns amigos, escolhidos pelo rigor da leitura e a ligação com a cidade, tiveram a paciência de ler antes os originais: José Rubem Fonseca, Dorrit Harazim e Elio Gaspari. Sou grato pelo trabalho que me deram. Graças a eles, pude fazer mudanças e melhoramentos. Se por falta de competência não os fiz na medida em que sugeriram, pude pelo menos diminuir as imperfeições.

Luiz Schwarcz funcionou não apenas como o editor responsável pela produção e edição do projeto. Foi principalmente um leitor constante, atento e atencioso, cujas sugestões muito me ajudaram.

Mauro Ventura foi o responsável pela última leitura e pelo tratamento final do livro. A ele, leitor exigente, coube a tarefa de apontar as eventuais incorreções.

De muito me valeram conversas sobre o tema com Ricardo Boechat, Flávio Pinheiro, José Noronha, Elisa Ventura, Antonio Carlos Peixoto, José Carlos Barbosa, Ricardo El-Jaick, Miro Teixeira, Luiz Eduardo (Duca) Garcia, Marcos Sá Correa, Arnaldo César, Claudio Bojunga, Maneco Muller, Lena Chaves.

Pela ajuda direta ou indireta, o meu agradecimento também a Orivaldo Perin, Artur Xexéo, Zelito Viana, Ceres Feijó, Ancelmo Gois, Zinota Erthal, Maria Clara Mariani, Ziraldo, Paulo César Santos Rodrigues, Fernando Penna, Bruno Liberatti.

Para as entrevistas da primeira parte do livro, contei com a colaboração de Malu Fernandes e Renato Garcia, dois craques da reportagem policial. Com Renato visitei o presídio de segurança máxima Bangu 1 e conversei com seus internos; com ele aprendi a entender um pouco o submundo carioca onde convivem bandidos e policiais. Para a segunda parte do livro, foram muito úteis o apoio do pessoal da editoria de cidade do *Jornal do Brasil*, principalmente Bruno Thys, Sergio Pugliese, Octavio Guedes e Jorge Antonio Barros.

A Ana Lúcia de Araújo, a Flor Marinho Falcão e aos demais funcionários do Departamento de Pesquisa e da Biblioteca do *Jornal do Brasil*, onde "morei" alguns bons meses do ano de 1993, um agradecimento especial pela atenção que me dispensaram e pelas informações que me possibilitaram. A Luís Lopes, gerente do Projeto Automação, a Marcia Maciel Rodrigues da Silva, a Marcos Aurélio S. Coelho e a toda a equipe do Proauto, o meu reconhecimento por terem resolvido tantas dificuldades, além de informatizarem meu texto.

Para a pesquisa do material referente ao Viva Rio, foi fundamental o trabalho da equipe de cientistas sociais coordenada por

Luiz Eduardo Soares: Leandro Piquet Carneiro, Barbara Musumeci Soares, Jaqueline Muniz, João Trajano Sento Sé, José Augusto de Souza Rodrigues.

Sem o empenho extra e a competência natural da equipe de produção da Companhia das Letras — em especial de Marta Garcia —, o livro não chegaria às livrarias.

Por fim, nesse ano e meio dividido entre pesquisa em bibliotecas e trabalho de campo em Vigário Geral, nada me teria sido possível sem a contribuição crítica, amorosa, permanente e indispensável de Mary, minha mulher.

Além dos títulos citados no corpo do livro, me foram muito úteis os seguintes trabalhos:

O afeto que se encerra: Memórias, de Paulo Francis, Civilização Brasileira, Rio, 1980.

Barra pesada, de Octavio Ribeiro, Codecri, Rio, 1977.

Carlos Lacerda: A vida de um lutador, v. 1: *1914-1960*, de John W. F. Dulles, Nova Fronteira, 1992.

Carlos Lacerda: Depoimento, organização do texto, notas e edição de Cláudio Lacerda, Nova Fronteira, s. d.

Minha razão de viver: Memórias de um repórter, de Samuel Wainer, coordenação editorial de Augusto Nunes, Record, s. d.

Evolução urbana do Rio de Janeiro, de Maurício de A. Abreu, Iplan-Rio, Jorge Zahar, Rio, 1987.

O Rio de Janeiro do meu tempo, de Luiz Edmundo, Semente, Rio, 1984.

Nosso século: A era dos partidos. 1945/1960 — Abril Cultural, São Paulo, 1980.

O mundo funk carioca, de Hermano Vianna, Jorge Zahar, Rio, 1988.

Poemas, de Konstantinos Kaváfis, tradução de José Paulo Paes, Nova Fronteira, Rio, 1982.

Quatro vezes cidade, de Maria Alice Rezende de Carvalho, Sette Letras, Rio, 1994.

Les Invasions barbares, de Pierre Riché e Philippe Le Maitre, Presses Universitaires de France, coleção *Que sais-je?*, 8ª ed., 1991.

Les Misérables dans l'Occident médiéval, de Jean-Louis Goglin, Éditions du Seuil, Paris, 1976.

Mistérios do Rio, de Benjamim Costallat, organização de Afonso Carlos Marques dos Santos, Biblioteca Carioca, Prefeitura da Cidade do Rio de Janeiro, s. d.

Aspiro ao grande labirinto, de Hélio Oiticica, seleção de textos de Luciano Figueiredo, Lygia Pape e Waly Salomão, Rocco, Rio, 1986.

A cidade polifônica, de Massimo Canevacci, Studio Nobel, São Paulo, 1993.

E os periódicos referentes aos anos 1950: Revistas *Manchete* e *O Cruzeiro*, *Jornal do Brasil*, *A Noite*, *Última Hora*, *Tribuna da Imprensa*, *Mundo Ilustrado*.

Na parte referente à campanha de Canudos, baseei-me nos livros *Canudos, memória de um combatente*, de Marcos Evangelista da Costa Vilella Jr., Marco Zero, s. d.

Cangaceiros e fanáticos, de Rui Facó, Civilização Brasileira, 3ª edição, 1972.

A guerra social de Canudos, de Edmundo Moniz, Civilização Brasileira, 1978.

Canudos, subsídios para a sua reavaliação histórica, de José Augusto Vaz Sampaio Neto, Magaly de Barros Maia Sertão, Maria Lúcia Horta Ludolf de Mello e Vanda Maria Bravo Ururahy, Fundação Casa de Rui Barbosa-Moreira Aranha S.A., 1986.

1ª EDIÇÃO [1994] 17 reimpressões
2ª EDIÇÃO [2024]

ESTA OBRA FOI COMPOSTA POR ACOMTE EM MINION E IMPRESSA EM OFSETE
PELA GRÁFICA PAYM SOBRE PAPEL PÓLEN DA SUZANO S.A.
PARA A EDITORA SCHWARCZ EM AGOSTO DE 2024

FSC
www.fsc.org
MISTO
Papel produzido a partir de fontes responsáveis
FSC® C133282

A marca FSC® é a garantia de que a madeira utilizada na fabricação do papel deste livro provém de florestas que foram gerenciadas de maneira ambientalmente correta, socialmente justa e economicamente viável, além de outras fontes de origem controlada.